JN271186

対象関係論の実践

心理療法に開かれた地平

祖父江典人

新曜社

〝哀しみ〟を知るこころ——推薦の辞

本書を貫いているテーマは、人のこころの〝哀しみ〟である。それを「生きていくことの悲哀」と言い換えてもよいだろう。

この事実は、場合によって、読者をして本書を月並みなものと考えさせるかもしれない。しかしこの事実があらかじめ想定されていたものではなく、著者・祖父江典人その人が、心理臨床（なかでも精神分析的心理療法）においてこころに触れつづけてきたところから見出され、実感されてきたものであるところに、本書の比類なき価値がある。「こころの臨床」の本質がそこにある。だから、本書に見出されるこころの〝哀しみ〟は、その一つひとつが独自な実体を持っている。

科学の前進と人のこころの原始化は並行する。ゆえに、こころにかかわる臨床とは、崇高なものでもなければ瀟洒なものでもなく、当然ながら知的に洗練されたものでもない。その正反対である。ただ面接室のふたりが、こころのきれいなものにもひどく汚いものにも、大きな喜びや激しい苦痛や怯えを感じながらもちこたえ、地道に触れつづけ、わかっている人たちにはあまりに当たり前のことを、そのふたりでようやく見出すに過ぎない。著者はそれを誠実に為し遂げてきた。

読者は本書によって、著者が発見した病いやこころの事実を知るだけでなく、それ以上に大切な、そうした事実を知っていく過程をも知る機会を得ることになる。これが、私が本書を読者に薦めたい理由のひとつである。読者がこころの臨床に携わっている(あるいは、こころの臨床がどのようなものかを知りたいと望んでいる)のなら、答えではなく「答えに至る過程」にこそ目を向けるべきなのである。それが、祖父江その人しか語ることができない語りに耳を傾けながら、読者も本書から発見することなのである。

あまり考えずに、どう見立てたらいいのか、どう対処したらいいのかを教えてくれればよいと思っている人たちも、心理臨床や精神医学、精神保健領域のなかにも少なくない。しかしながら、私たちが出会うたいていの人たちはそれでは済まないと内心感じていることは、私たちは充分に認識していなければならない。この事実も、このことを認識しながら臨床を続けてきた著者が私たちに示していることである。

著者・祖父江典人は、二〇〇三年に日本精神分析学会奨励賞(山村賞)を受けた、わが国の精神分析臨床を担う心理臨床家である。彼は精神分析の伝統に則り、安易な知的充足や方法的対処に走り込まず、分析臨床を日々重ねながら考えつづけてきた人である。私はそこが好きであったし、今も好きである。

齢を重ねた同僚のひとりとして

松木 邦裕

まえがき

いまや、精神分析のみならず、心理臨床の世界やカウンセリング領域においても、さまざまな理論や技法が百家争鳴のごとく並び立ち、その膨大な数の書物を前にして眩暈を覚えるのは、ひとり私だけではないだろう。本書も、その膨大な知識群の片隅に席を置くことになる以上、いたずらに読者諸氏の眩惑に力を貸すことだけにはなりたくないものだ。そのためには、この冒頭において、いまここで本書を世に問うべき意義がどこにあるのか、記す責務が課されよう。

世は、わかりやすさを求める時代となった。その影響は、広く医療・心理臨床・教育界などにも及んでいる。特に医療や心理臨床の世界においては、エビデンスに則った治療・援助技法が強く求められる趨勢にある。そこに昨今のＳＳＴや認知行動療法の隆盛の要因が強く潜んでいるのであろう。それらの技法は、目に見えるかたちで手順が進むので、誰にでも使用可能な利便性をそなえている。

筆者はそれらのわかりやすい技法を否定するものではない、とあらかじめ明言しておきたい。なぜなら、特に重篤な障害を抱えた人たちにとって、それらの技法によって身につくと思われる「社会性」や「ストレス・コーピング技術」は、生きるうえで欠かすことのできない〝処世術〟となるからだ。私たちは誰しも、おのおの身につけた処世術にしたがって、日々の生活を切り抜けている。

精神分析や対象関係論の技術は、〝処世術〟ではまかないきれない、人生の〝生き難さ〟に、私たちが出会ったとき、あるいは気づいたときに、その要請が発動されるのであろう。もとより、筆者の出会った精神科の患者さんの多くは、自らその必要性に気づいていることは、ほとんど稀であった。したがって、「自分を知る」というこちらからの誘いに、とりあえず乗ってくれないことには、その入口に立つこともできない。

だが、その入口から、ふたりの旅人のように〝生き難さ〟を探求する旅路に出た場合、対象関係論ほど、昏い足元を照らしてくれる叡智を他に知らないし、生き難さの奥にある〝情動の結び目〟に手の届かんとする技術も他に知らない。

認知行動療法などのエビデンス・ベーストな治療技法と、対象関係論は、完全に棲み分け可能な、あるいは要請される契機や時期の異なる、ふたつの別々の治療・援助技法なのである。前者は機能的であり、後者は実存的である。人が生きるうえでのふたつの「顔」に添って、それぞれの技法が必要とされることであろう。

したがって、本書公刊の意義は、症状の背後にある人間の〝生き難さ〟に関心を払い、そこからの援助方法を模索したいと思っている読者やセラピストに、もっとも貢献できるものかもしれないし、そう願いたいところでもある。心理療法がどうして人のこころを動かし、症状の改善をもたらすのか、臨床事例が豊富に挙げられているので、疑問に思ったり惑っていたりする読者やセラピストがおられるならば、ぜひ手にとっていただき、ご感想、ご批判などを賜ることができればこのうえない。

さて、各章の案内に関しては、前半（理論篇）・後半（臨床篇）の巻頭にそれぞれ付すので、ここでは重複を避け、本書の外枠のみあらかじめお伝えしておきたい。

本書の枢要部は、後半の**《臨床篇》**である。なぜなら、ここに筆者の臨床の足跡や思考の変遷が詰め込まれているからである。

その前に、前半の《**理論篇**》から話を進めよう。理論編は、臨床編を背後から支え持つ対象関係論の基盤を整理したものである。この《**理論篇**》では、対象関係論の二大巨人としてクラインとフェアバーンを対比的に論じ、その後、クライン派と独立学派へと連なる系脈を整理・統合したものであり、対象関係論の解説としては、筆者なりに工夫を凝らそうとした。したがって、とくに若い読者には、頭の整理のつもりで読んでいただけるとありがたいし、参考になれば幸いである。

《**理論篇**》のなかで筆者がもっとも愛着を抱いているのは、第Ⅳ章の〈共感論〉である。筆者は共感に対して、若い頃から一種アレルギーを覚えていた。なぜなら、心理療法やカウンセリングにおいて、あまりにも「共感」が祭り上げられている気がしていたからだ。なにか、いつも共感的な気持になっていないと、カウンセラーとして失格の烙印が押されるようなプレッシャーを感じていたし、そうかといえば、筆者自身も「共感」の御旗のもと、いつの間にか患者との距離を失調しそうになり、足元を掬われることもたびたびだった。そんな経験を重ねるうちに、共感が、鬱陶しくも貼り付いてくる粘着テープのようにも感じられ、アレルギーを抱く始末にも陥っていたのである。「そんなに簡単に共感なんてできるものか」という筆者の積年の自問自答への答えが、この章に織り込まれている。筆者は、ここで取り上げた「共感の二種」の視座を保持することで、セラピストとして、自分自身の軸があまりブレなくなったのを実感している。ようやくアレルギーから解放されたようだ。

後半の《**臨床篇**》は、先にも述べたように、筆者の臨床経験の集積を表現しようとした。したがって、本書公刊の目的は、主としてこの《**臨床篇**》にあると言って差し支えない。対象関係論の知見、そこから導き出された筆者なりの概念や治療論が、臨床実践のなかでどのように結合し生かされうるものなのか、筆者の〝臨床的赤ん坊〟のような感を抱いている。

個人的感慨を抜きにして《**臨床篇**》の意義を語れば、臨床疾患ごとにまとまった事例研究がなされているところにあろう。そこに従来の心理療法や精神分析の成書との違いを見ていただければ、ありがたい。とくに若いセラピストへの対象関係論的臨床のひとつの指針になればこのうえない。なぜなら、対象関係論は、従来毎日分析を基盤にした理論的・臨床的な精緻さを追い詰めてきたきらいがあるので、日本の週一回程度の日常臨床のなかでは、どのように生かされうるものなのか、見えにくいところがあったようにも思われるからである。その意味で、筆者は対象関係論が、日本的状況においても十二分に威力を発揮しうるツールであることを示そうとした。しかも、それを臨床疾患ごとにまとめたところに、臨床実践の益に供する、本書の価値が見出されればと願う。

そのため、面接経過はできるだけ損なわれないように記述しようとした（もちろん、プライバシー保護のため、各臨床素材の個人的事情は相当程度に改変してあるが）。最近出版される臨床事例にしては、かなり詳しい面接経過が載せられているのには、そのような意図がある。今後の心理臨床の発展にささやかながらも寄与したいという筆者の願いが込められているところなので、読者諸氏のご理解をいただければ幸いである。

とはいえ、今や最初の論文からはや十五年の歳月が流れている。この十五年のあいだに、筆者の臨床姿勢や臨床眼が変化したとしても、無理からぬことであろう。そのため、各章の最後に「あと知恵」を補足した。そこに今日の筆者の臨床的観点を少しなりとも盛り込もうとした。いわば、自分のペーパーを自己点検・自己評価したようなものだ。筆者の今昔の違いが滲み出ていることと思う。

どこから読み進めていただいてもありがたいが、対象関係論の臨床の実際をお知りになりたい読者やセラピストには、《**臨床篇**》における関心分野の疾患から繙いていただくと入りやすいかもしれないし、理論に興味をお持ちの読者には、もちろん《**理論編**》から入っていただけばよい。どこを切り取っても、筆者の臨床の息吹が通っていることを願っている。

目次

臨床篇

装丁　上野かおる

対象関係論の実践

——心理療法に開かれた地平

序章　なぜ対象関係論なのか

はじめに

筆者が精神医療の現場に初めて身を投じ、心理療法の実践に携わりだした二十年余り昔、「臨床心理士」といわれる職種は今ほど社会的に認知されておらず、現場で活躍する先輩も数少ないのが実情だった。そして、精神医療のなかでは、精神病や重症パーソナリティ障害といわれるような、いわゆる病態の重い患者が数多く存在し、その彼らに対し、臨床心理士としてどのような心理療法や心理臨床実践が可能なのかが、私たち臨床家に鋭く問われ、私たちの存在意義としても突きつけられていた。

なぜなら、「精神病院の重症例（また必ずしも重症例でなくとも）を対象に心理療法などというものが本当に有効なのか？」という疑念が、公然とは口にされこそしないものの、医療スタッフの間では瀰漫的に広がっていたからである。また、私たち現場の臨床心理士当事者の間でも、心理療法の有効性に対する無力感が、ある意味、はびこっていた。なぜなら、特に精神病院における重症例に相対すると、臨床心理学の世界で私たちが教育されてきた「共感」や「受容」を中心にする技法では〝歯が立たない〟という体験を積み重ねることも少なくなかったからである。私たちは、常識的コミュニケーションの通用しない、特異な精神病世界に棲む患者を前に、ことばを失って立ち竦むことも珍しくはなかった。精神科医のような投薬という具体的手段を持たない私たち臨床心理士にとって、精神病や人格障害の患者たちは、到達することのできない高い壁のように目の前に立ちはだかった。私たちは彼らとの心理的な関わりをどう模索していったらよいのか、暗闇に迷い込んだような無力感、自責感、もって行き場のない憤りなど、さまざまな陰性感情を体験する淵に立たされていた(1)。

このような時に私が出会ったのが、対象関係論という、当時イギリスから紹介されつつあった新しい精神分析の潮流である。

対象関係論のなかでもクライン派は、統合失調症のような精神病の患者から、境界例のようなパーソナリティ障害まで、いわゆる重症の患者群に対する精神分析（あるいは精神分析的心理療法）の理論や実践に実績をあげていた。そして、その特徴は、当時の私たち臨床家の無力感や陰性感情自体を、意味あるものとして理論に組み込む画期的な内容であった。重症患者に対面した時に私たちが味わった無力感・自責感・憤りは、クライン派のなかでは、患者自身の荒廃した内的世界をセラピストに伝えるための、非言語的コミュニケーション手段としての〈投影同一化〉概念として理論化されていた。すなわち、患者は陰性感情をセラピストに代理体験させるという仕方で、自らの無力さや絶望を無意識的に伝えてきていたのである。

この理論展開は、重症患者との手掛かりを失っていた心理臨床家にどれほど救いの手を差し延べたか計り知れない、と筆者は考える。なぜなら、私たち臨床家は、患者の「拒絶」や「関わりの乏しさ」や「激しい行動化」などの陰性態度の背後に、彼らが「負の関係性」を通して伝えて来ている無意識的なメッセージを読み取る視点を手に入れることができたからである。〈投影同一化〉を通してのコミュニケーション。これは、対象関係論が重症患者に接近できる可能性を切り拓いた、理論・実践両面にわたる一つの大きな到達点である。

こうして臨床家は、患者との間で体験する無力感・憤りなどの〈逆転移〉感情を、あるまじき感情としていたずらに排除する必要はなくなった。むしろ、セラピスト自身の中に湧くそれらの陰性感情を積極的な手掛かりとして、患者の内的世界を推測し、関わりをつけるための治療的道具として使用する道が拓けたのである[2]。

筆者が二十数年前に心理臨床の実践に乗り出し、精神科臨床の厚い壁の前に立ち竦んでいたときに、対象関係論はこうして手を差し延べてくれた。対象関係論の特色や長所は他にもさまざまあるが、筆者が臨床的に最も有用に感じたのは、この「投影同一化を通してのコミュニケーション」つまり「逆転移の活用」という側面である。筆者が対象関係論の門を叩き、以後深く入り込んでいった原点は、ここにある。

本書全体を通して筆者が提示したいのは、二十年余りの精神科臨床において、対象関係論の理論・技法がどのように心理臨床のなかで生かされてきたかという、筆者自身の臨床的経験の集積である。そのために、まずは「なぜ対象関係論なのか」という極めて原理的な問いに答えることから始めたいと思う。なぜなら、対象関係論は、きめ細やかな臨床経験に基づく極めて精緻な理論を特色としているので、一部には、理論に走りすぎるきらいがあるという批判を受けることも少なくないからである。したがって、対象関係論が理論的な意匠を周到に纏わねばならないことの必然性から答える必要があろう。

こころに理論は必要なのか

対象関係論は、現代クライン派に見られるように、近年ますます理論を精緻化させている。しかも、その理論化の方向性は、〈逆転移〉や〈投影同一化〉などの無意識的な心的コミュニケーションを中心概念に汲み入れた、内的世界の描写に大きな力点を持つ。それゆえ、心理臨床の他学派から、対象関係論はとかく主観に偏った理論に走りすぎている、という批判を受けるのもそれほど珍しいことではない。

だが、そもそも私たちは、人のこころに対する何らかの想念を——どの程度それを意識しているかは別にして——何も持たないままに人と関わることが可能なのだろうか？　私たちは知らず知らずのうちに、人に対する無意識的な考えやイメージをこころに抱きながら、人と関わっているのではないか？　特別、心理臨床や精神保健の専門家でなくても、人は皆、人間関係・親子関係・夫婦関係などに関して、各々が一家言を持っている。私たちは他者に対する漠然とした認知や感じ方をもとに、他者との関係性のなかに参入しているのである。

それらの想念や感じ方は、各人の生い立ちや性格などに彩られた極めて個人的色彩の濃いものではあるにしろ、人それぞれの対人関係を背後で支え持つ思念的基盤を整えている。その意味で、それらの想念は、対人関係における〝理論〟の祖形となるものだと言っても差し支えない。人はそれらの〝理論〟を知らず知らずのうちに後ろ盾にして、自己や他者を知覚・認識し、他者と交わる。クライン派のアイザックス *Isaacs, S.* (1948) の謂いに倣えば、合理的で高度な「現実的思考」も、元を辿れば「空想的思考」(想念) からの発展形なのである。

このように、人は、他者に対してある想念や観念を抱き、それに基づいて相互交流を保ちながら生きるのが自明の生き物である。すなわちそれが、人間が高い知能を有し共同生活を営む社会的動物であるゆえんともなっている。

心理臨床における理論も、もともとはフロイト *Freud, S.*・ユング *Jung, C.G.*・ロジャーズ *Rogers, C.R.* ら創始者自身の「主観的想念」に出自を持つといっても過言ではない。だが、それらの想念は、創始者自身の臨床実践の営みと検証を経るなかで、さらには後継者たちの臨床的追認を通過するなかで、広く理論として受け入れられるような普遍性・妥当性にまで洗練されてきた。心理臨床理論も、人間個々人が持つ対人関係に関する感じ方の、一つの洗練された発展形に他ならない。

さらに、心理臨床の諸理論は、単なる洗練された心理学的人間学という域を超えて、こころを病む人たちやクライエントに対して心理的援助の効力を持つ理論であらねばならない。したがってその理論は、技法と連動し、思弁ではない実証性を要求される。ここに、心理臨床のこころの理論が、哲学や文学とは異なる大きな理由が存する。心理臨床の諸理論は、臨床のなかで吟味され、絶えずその妥当性を検証されていくプロセスを経ねばならない。それは、患者やクライエントのこころの病の改善、パーソナリティの成長、適応の向上などを指標に判断されるものであろう。

さて、ここで冒頭に戻って、対象関係論への批判に対し、とりあえずの返答を簡潔に述べておきたい。

これまで述べてきたように、心理臨床のいずれの学派においても、人間関係に関する無意識的想念の発展形である〝理論〟のパラダイムを、それぞれが備えている。ロジャーズ Rogers, C.R. (1942) は、精神分析を知的理解に偏りすぎると批判したが、情緒的共感を重視するロジャーズとて、「共感が対人関係にポジティブな自己実現効果を及ぼす」という〝理論〟を保持している点で、「知的理解」の枠組みから自由なわけではない。ただ、対象関係論への批判の焦点は、それがメタ心理学的な概念をフルに活用し、抽象的で複雑な理論構築を近年ますます進めている点にあるのだろう。

なぜ複雑で高度な理論が要請されるのか？　それについては、人間関係においては「目に見えるものだけが全てではない」という返答を、とりあえず残しておきたい。すなわち、対象関係論は、精神分析ならではの、無意識や無意識的コミュニケーション概念を重用・発展させたがゆえに、理論の複雑化と高度な主観性への道を辿ったのだが、詳しくは項を改めて論じよう。

こころの理論は科学か否か

心理臨床における〝理論〟とは、物質科学とは対照的に、計量によって事実の同定がもたらされる類のものではない。多かれ少なかれ主観的な認識を、理解の根拠においている。ここに心理臨床理論の科学性に対して常に疑念が投げ掛けられる要因があり、対象関係論もその例外ではない。

だが、河合 (1986) や鑪・名島ら (1991) が、臨床心理学の科学的基盤として「経験科学」の提唱を行っているように、理論の妥当性は、絶えず患者やクライエントとの関わりのなかで吟味される類のものだ。物質科学のように、科学的実在を正当性の根拠に置くものではないが、患者との経験的な事実の蓄積によって、その普遍性と妥当性は充分に確かめられ得るものである。とりわけ対象関係論は、心理臨床のなかでも、患者やセラピストの主観的体験（心的現実）を重視するので、治療過程での検証を経た「経験科学」としての科学的根拠は、強調されてよい。

不確定性原理を提唱した物理学者のハイゼンベルク *Heisenberg, W.* (1956) は「自然科学はもはや観察者として自然に立ち向かうのではなく、人間と自然の相互作用の一部であることを認める。分離、説明そして整理という科学的方法は、方法が対象をつかむことによって対象を変化させ、変形するということ、それゆえ方法はもはや対象から離れえないということによって課されるその限界を知るに至る」と論及している。すなわちハイゼンベルクは、アインシュタイン *Einstein, A.* との長年の論争を通じて、素粒子のようなミクロの世界では、一人の客観的観察者として自然に相対することは可能ではなく、観測するというそのこと自体が対象に影響を及ぼしてしまう、という極めて間主観的な科学論を打ち出した。言うまでもなくこれは、臨床心理学の科学的基盤にも相通じるような認識の転換である。

対象関係論の位置づけ――心理臨床の諸理論のなかで

心理臨床の諸理論といっても数多の学派がある。ロジャース派・精神分析学派・ユング派など従来からの学派のみならず、最近では、いわゆるエビデンス・ベーストの認知行動療法や、多様な折衷的心理療法の出現など、その枝分かれや細分化が進んでいるように見受けられる。そのなかで対象関係論の位置づけを明確にするのは必ずしも容易ではないが、まずは、大まかな輪郭を提示することから論を進めたい。

対象関係論は精神分析の一学派である。したがって、フロイトからの精神分析理論の多くを忠実に継承し、発展させてきている。

成田（2004）はフロイトの主要概念として次の六つを挙げている。「無意識」「抵抗」「転移」「幼児期体験の重視」「性欲論」「精神－性発達論」。これらの項目から一見してわかるのは、精神分析が無意識・性欲論・幼児期体験の重視などの、こころを理解するための諸仮説（局所論・構造論・欲動論・神経症の成因論など）を中心に据え、それらの理論が「転移」や「抵抗」という治療技法と連動し、さらには「精神－性発達論」のような発達論まで兼ね備えている、ということである。すなわち、精神分析は、臨床実践による知を集積し、それを技法的な発展に貢献させ、さらにはその発展によって〝臨床の知〟を深めていくという、臨床と理論との有機的な相互連関のもとに体系化されてきた〝経験科学〟に他ならない。

今日の対象関係論も、精神分析のこの血統の上に発展を遂げてきている。すなわち、病的なこころのみならず、健康なこころを分析・理解するための諸理論を保持し、それが技法と連動し、さらにはこころの健康な成長の道筋である発達論的観点をも内包させている。もっとも、対象関係論はこの三つの枠組みのそれぞれで、後の項で詳しく述べるように、フロイト理論に大小さまざまな修正や変更を加えているのだが、大枠としては、精神分析ならではのパースペクティブを受け継いでいると言ってよい。〝こころの理論〟〝技法論〟〝健康・発達論〟を有機的に関連させた体系的な心理学を構築しているところに、心理臨床のなかでの対象関係論の一つの大きな位置づけを見出すことができるだろう。


さて次に、少し各論に入って、さらに対象関係論の特色を明確にしたい。

まず〝こころの理論〟に関すれば、心理臨床の他学派と一線を画しているところは、「無意識」の臨床理論に表れているだろう。まず、無意識を理論の中心に組み込んでいる学派は、精神分析とユング派しか見当たらない。だが、ユングが最も着目するのは人類全般に共有されるような「普遍的無意識」である。あくまでも個々人の無意識に目を凝らす精神分析とは、その点で大きく袂を分かつ。

対象関係論は、無意識重視の点で、精神分析の正当な流れを汲んでいる。というよりも、フロイト理論のなかでも最も無意識の重要性を強調し、理論的あるいは技法的発展を遂げたのが、対象関係論だと言っても過言ではない。その意味で対象関係論は、心理臨床全体を見渡したなかでも、最も「個人の無意識」を重視した学派と言える。しかも対象関係論はフロイトの時代とは違い、早期母子関係を基軸に据えて、自己と対象との「内的対象関係」の視座から、個人の無意識を分析しようとしている。対象関係とは「世界と関係する主体のあり方」〔北山 2001〕なのである。

松木〔2002 a〕は次のように対象関係論を定義している――「おおまかには、対象関係論は次のように定義できるだろう。外界現実とは区別される精神内界〔内的世界〕が精神内に三次元的空間を持つ体験の場として想定され、そこでの〔複数の〕自己と内的対象〔群〕の性質と相互交流の在り方が、その個人の感じ方、考え方や振る舞いを規定している、との考えである。つまり個人の外界での言動は、内的世界での対象と自己との関係の表出、あるいは外在化といった側面としてとらえることができるとするものである。この対象関係論と混同されやすいものに対人関係論があるが、このモデルは外界での個人の対人関係の有り様そのものにパーソナリティの特徴がそのままあるとし、内的世界を想定しない点において対象関係論とは一線を画している」。

ここで松木は、対象関係論との比較対照として、内的世界を想定しない対人関係論を持ち出しているが、他の心理臨床の諸学派も、それぞれ外的適応や現実的環境要因の重視などにおいて、対象関係論ほどには内的世界の重みを忖度していない傾向にある〔もっとも、対象関係論のなかでもいわゆる独立学派は「環境要因」重視の点でコフート Kohut, H. の自己心理学に似るという指摘〔衣笠 1992〕もあるので、一概には断定できない側面もあるが〕。

さて、端的にいって、内的〔無意識的〕対象関係を想定する利点はどこにあるのだろうか？　内的対象関係を想定することで、説明できないことが説明できるようになるのだろうか？

この点に関しては、すでにクライン Klein, M.〔1927〕が応えている――「やさしくて愛情深いその母親とは対照的に、子どもが超自我の懲罰に脅かされているということは、実に異様なことである。すなわち、この事実から、私たちは決して、実在の対象と子どもに取り入れられた対象とを同一視してはならない」。

クラインがここで言っているのは、現実の母親はやさしくて情愛深くても、子どもがその同じ母親に対して、超自我的な厳しくて怖いイメージを強く抱くこともあるではないか、ということである。すなわち、現在の対象関係論的な言い回しに還元すれば、子どもであってもすでにその子ども特有の内的世界を保持しており、そこに棲息する内的対象像が母親に投影されたり外在化されたりすることもあり得るのだ。

この視点は、心理臨床のなかではもちろんのこと、精神分析内でも技法的な帰結の微妙な相違に辿り着く。つまり、対象関係論の治療論では、現実的な人間関係の修正や環境の調整を目論むだけでは不充分であり、すでに患者の内部に棲み着いている内的世界（内的対象関係）そのものを変化させる必要性がある、という視座だ。いくら実際のセラピストがやさしく受容的に関わったとしても、当人の内的対象関係自体が修正されなければ、現実の人間関係も本質的には改変されないのではないか。そして、その改変をもたらす中心技法となるのが、転移分析だ。なぜなら、過去の重要な愛着対象との関係（内的対象関係）は、現在の治療関係のなかで再演されてくるからである。それを転移解釈によって直接手を施すことを重視するのが、対象関係論である。

ここで対象関係論は〝内的世界の理解〟と〝転移分析〟を眼目として強調している。

もう一点、対象関係論の特色を抽出すれば、それは、早期母子関係の重要性に関して臨床を通じて導き出した点にあると言えるだろう。周知のようにクラインは、二、三歳児のプレイ・アナリシスから自らの臨床実践を開始した。そこで彼女が発見したのは、二、三歳児のこころにおいても、母親との部分対象関係を中心にした、豊饒な内的世界が展開していることであった。この経験からクラインは、フロイトのエディプス・コンプレックスを中心にした父－母－子どもの三者関係世界ではなく、母子関係を中心にした二者関係世界へと視点を移動させた。すなわち、クラインはフロイトよりはるかに早い年代に、発達論的にも病因論的にも着目したのであった。フロイトが大人の中に子どもを発見し、クラインが子どもの中に乳児を発見した、と言われるゆえんがそこにある。

このように、臨床を通じて母子関係の重要性を主張したのは、対象関係論に端を発すると言えるだろう。その後、対象関係論は、二者関係の病理として精神病や重症パーソナリティ障害などの解明に向かい、重症ケースの治療可能性の拡大にも大いに寄与した。

また、母子関係の重視は、精神分析内に留まらない影響力を広く関連分野にも及ぼした。一つ例を挙げれば、対象関係論ではウィニコット *Winnicott, D.W.* の功績が大きい。「ひとりの乳児などというものはいない」という有名な箴言に見られるように、彼は精神保健の専門家のみならず、一般家庭の母親・父親にも、書物や講演やマスメディアを通じて、母子精神保健の啓蒙活動を行った。今日、子育てにおいて、母親の情緒的な関わりや応答の重要性を抜きにして語ることができなくなっているのは、ウィニコットやボウルビィ *Bowlby, J.* などの対象関係論者の貢献も見逃せない。

以上より、心理臨床の諸学派のなかでの対象関係論の位置づけとして、大枠としては〝体系的な心理学の構築〟が、細部に入れば〝内的世界（内的対象関係）の理解〟〝転移分析〟〝二者関係性への視点〟〝早期母子関係の重視〟などが、挙げられよう。他にも細かく見ればさまざまな異同を抽出できるだろうが、さしあたってこれらのポイントを、今後の論考の前置きとして押さえておきたい。

ただ最後に付言すると、人間や人間存在に関するものの見方として対象関係論が問いかける、最も本質的で重要なポイントとしては「人は内的主観的世界を生きている」という視点のなかにあり、それは人間の実存的本質が何かを鋭く追求するような性質を持っている、という点である。すなわち、対象関係論とは、人間の主観的体験世界に価値を置き、その意味を問うものであり、「意味や関係性のない人生は生きるに値しないという観点を提出した」*Gomez, L. (1997)* すぐれて実存的な、人間の生の意味を問う心理学、という横顔を持っている。この点にも、対象関係論の看過できない奥行きがある。

さて、対象関係論の大枠としての意義はこのあたりでひとまず区切りをつけ、次章以下では、対象関係論の具体的内容に踏み込み、その歴史的変遷や近年の動向について論を進めたい。

（1）心理臨床現場で臨床心理士が立たされる状況を、主治医との関係性のなかで論述したものに、筆者による小論（2005）がある。この小論では、エディプス状況という観点をもとに、「逃走－逃避」「依存」「ペアリング」という三種の主治医との関係性を析出した。いずれも、主治医という権威を前にして、存在の基盤の弱い臨床心理士が健全な職業的主体性を保つことの困難さを描き出したものである。二十年前の心理臨床の現場では、ことさらそのプレッシャーには大きいものがあった。
また、精神医療の最前線である民間精神病院において、一介の臨床心理士が常勤として二十数年間、病院臨床に心血を注ぎ、患者のみならず病院スタッフとの間でも実り豊かな関係性を作り上げたという、稀有な〝実録〟が、最近、岡田（二〇〇六年）によって著されたので、参照されたい。
（2）逆転移の治療的利用として、日本において最初に筆者の目を見開かせてくれたのは磯田（一九八六年）である。磯田は精神分析学会の演題発表において、実に自由に自らの逆転移空想を語った。その開かれた態度、しかもその逆転移空想が患者の無意識的な世界への導きの糸にまでなることを、筆者は驚きをもって聞き入った。それから筆者のクライン派への学びが始まった。

理論篇

この《**理論編**》は四章から成る。第Ⅰ章では、対象関係論の歴史的展望と臨床的意義に触れ、第Ⅱ章では、対象関係論の近年の動向をとりあげ、第Ⅲ章・第Ⅳ章では、「陽性転移」「共感」に関する筆者のオリジナルな対象関係論的思索を収める。

第Ⅰ章においては、対象関係論の源流が「内的対象の発見」としてフロイトに遡り、その後フェアバーンとクラインという二つの大河に大きく枝分かれしていったさまを描写する。この二人の巨人は、自己と対象との関係性という「二者心理学」的視点を精神分析の地平にもたらしたことでは類を同じくするが、「内的対象」の起源に関しては、まったく対極的な立ち位置からその姿を見ようとした。対象関係論の病因論・治療論は、この地点を〝分水嶺〟にして、「欲動」か「環境」かという支流を形成していったのである。その異同は今日ほぼそのまま、クライン派と独立学派のそれとして継承されている。

第Ⅱ章では、とりわけクライン派において今日発展させられてきた諸概念、すなわち「コンテイナー／コンテインド」「病理的組織化」「自閉症」「早期エディプス・コンプレックス論の変遷」に関して概説する。なかでもビオンの「コンテイナー／コンテインド」概念は、「洞察モデルか提供モデルか」というとかく二者択一的になりがちな治療論が止揚されたものとして、精神分析に留まらず、心理療法やその関連領域にまで幅広い影響を及ぼしている。

第Ⅲ章・第Ⅳ章は、筆者が臨床に携わって以来、のどに突き刺さった小骨のごとく、いつもどこかで気に掛かっていた心理療法の治療理念・概念を、臨床との照合のなかで再考した論考である。「陽性転移」と「共感」に関する筆者なりの〝答え〟をご覧いただきたい。

総説・対象関係論

——歴史的展望と臨床的意義

第Ⅰ章　対象関係論の歴史的展望

はじめに

本章では、対象関係論の源流をフロイト *Freud, S.* にまで遡り、フロイトにおける対象関係論的思考の萌芽を検討し、さらには、フロイトから今日に至る対象関係論の歴史的・臨床的発展をも展望したい。このことはとりもなおさず、今日の対象関係論の臨床的意義を、原点に立ち返って省察することにも繋がるはずである。

対象関係論の源流——フロイト

「対象の影が自我の上に落ちる」——この美しくも詩的ですらあるフレーズとともに対象関係論の幕が開いた、という見解が今日ほぼ定説となっている〔松木 1996〕*(Malcolm, R.R., 1987 ; Ogden, T.H., 1986)*。フロイトは「悲哀とメランコリー」*(1917)* においてメランコリー（うつ病）の精神病理を論じるなかで、このフレーズを使用し、メランコリーという疾病においては、現実の対象との別れを契機として、対象に対する愛と憎しみの未解決の激しい葛藤が、対象との〈取り入れ同一化〉を通して「自我の上に落ちる」と説いた。すなわち、その無意識的な激しい葛藤（特に攻撃性）ゆえに、対象を心理的に喪うことができず、その対象を取り入れることで自我の中に再現し、逆に葛藤を遷延化させている状態だと論じた。ここにおいて、取り入れられた対象は内的対象として自己との間に葛藤的な絆を形成する、という対象関係論的思考が導入されており、対象関係論の幕開けを告げるものとして評価されたのである。[(1)(2)]

その後フロイトは「自我とエス」(1923)において、エディプス・コンプレックスの抑圧と超自我（自我理想）形成を関連づけた。「自我理想の背後には個人の最初のもっとも重要な同一視が隠されているからであり、その同一視は個人の原始時代、すなわち幼年時代における父との同一視である」と述べ、さらには「超自我は父の性格を保持する」とまで論を展開させている。すなわち超自我は、マルコム *Malcolm, R.R.* (1987) の言うように「内的世界における内的対象」なのである。フロイトは超自我形成を論じるなかで、自我・エス・超自我という布置で人格全体を健全に構造化していくうえでも、対象の〈取り入れ〉とその〈同一化〉が必然であるという、対象関係論的視点をさらに鮮明に打ち出すに至ったのである。

さらに、フロイトの対象関係論的観点は、こうした個別の論文においてばかりでなく、小此木 (1985) の指摘するように、彼の精神分析思想の全体を通じて底流に流れているところがある。すなわち、フロイトには、精神分析を生物学的科学基盤に基礎づけようとする医学者的側面と、もう一面では、夢や空想などの心的現実に重要な意義を与える心理学者的側面の両面があった。後者の彼が描く臨床記述においては、自己と対象から成る内的世界の情景が至るところに描かれている。これもフロイト心理学の対象関係論への親和性の高さを示していると言えるだろう。

別の角度からヒンシェルウッド *Hinshelwood, R.D.* (1991) は、フロイトが〈転移〉の重要性を押し出したことで、精神分析は「自我と対象との内的な関係」に着目する必然性が出てきたと述べている。なぜなら、フロイト自身はドラ症例において、陰性転移がいかに生きたものであり、分析家との間で実演 *enactment* されるものであることに気づかなかったが、後世の分析家は、ここから、現実世界とは違ったパーソナルな内的世界が分析家に転移されてくる、という対象関係論的治療論の萌芽を学ぶことができたからだ、というのである。

さて、筆者は対象関係論の起源をフロイトの「悲哀とメランコリー」に求めてきたが、近年オグデン *Ogden, T.H. (2002)* がこの論文に新たな光を照射している。彼の論点はフロイトの対象関係論的思考の意義をくっきりと描き出しているので、少しく紹介したい。

まずオグデンは、フロイトの同論文における思考の道筋を丁寧に追いながら、対象喪失のテーマに焦点を絞っていく。端的にいえばこの論文には、対象喪失を避けるために内的対象関係が形成される構図が描かれている、と彼は言う。そして、そこに描かれている内的対象関係とは、自己愛的に対象との絆を維持しようとする関係性である。すなわち、メランコリー者は、幼少期において自己愛的な対象愛から成熟した対象愛への移行に困難を来した人たちなのだが、それが成長して後、実際に喪失の体験にみまわれたとき、もともとの自己愛的な同一化に退行し、愛する対象を断念できない。そのためにメランコリーに陥る、とオグデンは読み取っている。

従来の解釈では、愛する対象が失われたことへのアンビバレンツ、特に憎しみへの同一化の局面からフロイトのメランコリー理論は構築されたと見なされているが、オグデンはここに新解釈を下す。彼が言うには、フロイトのこの論文の中心ポイントは、メランコリー者が、普通の悲哀を体験する人とは違って、対象関係の自己愛的な形態にとらわれてしまっているところにある、というのだ。

オグデンによって「悲哀とメランコリー」は、対象喪失の局面での「怒り」から、喪失に伴う「痛み」やそれを防衛するための「自己愛的対象関係」へと、明瞭に主題が移された。

この視点の移動は、おそらくフロイト論文に含まれていた対象関係論的思考の今日的意義を正確に射抜いているだろう。近年、カバラー－アドラー *Kavaler-Adler, S. (2003)* も指摘するように、フロイトの対象関係論への貢献としては、対象関係、対象の内在化、対象喪失に伴う健康な悲哀を結びつけたところにある。そして、「健康な悲哀」とは、まさに分離に伴う「痛み」が体験可能かどうかに関わる、モーニング・ワークの課題に他ならない。

さらにオグデンによると、フロイトは「悲哀とメランコリー」の後半においては、メランコリーにおけるサディズムの問題にまで進み、対象との自己愛的同一化が実は憎しみと性愛とが結びついた、より強固なサディスティックな絆に支えられていることにまで言及しているのではないか、という。これは、フェアバーン *Fairbairn, W.R.D.* (1944, 1946)の、リビドー的自我と興奮させる対象との愛と憎しみの混交した関係性を先取りしている観点である。さらに敷衍すれば、今日の対象関係論の「病理的組織化論」にも繋がるような、愛と憎しみの倒錯した自己と対象との関係性を、フロイトが視野の片隅に捉えていたと見ることも可能だ。

以上より、対象関係論の源泉としてのフロイトの着想には、従来指摘されていた「対象の取り入れとそれへの自我の同一化」などの対象関係論的思考の萌芽ばかりでなく、「分離に伴う痛み」「倒錯的な対象関係」など今日の最新の対象関係論にまで繋がるような、豊かなアイデアの源泉が宿っていたと理解することができよう。

対象関係論の二つの大河
——クラインとフェアバーン

フロイト以後、対象関係論の豊かな源泉を汲み取り、それぞれ独自に展開した人物として、クライン *Klein, M.* とフェアバーン *Fairbairn, W.R.D.* がいる。二人は自らの臨床理論のなかに、自己と対象という二者の構図を明瞭に打ち出し、フロイトの欲動論中心の「一者心理学」から、「二者心理学」という新しい地平へと飛び立った。だが二人の着地した地点は、その景観をさまざまに異にし、同じ対象関係論という枠にも関わらず、似て非なる面も少なくない。それは、クラインがフロイトの欲動論を積極的に継承し彼の後継者たらんとしたのに対し、フェアバーンがフロイトの欲動論を積極的に批判するなかで自らの独自性を打ち出そうとしたことにも、端的な相違が見て取れよう。

本節では、今日の対象関係論の礎を築いたクラインとフェアバーンの考え方を対比的に比較検討することにより、対象関係論の多様な意義を整理・検討していきたい。

内的対象の起源

対象関係論という用語は、フェアバーンが一九四〇年代から五〇年代に使ったのに端を発すると言われている〔相田 1995〕(Ogden, T.H., 2002)。すなわちフェアバーンがその用語の生みの親ということになるが、クラインも、子どもとのプレイ・アナリシスのなかで、内的で幻想的な対象関係世界を十全に描き出し、今日の対象関係論を導いた創出者の一人であることに異論はないところだろう。

先節で述べたように対象関係論は、フロイトが実質的に内的対象の存在を素描したところから幕開けとなった。それまでフロイトは「対象」という用語をすでに使っていたが、それはリビドーや衝動の向かう先の〝目標としての対象〟という位置づけに過ぎなかった (Mitchell, S.A. 1981)。それが「悲哀とメランコリー」において、自我と対象との内的連関性を描き出したことにより、対象の持つ意味合いが大きく転換したのだった。

このように、対象関係論にとって「対象」の位置づけは、その歴史の最初から重要な意味を持つ。クラインとフェアバーンは両者とも「内的対象」概念を自己の理論の礎石としている。ただし、両者のそれへの意味づけは、二人の対象関係論を大きく分かつ要因ともなっているし、その後の対象関係論の潮流を二つに決定づける遠因ともなっている。それゆえ、ここで両者の内的対象の位置づけを少しく詳しく比較検討する必要がある。

「内的対象」の概念化において、両者は対極的な方向を向いている。グロットシュタイン Grotstein, J.S. (1994) も言うように、クラインはその概念化にあたって、フロイトのメランコリー・パラダイムに基づいており、自我が対象を傷つけたイメージを自我の中に取り入れたものが内的対象に他ならない、とする。一方、フェアバーンのそれは、対象側の失敗に起因する悪い対象をコントロールするために、その悪い対象を自我のなかに内在化したものである。

ここにおいて両者は、全く逆方向から対象の姿を見ようとしている。すなわち、クラインにとっては、内的対象は自我の攻撃性や欲動の影響下のもとに生み落とされた〝自我の創造物〟という色合いが濃いのに反し、フェアバーンにおいては、現実の対象の失敗が内的対象として内在化されるという筋立てなので、自我の役割としては受身的である。フェアバーンの乳児は、外界からの攻撃性に無力で、自らは欲望を持たない「無垢な乳児」(Grotstein, J.S., 1994)であり、クラインの積極的に憎み愛する乳児とは、著しい対称をなす。

ただし付言すれば、クラインの対象の起源に関する考え方には、細かく見れば年代による違いがあり、それをミッチェル *Mitchell, S.A. (1981)* は次のようにまとめている。①生得的知識としての対象、②自己の投影による創造物、③死の本能に対処するための異物、④現実の他者を内在化したものとしての対象。ミッチェルによれば、クラインは〈抑うつポジション〉を概念化していく後期になるほど、現実の「よい親」像が取り入れられることによって過酷な内的対象像が修正されるというように、現実の影響を配慮しだしたという。だが、クラインらしさが最も出ているのが、②と③の、欲動や本能の投影による対象の創出という側面にあることは、異論のないところであろう。

このようにクラインとフェアバーンでは、対象関係論の要諦である対象の創造において、すでに別の視界を見ていた。したがって、その後の発達論や人格形成論において大きく歩を異にしたことは、ある意味、理の当然かもしれない。彼らのその後の発達論・パーソナリティ論自体に関しては、すでに成書がさまざまに出版されているので、ここでは詳説しないが、次項では、彼らのそれらの理論に関する異同について検討したい。このことは、クラインとフェアバーンの対象関係論の色合いをさらに分明にすることだろう。

欲動論と環境論

先に述べたように、対象の起源の概念化の違いは、そのまま彼らの発達論・パーソナリティ論の相違として色濃く反映された。それを端的に表現すれば「欲動論」と「環境論」の違いとまとめることができるだろう。

クラインが〈妄想分裂ポジション〉〈抑うつポジション〉として概念化していった道筋 *(1935, 1940, 1946)* は、自己に属するリビドーと攻撃性の欲動が〈投影同一化〉によって対象との間で迫害的な関係性を形成するが、その様態から、それらの欲動がいかに自己の内側に引き戻され、主体性と責任性を帯びた個人として生まれ出るか、という概念構成となっている。ここからは、欲動を自らの責任のもとに主体化した、個人の自立的な息づかいが伝わってくる。

一方、フェアバーンにおいては、フロイトの欲動論をニュートン物理学的で「時代錯誤だ」と批判する(1946)ところから出発した。そこで彼は「リビドーは快感希求的ではなく、対象希求的である」という有名なテーゼを高らかに宣言したのだが、乳児の対象希求(乳児的依存)を対象側が受け損なうことに、パーソナリティ構造化の手始めの契機があるとする点で、彼は環境論者と言えるのである。

彼らの異同に踏み込む前に、論点を明確にするために、フェアバーンのパーソナリティ論を簡単に振り返りたい。[3] 彼は一九四三年の論文で「対象の失敗を内在化するのは、親の良さを保持するためである」と明言する。親の悪い側面を内在化し「一次的同一化」によって、自我がその悪い対象と内的に関係を形成するようになれば、親の悪い側面をこころのなかで万能的にコントロールできる空想を持つことができる、というのだ。そして「興奮させる対象－リビドー的自我」「拒絶する対象－反リビドー的自我」という、悪い内的対象関係を中心に構造化された姿を示したのが、彼のパーソナリティ論である。

フェアバーンはこの基本構想を、彼の研究の出発点であるスキゾイド・パーソナリティ論(1940)でもすでに内包させていた。彼のスキゾイド論の要諦は、人格の基盤やあらゆる精神病理の根底には、スキゾイド状態が多かれ少なかれ潜在しており、それは、情緒的な引きこもりや内的現実へのとらわれを形成し、成熟した人格への統合を阻んでいる。そして、このスキゾイド状態をもたらすのは、乳児の愛情希求に対する親の「拒絶」であり、それは乳児のこころに「虚しさ」を埋め込む。それがスキゾイドの非現実感のもとを形成している、というのだ。

クラインとは違い、フェアバーン理論では、「抑うつ」や「怒り」が中心を占めるのではなく、「虚しさ」に意味の重みが置かれている。したがってグロットシュタイン(1994)の指摘するように、クラインの〈妄想分裂ポジション〉は、憎悪のために、まずは妄想的であり、次にスキゾイド(分裂)的となるが、フェアバーンの〈分裂ポジション〉は、自我のなかの違和化のために、初めからスキゾイド的なのである。

フェアバーンの「スキゾイド状態」の研究は、ウィニコット Winnicott, D.W. (1960) の「偽りの自己」やレイン Laing, R.D. (1965) の「引き裂かれた自己」に先鞭をつけたとも言われるが(Grotstein, J.S. & Rinsley, D.B., 1994)、乳児は環境に対して拒絶されたり侵襲を受けたりするだけの、ひどく受身的な存在として描かれている印象は拭いきれない。そのうえフェアバーンの対象関係論は、クラインの〈投影同一化〉のような主体側の働きかけを想定しなかったので、外的対象にプレッシャーを与えるような対象関係を扱えなかった（Kavaler-Adler, S.2003）とも言われている。したがって彼のスキゾイドは、外的内的にひきこもっているだけの様態として、静まり返っているかのようだ。(4)

結局のところ、個人内部の欲動を積極的に想定しないということは、同時に、主体性の根拠も脆弱なものとする。それはフェアバーン理論の一つの弱みとなるが、クラインのように、環境の影響を小さく考え、悪い対象も個人の投影物だとする論理立ても、あまりに「悪」の責任を乳児に押し付けすぎる憾みがなきにしもあらずである。このあたりの難題を解決するにはビオン Bion, W.R. の登場を待たねばならないが、まずは、「欲動論」と「環境論」の相違が治療論にどのような異同をもたらし、各々どのような意義を認めることができるのか、次項で検討したい。

治療論

「欲動論」と「環境論」の違いは、治療論においても二人の間に大きな懸隔をもたらした。それは端的に言えば、治療的方策において、個人の欲動や葛藤を解釈によって意識化することを目指すか（「洞察モデル」）、環境側が良いものを提供するか（「提供モデル」）、の違いとなる。

クラインは周知のように、子どものプレイ・アナリシスにおいても解釈を重視し、後年、大人の精神病やうつ病の分析に進んでも、精神分析技法の基本原則を忠実に守ろうとした。そして結局〈抑うつポジション〉のワーク・スルーを治療目標に置き、一次対象に対する自らの「破壊性」への気づきと、一次対象への感謝の念に基づく「償い」の作業を、〈転移分析〉を通して成し遂げることを主眼とした。こうして人は、精神分析を通して、「生の本能」と「死の本能」を好ましくも融合し主体的に引き受けることができる個人として、生まれ出ることができた。このようにクラインの治療論は、対象との関係性を通して、自己の欲動・願望・不安を〝洞察〟し、そのことで、愛によって憎しみが中和化され、自己が主体化されていく、というプロセスを描いた「洞察モデル」と見ることができる。

一方、フェアバーンの治療論は、パーソナリティ形成における環境因の重視そのままに、「環境」としての分析家と患者との現実的な関係性の影響力に、重きを置いている。フェアバーン (1958) は、患者を横に寝かせ分析家が彼の背後に座ることは、患者の早期の外傷の反復になると考え、患者に、対面して椅子に座る機会を与えた。そして、分析家との安全で信頼感のある現実的関係がなければ、患者は内的な悪い対象を放棄できないと考えた。フェアバーンは、クラインとは対極的に、解釈よりも分析家との現実的関係を重視したのである。ガントリップ Guntrip, H. (1975) も言うように、これらのセッティングをフェアバーンは、フレンドリーで治療促進的になるものと考えた[5]。彼の治療論が、現実的な治療関係における〝愛情〟や〝信頼〟を重視した「提供モデル」であることは、明瞭だろう[6]。

カバラー－アドラー (2003) の言うように、環境論では、主体の位置、欲動を持つ自己という観点が希薄なため、クラインのような「モーニング・ワーク」の観点は生まれにくい。環境（セラピスト）による「癒し healing」的なニュアンスが濃くなる。したがって、個人が自ら内的欲動に自覚的になることを通して主体化される積極的なこころの営みが、治療論のなかで薄く、やはりここでも受身的である。だが、グロットシュタインとリンズレイ Grotstein, J.S. & Rinsley, D.B. (1994) が言うように、フェアバーンは、子どもの虐待、多重人格、外傷などのたくさんの臨床的理解を提出した。今日の外傷論の先鞭をつける「環境要因重視」の視点を精神分析に導入したことの意義は少なくないのである。

クラインとフェアバーンの特色や異同は、そのままかなりの部分を、今日のクライン派と独立学派が継承し、それを基盤にそれぞれ臨床的・理論的な発展を遂げている。その意味で、彼らの臨床研究は、今日の対象関係論の二大学派を根底から基礎づけた、真に偉大な達成なのである。

以上、ここまでクラインとフェアバーンの主要な臨床的・理論的貢献を比較検討してきた。最後に、彼らの細かくはあるが看過できない異同を簡単に整理することで、この節を終えることにする。

その他の異同

最初に、フェアバーンとクラインでは、〝不安の起源〟においても考えを異にしている。これを一言で言ってしまえば、「依存」に着目しているのか「攻撃性」に重きを置いているのかの違いになるだろう。

フェアバーン（*1955*）は、出産外傷における分離の不安を防衛するために、他者との関係性を求める「一次的同一化」が発動すると唱えた。「同一化の力動は、他者に向けての子どもの絶対的なニードにある」。すなわち、乳児は依存を通じて分離の不安を防衛し、安全感を獲得する。「フェアバーンは、攻撃性をプライマリーとは考えない。リビドーのコンタクトが断たれたところから来る、反応的な現象」（*Gomez, L., 1997*）なのである。一方、クラインが欲動、なかでも攻撃性を基軸に、不安理論を打ち立てたのは先に述べた通りである。このあたりの考え方の相違（攻撃性か依存か）も、現在の独立学派とクライン派の相違として、そのまま受け継がれていると見てよいだろう。

次に「無意識的空想」概念に関してだが、環境論者のフェアバーンにとっては、欲動の派生物たる無意識的空想は、さして重要な意味を持たない。外的現実に付随する二次的な役割を負うに過ぎない。一方、クライン派にとっては、「あらゆる心的過程の一次的内容は、無意識の空想であり、あらゆる思考過程の基礎を成している」（*Isaacs, S., 1948*）というように、クライン派対象関係論の根幹を支えるほどの重要な意味を持つ。なぜなら、ミッチェル（*1986*）の論じるように、フロイトの本能論では、対象は主体にとって単なる欲求充足の〝物〟でしかないが、「無意識的空想」の概念によって、対象と自己との力動的〝関係性〟を描くことができるようになったからだ。例えば、主体が対象を本能的に求めるのは、その基底に願望充足的空想が働いているがゆえに、対象は血肉化したさまざまな意匠に彩られ、主体の欲動が誘われる、という道筋になる。

「無意識的空想」概念によって、精神分析は、欲動によって動かされるメカニカルな生き物ではなく、内的主観的世界を内包した、実存的な人間の姿を描写できるようになったのである。

クラインとフェアバーン以後、対象関係論といえば、一般的には〝クライン派〟と〝独立学派〟の二派を指す。狭義には、独立学派のみを言う。

歴史的な経緯を遡れば、イギリス精神分析協会は、クラインとフロイトの娘であるアンナ・フロイト *Anna Freud* との間に闘わされた、特に子どもの精神分析を巡っての熾烈な論争（*King, P. & Steiner, R. ed., 1991*）の後、クライン派と自我心理学派の二派に分かたれた。だが現実には、その両派ともに属さない、第三の党派として「独立学派」が生まれたのである。そのなかのクライン派と独立学派の二派を、広義に対象関係論学派という。[7]

ただ、対象関係論といっても、正確な定義を持たないし、たくさんの異なった理論的観点を含んでいる（*Hinshelwood, R.D., 1991*）。ガントリップ（*1971*）によれば、対象関係論は対象関係論学派にも自我心理学派にも共通に認められる、精神分析の基本的な考え方を含んでいるがゆえに、「対象関係論的な考え方」と言うのがよい、とされる。したがって対象関係論全体を一括して論じるには無理があるが、本節では、それぞれの学派の主な違いを検討してみたい。ただし、すでに先に述べたクラインとフェアバーンの異同と重なる部分も多いので、簡潔に記述しよう。

クライン派では、クライン以後、第二世代の三傑として、スィーガル *Segal, H.*、ロゼンフェルド *Rosenfeld, H.*、ビオンが輩出し、彼らに教育を受けた第三世代として、ブリトン *Britton, R.*、スタイナー *Steiner, J.*、フェルドマン *Feldman, M.* が、今日のクライン派三傑として数えられている〔松木 2004〕。クライン派は今日、「投影同一化理論」から「病理的組織化」「自閉症」研究へと進んでいるように、体系的な臨床理論の発展に貢献し、無意識探索的な精神分析の伝統を継承している。

一方、独立学派には、フェアバーンに理論・実践両面において近接したり強い影響を受けたりした、ウィニコット、バリント *Balint, M.*、ボウルビィ *Bowlby, J.*、ガントリップらがいる。矢崎（*2002*）によると、独立学派は「ゆるやかな同志の集まりであって」「理論的には折衷的あるいは統合的になるし、実践上は臨機応変であり」「技法も一定せず、各個の精神分析家によって大きな変異と幅が生じる」とのことである。クライン派が理論的・実践的にも〝純血集団〟に近いとするならば、独立学派は、内部に多様性と幅を含んだ〝混血集団〟と見てよさそうである。

今日、二つの学派は極めて近接してきた（Spillius, E.B., 1988, 1994）と言われるが、それでもいくつかの点で、理論・技法両面にわたる原理的な相違が認められる。ここではそのいくつかをとりあげたい。

欲動か環境か

この問題に関しては、クラインとフェアバーンの異同がそのまま受け継がれる。しかも、クライン派と独立学派を色分けする端的な指標の一つになり得る（岩崎 1977）。次章で述べるように、ビオンの登場によってこの垣根もかなり低くなった感はあるが、それでも双方への比重の掛け具合に両派の色合いの違いを読み取ることは可能だろう。

クライン派が治療的に目指し目標とするところは、クラインの時代とさほど大きな違いはないように思われる。逆転移の臨床的活用や病理的組織化など、クライン以後、大きく発展してきた理論や実践は数あるものの、結局のところ最終目標は「モーニング・ワーク」「抑うつポジションのワーク・スルー」に尽きている。ただ、クラインとは違い、同じモーニング・ワークでも、愛と憎しみの葛藤を体験し「償い」の念を抱く「ギルティ・マン」に治癒像を見るよりも、スタイナー（1993）の登場によって、「対象喪失の経験」といった分離の課題に、より焦点が当てられてきた感はある。だが、いずれにしろ、個人の課題を「罪」や「喪失」の内的体験に置くという、内在論である。

独立学派は一様に環境の役割や責任を問うことにおいて共通性が認められる。ただし、そのなかでも細かな違いは存在している。例えば、意外なことにウィニコットとカーン Winnicott, D.W. & Khan, M.M.R.（1953）はフェアバーン理論を一部、批判している。その一つとして、フェアバーンの言う「一次的同一化」や「前アンビバレンツ」概念が、フェバーン自身の唱える「対象希求」という視点と矛盾しているのではないか、ということである。すなわちウィニコットは、フェアバーンが「対象希求」という視点を主張することによって、誕生時には自我が存在し、対象とは分離した存在だと示していることに、異を唱えた。なぜなら、ウィニコットにとっては、生下時には、乳児と環境は一体化した関係（絶対依存）を形成しており、自己と対象（環境）は分離していないからである。[8] この点で、諮らずもフェアバーンはクライン派と同じ立場に立っている。言うまでもなく、クライン派はクラインの主張通り、誕生直後からの自我を想定し、それゆえにこそ対象とは分離した存在として、最早期の原始的対象関係が営まれると考えている。[9]フェアバーンは、この点だけを見れば、独立学派のなかでは異色である。

このように、対象の生下時での位置づけに、独立学派内部でも見解の相違は認められるが、彼らがひとしなみ〝環境〟要因に重きを置いていることでは共通している。

独立学派が〝環境〟要因を重視していった経緯として、精神分析の理念の問題ばかりでなく、彼らの小児科医や精神科医としてのキャリアも大きく関係していると思われる。周知のようにウィニコットは小児科医として、何万もの乳児と母親との関係を観察したと言われるし、それ以前の一九三九年には、ロンドンから疎開した子どもたちの大規模な調査に、政府の要請で関わっていた(*Grosskurth, P. 1986*)。ボウルビィも、第二次世界大戦後、WHOの要請で戦災孤児などの観察や処遇に携わったのは周知のところである。[10]母性剥奪の現実を目の当たりにして、彼らが〝環境〟側の責任を鋭く問う心根に傾いたとしても、むべなるかな、と言えよう。[11]他の独立学派では、バリントは医学との連携を含む多様な関心に移っていったし、ガントリップも牧師として具体的援助に関心のある人だった。

こうして見ていくと、独立学派の分析家には、精神分析の枠に留まらない、関連領域での多様な関心や活動領域を持っている人たちが少なくないのである。そして、彼らが〝環境〟要因に比重を置けば置くほど、精神分析の枠が窮屈になったかのように、多方面での活躍を示すようになっていった。

環境モデル（提供モデル）の陥穽

クライン派が「環境」を重視せず個人の「欲動」や「本能」ばかり重視する、という批判があることは、すでによく知られているところなので、この項では、あまり語られることのない〝環境論〟への批判を俎上に乗せたい。

クラインが病理を患者自身の内的な責任に帰して患者を苦しめたとすれば、ウィニコットは同様の意味で、家族の方を悩ませたと言えるかもしれない。彼は精神病を「環境欠損病」と形容し(*Winnicott, D.W. 1949, 1952*)、多くの統合失調症家族を結果的に苦しめた。ウィニコットは、クラインが性格上「環境」要因を取り入れることが難しい人だと批判したが（1962）、彼自身も環境責任論からくる「環境」側の痛みに昏くなっていた面があるのかもしれない[12]。

さらにもう一つの厄介な問題が「環境」モデルから持ち上がった。〝環境論〟が治療論においても、愛情の欠損を補おうとする「提供」モデルになりやすいことは、すでに前節で述べたが、ここに思わぬ陥穽が待ち受けていたのだ。提供モデルが、セラピスト側の善意や愛情を強調し、患者の養育上での愛情欠損をできるだけ補填しようとする治療態度になりやすいことは、多かれ少なかれ共通しているところだろう。それは、精神分析の基本原則である中立性や受身性の枠を踏み越えるところがあるが、この問題は、歴史的にはフロイトがフェレンツィ *Ferenczi, S.* の「積極技法」や「弛緩技法」を批判したところまで遡る〔小此木 1985〕。

フロイトは、フェレンツィの治療技法は患者に現実的な愛情を与えるので、禁欲原則を遵守する精神分析に反すると厳しく批判した。その後、フェレンツィの治療論は、アレクサンダー *Alexander, F.* の「修正感情体験」という現実的な治療関係重視の視点に繋がったが、独立学派の間でもフェレンツィから影響を受けた人は少なくない。なかでもバリントは、フェレンツィからハンガリー学派として直接教育分析を受けた直弟子である。バリント（1968）はフェレンツィに従い、患者との身体的接触を含む「共にいること」を重視した。これによって、身体レベルで患者の内的経験に触れることが可能となり、患者の基底欠損を癒すことができると考えた。カーン *Khan, M.M.R.*（1974）によると、バリントは少なくとも一セッションに一回は「共にいること」の〝実践〟として患者の親指を握ったという[13]。

愛情の提供というモデルが身体接触にまで繋がりやすいのは、次に示すように、誘惑的で危険な流れと言える。

ウィニコットもその意味で、分析的な治療枠をかなり踏み越えた人だった。彼はリトル *Little, M.I.* との分析のなかで、リトルのアクティング・インに対して、部屋を出て行ってしまったり、時間を延長したり、手を握ったりなど、さまざまな〝踏み越え〟を実践した（*Little, M.I., 1990*）。ホプキンス *Hopkins, L.*（*1998, 2000*）は、ウィニコットが分析的枠組みを守るうえで重大な困難を持った人だと断じている。ウィニコットのこの姿勢が単に彼自身の問題に留まらないのは、彼の患者でも弟子でもあったカーンがさらに逸脱した問題行動を頻発したからであった。彼は身体的接触の延長上で、たくさんの患者と性的交渉を持ったと言われるし、患者の分析中にも関わらず電話に出て、ホモセクシャルなジョークを飛ばしていたりしたという(*Godley, W. 2001*)。[14]

愛情の提供ということが、セラピスト側の自制心を薄くしてしまうことの危険性について、私たちはこれらの〝事例〟を教訓にして自戒的に学ぶ必要があるのだろう。[15]

死の本能をめぐって

本節の最後に、これもクライン派と独立学派を分かつ指標となり得る、〝死の本能〟を巡る議論を紹介したい。周知のようにクラインはフロイトに準じ〝死の本能〟の存在を認めた。彼女は、人間には生得的に、死の本能の現れである「破壊性」が備わっていると考えた。これが、自我心理学派や独立学派など他学派の猛烈な反発を呼んだことは、よく知られているところだろう。この問題に関しては、一九七一年にウィーンでの国際精神分析学会で「攻撃性に関して」というパネル・ディスカッションが持たれ(*Lussier, A. 1972*)、サンドラー *Sandler, J.*、スィーガル、レーヴェンシュタイン *Loewenstein, R.M.*、ゴンザレツ *Gonzalez, A.* といった、それぞれ立場を異にする分析家が集まった。[16] この種の集まりによくあるように、同じ「攻撃性」ということばを使っていても、各人が指す現象に違いがあるので、話は必ずしも噛み合っていないが、いくつか興味深い議論が闘わされている。

まず、スィーガルや後にフロアからディスカッションに加わったロゼンフェルドは、ともにクライン派の立場から、〝死の本能〟の存在自体が本当かどうかは知りようがない、と明言している。それは理念的な概念であり、クライン派が重視しているのは、臨床的現象を説明するうえでそれが有用になり得る点である、と。ロゼンフェルドは「一次的攻撃性」や「一次的自己破壊性」の臨床的現象は観察されると述べているし、スィーガルは、「一次的攻撃性」の概念は、幼児における不安や葛藤や罪悪感を説明するのにとても有効であると論じている。ここで興味深いのは、クライン派が〝死の本能〟概念を思弁的なものだと認め、その不毛な議論を避けるため、臨床上の説明概念に近づけようとしていることである。クライン派にとっても、クラインが打ち出した〝死の本能〟は、もはや机上の理論に過ぎなくなり、「攻撃性」として様相を変えて、臨床の舞台の上に降ろされたと言えよう。[17][18]

約二十年後、スィーガル(1993)は〝死の本能〟問題に関して再び発言した。彼女はそのなかで、二十年前の主張通り、臨床的現象の説明として有用となり得る死の本能概念を、四つの臨床素材を生き生きと描写することによって論証してみせた。彼女がここで新たに付け加えている視点としては、フロイトは死の本能が自我から逸らされて対象に向かうことを述べ、クラインは死の本能が投影されて迫害不安になることを説明したが、スィーガルはそれに加えて、死の本能は、心的苦痛を避けるために、自己の中の「生の部分」に対する攻撃として活動すると論じている。これは、パーソナリティの病理的組織化論とも重なるような、依存的な自己や健康な自己に対する内的対象からの攻撃のことを指していると思われる。〝死の本能〟概念の臨床的発展の、一つの実り豊かな果実であろう。[19]

さて、ここで〝死の本能〟問題に関する、独立学派の見解を整理しておきたい。独立学派にとっては、「攻撃性」は二次的・反応的なものという視点で、党派的には一致しているようだ。そもそもフェアバーン(1944)も「攻撃性」を一次的なものとは考えず、中心自我がリビドー自我の欲求の大きさを制御するために必要な「調整機能」の一面を持つと見なしたり、リビドーによる接触が阻まれた時に生じる二次的なものだと考えたりした。フェアバーン理論の解説者としても有名なガントリップ(1971)になると、もっと端的に、内的迫害対象関係は早期の親との関係性のコピーであると断じ、「攻撃性」は自己の内側には帰せられず、対象側の問題として投じられた。

このように、〝死の本能〟や一次的攻撃性に関しては、独立学派は一様に否定的だが、人間が「攻撃性」を持つこと自体に関しては、学派内でも温度差はあるようだ。

ウィニコットはフェアバーンとは違って「イド衝動」を容認しているので、彼は、対象希求性とイド欲求の両側面から、対象関係を考察する。そして、攻撃性も「原初的な愛の衝動においてわれわれが反応性の攻撃性を見出すことはいつも可能」と、反応的なものと見なしていたり、あるいは「幼児に外的対象を必要とさせるのは、この衝動性であり、そこから発展する攻撃性なのである」と述べたりしている(Winnicott, D.W., 1950-55)。すなわち、「運動性」「自発性」へと繋がるような、いわば〝良性の攻撃性〟を想定しているようだ。

バリントもウィニコットと同様に、快感希求と対象希求の両側面から対象関係を考え、フェアバーン理論は本能衝動の面を重視していないと批判した(Balint, M., 1957)。だが彼も、破壊性は本来「一次愛によって受容され肯定されるもの」(1952)であり、それによって「一種の完全な調和」が生じ、個人の成長が促進される、と考えた。一次愛によって、攻撃性に対処する環境側の包容が強調されているので、ウィニコットの「母性的没頭」概念と似る[20]。

またボウルビィは、クラインと同様に、モーニングにおける攻撃性の役割を強調したが、それは去っていく他者に対する健康なリアクションという意義を持つものと考えた(Kaveler-Adler, S. 2003)。一方、クラインは、モーニングのプロセスにおいても攻撃性は、「償い」を必要とする、罪深さを含有したものと考えており、ボウルビィの言うような攻撃性の健康さという視点には、やはり乏しい。

こうしてみてくると、クラインは人間の「破壊性」を本性上避けられないものと考え、〝死の本能〟の投影としての迫害不安から自己の破壊性の認識による「償い」へという成長過程を描き出した。その後のクライン派は、臨床的説明概念として、生の痛みを避けるための〝防衛としての破壊性〟に着眼点を広げた。これがすでに述べたように、次章での「病理的組織化論」に繋がる観点を孕んでいる。一方、独立学派は「破壊性」を愛情希求へのフラストレーションからくる反応的なものと見なしたり、あるいは愛によって包容され健康な発達や自発性に繋がるような良性のものと考えたりして、「破壊性」の病理的側面に関しては言及が乏しい。これは結局、両者の治療観・人間観の相違であり、ここで双方の是非を問えば、「環境モデルか葛藤モデルか」の論議の蒸し返しになろう。

鳥瞰的視点に立てば、対象関係論は、クライン派と独立学派が批判的討論を交わすなかで、お互いが身を持って〝攻撃性〟の認識や包容を実践し、その建設的な生かし方を体現してきたと言えるのかもしれない。

おわりに

本章では、対象関係論の源流であるフロイトの発想から、クラインとフェアバーンを通過し、「クライン派」と

「独立学派」という今日の対象関係論までの流れを、対比的に比較検討してきた。対象関係論には今日二つの大きな潮流があるが、大枠では、主体が対象と関わるそのあり様に臨床的な視点を移動させ、二者心理学の認識を心理臨床の世界に定着させた。そして、外的要因と内的要因の比重の掛け方によって、二派の臨床理論・実践の観点や意義はさまざまに異なってくるが、それぞれの特色や功罪を示せたなら幸いである。

(1) 岩崎〔一九七七年〕やヒンシェルウッド *Hinshelwood, R.D. (1991)* は、「悲哀とメランコリー」より先の「ナルシシズム入門」*(1914 a)* に、対象関係論の萌芽を見ている。なぜなら、この論文では、自己の一部や自己の考えすら、リビドーの対象になるという、対象への関心へと展開する視点が示されたからだという。

(2) ただし、フロイト自身は、オグデン *Ogden, T.H. (1986)* の指摘するように、内的対象という用語を使うことはなかった。

(3) フェアバーン理論の全体を概観する解説としては、相田〔一九九五年〕によるものが要を得ている。

(4) ただし、病理の基盤にスキゾイド状態を想定し、ヒステリーや強迫神経症などの神経症も、そのスプリッティングを扱うための移行技術 *transitional technique* と見なす視点は、疾病一元論であり、独創的である。

(5) もっとも、同論文でガントリップは、フェアバーンが理論においては新しかったが、面接場面の技法においては、意外に「オーソドックスな解釈する人」であり、時には正確な解釈を押し付けてくる「古典的分析家」のようだった、と感想を漏らしている。

(6) ただし、欲動の充足から対象希求性へのフェアバーンのパラダイム・シフトは、治療関係においても欲動から関係性へという視点の移動に影響を与えた。すなわち、シャーフとバートルズ *Scharff, D.E. & Birtles, E.F. (1997)* の論じるように、クライン派が逆転移やセラピスト側の主観的経験を、転移－逆転移の治療的関係性の文脈の中で重視する臨床理論を、その後押し出していく先鞭をつけた面もある、と言える。したがって、フェアバーンの治療論を、提供モデルとのみ片付けたとしたら一面的になろう。

(7) コーホン *Kohon, G. (1986)* によると、クラインの対象関係論への大きな影響力は認めるものの、彼女自身を対象関係論者の一部には含めないイギリスの分析家も少なくないという。

(8) ウィニコットが人間発達を対象希求と快感希求の両面から考えたのは、彼がフェアバーンよりもクラインやフロイトに従順だったことに還元する人もいる *(Gomez, L. 1997)*。

(9) 最近の乳幼児発達研究の知見から、スターン *Stern, D.N. (1985)* は、乳児には生得的知識が備わっており、自他の区別が生下時から可能というクライン派の考えを支持している。ただしスターンは、クラインのいう最早期の防衛機制や妄想分裂ポジションなどの経験は、子どもが言語を使用できるようになって初めて可能になる、生後二年以降の体験であると、これに関しては否定的である。だが、グロットシュタイン *Grotstein, J.S. (1994)* によれば、この批判は、スターンが自我心理学者のため空想 *imagination* と象徴 *symbolization* の区別ができないための誤解ではないか、ということだ。

(10) ウィニコットとボウルビィの公私共に亘る親密な関係は、ボウルビィの息子が編著者となっている最近の本 *(Bowlby, R., 2004)* に著されている。彼らはそもそも分析家の訓練をイギリス精神分析協会の初期に一緒に受けた仲で、その後も家族ぐるみの付き合いがあり、お互いの仕事のよき理解者だったという。ウィニコットはボウルビィの愛着理論を、彼自身はその意義を充分に理解していたが、分析の同僚からは受け入れられないのではないかと、ことのほか憂慮していたらしい。実際に、ボウルビィが愛着理論を一九五八年に初めてイギリス精神分析協会で発表したときには、大いに攻撃を受けたとのことである。

(11) もっとも、彼らの環境要因への傾倒に個人的背景を見る向きもある。ウィニコットは、父親が学習障害で、彼自身も読字困難を伴っていたと言われるし *(Jacobs, M.,1995)*、ボウルビィは、彼自身が重要な愛着対象だった乳母と四歳時に別れており、その喪失体験が永続的な愛着関係の重要性を唱える背景に潜むという説もある *(Bowlby, R.,2004)*。だが、それを言うなら、クライン自身も幼少期から数ある喪失体験にみまわれている *(Segal, J., 2004)* ので、一概に個人的経験に還元するのには注意が必要だろう。

(12) クライン自身も環境を充分考慮に入れていたという指摘は、時に散見される。そのなかでも、最近発表されたアグアヨ *Aguayo, J. (2002)* の論考が興味深い。彼は、クラインが自分の初孫を観察した未発表論文を詳細に検討し、彼女がいかに孫の環境要因に注意を払い、孫とその母親との関係性に気を配っていたかを強調している。

(13) ただし、バリント自身は、治療的枠組みがなくなることへの危険性に自覚的であり、リミット・セッティングを重視した。それがないと、患者は「悪性の退行」に陥ってしまい、早期の外傷を「良性の退行」のもとで、癒せなくなると考えていた。

(14) ゴッドレイ *Godley, W. (2001)* によると、カーンがホモのフェラティオ・ジョークを電話で交わしていた相手とは、ウィニコットらしい。それのみならずカーンは、面接中しょっちゅう電話に出たとのことだし、さらにはゴッドレイの妻を誘惑したり、酔っ払って分析に臨んだり、挙句の果てにはカーン自身の妻と大喧嘩し始めたり、読む側の胸を悪くするほどの乱行愚行ぶりである。

(15) もっとも、カーンのこの暴挙は、ひとえに彼のパーソナリティ病理に帰せられるべきところだろう。独立学派全般に及ぶところは少ない。独立学派の名誉のため言えば、レイナー *Rayner, E. (1991)* の強調するところだが、独立学派の第一義的貢献は、ウィニコットに代表されるように、移行性 *transitionality*、創造性 *creativity*、象徴化 *symbolization* の過程が、分析プロセスのなかで、創造的に生成される側面を発見したところにあり、単なる環境論に終わっていないところである。

(16) ただしこのレポートには、ゴンザレツの寄稿は間に合わなかったとのことで掲載されていないので、彼のディスカッションの詳細は不明である。

(17) このパネル・ディスカッションで、それでもなおレーヴェンシュタインは、クライン派の概念は、未形成の心的単位〔筆者注——原始的防衛機制のことを指すと思われる〕を信じている点で、小人の古い胎生学と大いに共通する生物学的視点だと見当違いの批判を加えている。スィーガルはそれに応え、クライン派の理論は、心的発達を分化と成熟の観点で理解し、対象関係の移り変わりをとりわけ強調する思考様式なのだと、反論を加えている。

(18) ちなみに、クライン派のマルコム *Malcolm, R.R. (1987)* は、フロイトに似た、死の本能に関する簡潔な説明を加えている。すなわち、生の本能は、統合に向かう傾向として表れ、死の本能は、解体に向かう傾向として出現すると。そして、乳児は、その葛藤を不安として体験するのだ、と。

(19) 同じくクライン派のフェルドマン *Feldman, M. (2000)* も、現代的な死の本能概念を提示している。彼が言うには、死の本能の満足は、知覚し経験する自己の破滅や文字どおりの死や破滅にあるのではなくて、知覚能力や判断能力を攻撃し歪めることにある、という。すなわち、この観点も、死の本能の表れは、こころの健全な痛みを避けるために、健康な自己の知覚を歪めることに目的があるという、病理的組織化論に繋がるような認識の転換となっている。

(20) ただしウィニコットはバリントの「一次的調和」概念を、それが「一次的」と呼ぶにはあまりに複雑だとして、ひどく嫌ったという *(Rodman, F. 1987)*。

第Ⅱ章　対象関係論の近年の動向

はじめに

本章では、対象関係論における近年の臨床研究の動向について論じる。それはいくつかのトピックスに分けられ、まず、ビオン *Bion, W.R.* の貢献である〈コンテイナー／コンテインド〉モデルを検討する。次には、近年、特にクライン派を中心に研究が進められてきた「病理的組織化」と「自閉症」研究に関して、その意義を論じる。さらに、対象関係論のその他の動向についても触れ、最後に一つのトピックを抽出し、クライン派が展開してきた〈早期エディプス・コンプレックス〉論の変遷を概観することにしよう。これらを通して、対象関係論の近年の動向が、心理臨床のケース理解や治療面において、どのような新しい地平を切り拓いているのかを展望したい。

環境モデルと葛藤モデルの統合——ビオン

前章で論じてきたように、対象関係論には〝環境〟を重視するか、個人の〝欲動〟や〝葛藤〟を重視するかで、二派に色分け可能であった。単純化すれば、前者の場合、乳幼児期に与えられなかった愛情や世話を治療者や環境側が提供する必要があるという「提供モデル」が治療論として導かれるのに対して、後者の場合は、精神分析の伝統である転移解釈やそれを通しての不安・葛藤の意識化を重視する「洞察モデル」がそれに該当する。病因論の視点に立てば、前者は、愛情の欠損によって病理が醸成され、後者は内的葛藤に基因してこころの病が発生するという観点なので、「欠損モデル」と「葛藤モデル」と言われることもある。

環境か、内的葛藤か、という一見二律背反的な別々の視点を、臨床に裏打ちされた革新的な着想で統合させたのがビオンの仕事 *(1957, 1959, 1962 a, 1962 b)* である。彼はクライン *Klein, M.* の〈投影同一化〉理論を敷衍・発展させ、〈コンテイナー／コンテインド〉論という独創的な治療論を展開した。ここにおいて、個人（自己）と環境（対象）との関わりは、対象側の「もの想い *reverie*」の機能が触媒となり、個人の中に情緒や意味が醸成されるという、環境と内的葛藤との幸福な結婚がもたらされた。

だが、ビオンのこの業績は、彼一人の力で成し遂げられたものではない。そこに辿り着くまでには、先学や同僚たちのたゆまぬ研鑽が積み重ねられていた。そこでまずは、先人たちの歩みを押さえておく必要があるだろう。

クラインが一九四六年に「分裂的機制についての覚書」で初めて言及して以来、〈投影同一化〉理論はクライン派のなかで最も熱心に研究され、臨床的にも検証されてきた理論の一つと言える。

クライン自身は、乳児の最早期の不安と防衛を論じるなかで〈投影同一化〉を、攻撃的な対象関係の原型をなす、特殊な形の同一化であると定義した。すなわち「自己の攻撃性が対象の中に排出される」という無意識的空想に基づき迫害的な対象関係が形成されるのである。彼女はその後〈投影同一化〉概念を発展させることはなかったが、そこでは、攻撃性や自己の一部を対象の中へ投影する「排泄」機能に力点があったと言ってよい。

クライン以後、〈投影同一化〉概念の発展のターニングポイントになった人物として、ハイマン *Heimann, P. (1950, 1960)* が挙げられよう。彼女はこれらの論文のなかで〈投影同一化〉という用語こそ使わなかったもの[1]の、その論点は「患者の無意識は分析家の逆転移によってキャッチ可能だ」という点にあり、まさに〈投影同一化〉を介しての患者の無意識の理解、というテーマとして見ることができる。[2]

その後、〈投影同一化〉概念は、スピリウス *Spillius, E.B. (1988)* の総説に見るように、クライン派の間でホットな議論が重ねられ、さまざまな臨床家がこの概念の発展に寄与してきた。例えばグリンバーグ *Grinberg, L. (1962)* は〈投影逆同一化〉概念を提唱し、患者によって喚起される分析家の中の反応の仕分けを問題にした。同様にモネー-カイル *Money-Kyrle, R. (1956)* も、分析家の中には償いの念や親的なこころからくる、患者に対する思いやりがあり、それは患者の〈投影同一化〉の理解に利用できる「正常な逆転移」だとして、病理的な逆転移と区別した。

他にもさまざまな貢献があるが *(Segal, H. 1964 ; Joseph, B. 1987)*、今日的な意義としてはロゼンフェルド *Rosenfeld, H. (1971 a)* のまとめが要を得ている。彼は〈投影同一化〉のタイプを、その用途に応じて六つに分けた。すなわち、①コミュニケーションの手段、②心的現実の否認、③分析家のこころと身体への万能的コントロール、④羨望への対処、⑤寄生的対象関係、⑥幻覚や妄想の一形態、である。クラインが自己の不要な部分や悪い部分をスプリットし、対象の中に投影することによる「破壊的」対象関係を描いたとすれば、ロゼンフェルドの分類は、コミュニケーションや万能的コントロールなどの、いわゆる対象関係の質の吟味に主たる関心が移っている。

この〈投影同一化〉概念の「コミュニケーション」側面に光を照射する端緒を開いたのが、ビオンだったと言ってもよいだろう *(Meltzer, D. 1982 ; Hinshelwood, R.D. 1991 ; Grinberg, L. 1990 ; Bléandonu, G. 1994 ; Biran, H. 2003 ; Lopez-Corvo, R.E. 2003)*。例えばヒンシェルウッド *Hinshelwood, R.D. (1991)* は、ビオンが〈投影同一化〉概念に正常なものと病理的なものとの区別をもたらし、前者においてはそれがコミュニケーションの手段として用いられることを明確にした、と高く評価している。同様にメルツァー *Meltzer, D. (1982)* も、クラインの言う意味での投影同一化は、異物の侵入という意味合いが強いので「侵入的同一化 *intrusive identification*」と呼ぶにふさわしく、〈投影同一化〉はもっとビオン的な意味での「コミュニケーション」重視として採用されるのがよい、と論評している。さらにビオンはこの域に留まらず、〈投影同一化〉概念に革新的な新機軸の発想を打ち出していった。それが乳児や精神病者のこころを読み取る〝対象の機能〟のテーマである。その端緒となった論文を少し詳しく見ていきたい〔祖父江 2004 *a*〕。

ビオンは「傲慢さについて」*(1957)*において、精神病の三要素と考える「好奇心」「傲慢さ」「愚かさ」の特徴を示す患者を提示した。患者の〈投影同一化〉は過度で、混乱と離人感がたやすく表面化し、しかもその連想はだれやどこへという文法を欠いているので、言語的コミュニケーションは不可能なように思われた。そして分析は停滞した。

患者はある日、分析家であるビオンには『それが耐えられない』と発言した。ビオンはこの言表を手掛かりにして難局の打開を試みようと、さまざまに考えを巡らす。それとは何か？　ビオンは何やら自分が「妨害する力」や「迫害的な対象」と患者から見なされているように感じる。だが、それが何かは、はっきりとはわからない。

さらにビオンは「妨害する力」が、患者の「傲慢さ」「愚かさ」とも関連していることに気づく。そして逆転移を頼りにして、自分が患者から言語的交流に固執していると感じられており、患者のコミュニケーション手段である〈投影同一化〉を攻撃する「妨害する力」と同一化されていることを認識する。すなわち、ビオンは患者から見れば、「傲慢さ」「愚かさ」によって患者の非言語的コミュニケーション手段である〈投影同一化〉の能力を破壊しようとする「妨害する力」と映っていたのだ。もとよりこの「妨害する力」は、そもそもは患者の中の精神病的部分がビオンに投影されたものである。よって、そう解釈することも可能だ。だがビオンは、患者の投影をそのように突き返すのではなく、まずは患者と分析家をリンクするものとして、分析家は〝入れ物 *receptacle*〟になる必要性を説いた。

このテーマは、「連結することへの攻撃」*(1959)*においてさらに洗練され明確にされた。ビオンは、対象の機能としての〝入れ物〟のモデルを、乳児と母親との関係によって説明する。母親は乳児の泣き声を、母親に向けて「言い知れぬ恐怖」を投げ入れてきているものとして受け取り、その恐ろしい感覚を〝もの想い〟の能力によって咀嚼し、乳児に耐えられる感情にして返していく必要がある、というのだ。

ここで大事なのは、乳児の泣き声は、ある面、確かに母親を苛つかせる「攻撃的現象」なのだが、母親はそれを「苛立ち」「敵意」の表出と皮相的に〝理解する〟のではなく、その現象の背後にある乳児の「言い知れぬ恐怖」「絶望」を〝もの想う〟必要がある、ということである。攻撃性の背後に、乳児の絶望や恐怖を読み取るという視点が、

〃もの想い〃論の要諦になっている。また〃もの想い〃の機能は、乳児の恐怖を単に理解して終えるのではなくて、その理解を再び乳児に伝え返す、というところにも大きなポイントがある。すなわち、母親が咀嚼した乳児の恐怖は、まさに離乳食のように食べやすいものに変形され、それが乳児に伝え返されることによって、乳児も自らの恐怖の中身を吟味し、こころの栄養素としての情緒的意味を保持できるようになっていく、というのである。

ここには、乳児の恐怖が「環境」としての母親との関わりによって正しく情緒的意味を理解され、それが乳児の主体形成に寄与していくプロセスが描かれている。単に環境が愛情を与え、乳児のこころの欠損を補うのでもないし、乳児が自分だけの力で恐怖を「洞察」していくのでもない。〃環境モデル〃でも〃葛藤モデル〃でもない、環境と個人とのいわば幸福な結婚が、ここには描かれているのである。

ビオンはこの母子関係モデルをセラピスト－患者関係にも応用し、〈コンテイナー／コンテインド〉（*1962b*）という布置として、治療関係における原始的コミュニケーションの様相を明らかにし、治療的意義をも鮮明なものとした。これは〃環境モデル〃と〃葛藤モデル〃を統合した治療論の提唱となっているし、環境側の理解が個人のこころの中に情緒的意味を育むという、知的理解と情緒的理解の乖離を統合する治療論にもなっているのである（祖父江 *2004b*）。

クラインの〈投影同一化〉概念の提示から始まった、対象関係論者たちの臨床研究の研鑽は、こうしてビオンによって、〃環境モデル〃と〃葛藤モデル〃の統合された治療論という、実り豊かな果実を熟成させた。彼の貢献は、対象関係論全体にとっても、臨床的に枢要な一つの到達点と言えるだろう。ビオンが独立学派の分析家にも多大なる影響を与え、彼らからよく引用されるゆえんもそこにある（例えばシミントン *Symington, N.* やボラス *Bollas, C.* など）。

臨床研究の動向

近年の対象関係論（特にクライン派）における臨床研究の目覚しい進展としては、パーソナリティの「病理的組織化」研究と「自閉症」研究が挙げられるだろう。前者は、統合失調症の臨床研究の知見が重症パーソナリティ障害へと応用されていったものであり、後者は、タヴィストック・クリニックの児童分析グループの流れが生んだ、最もアプデイトな研究動向である。ただし、これらの研究に関しては、最近でも鈴木 (2004) や平井 (2004) の要を得た概説があるので、屋上屋を重ねることを避け、ポイントのみ簡潔に示し、その意義を検討したい。

病理的組織化研究

〝病理的組織化〟研究は、歴史的にはフロイトの「陰性治療反応」の研究を嚆矢とする。その後、クラインが〈妄想分裂ポジション〉〈抑うつポジション〉を定式化し、精神病におけるパーソナリティ構造を見る視点を与えた。その後、クライン派のなかではリビエール *Riviere, J. (1936)* が、健康なパーソナリティ部分と並存する〈躁的防衛システム〉の概念を提出し、パーソナリティ内において個々別々に機能する人格部分を臨床的に描写した。いよいよクライン派における、重篤なパーソナリティ障害の研究が本格的に幕開けとなったのである。

クライン派のパーソナリティ研究の解説に関しては、すでに松木 (1990)・衣笠 (1997)・鈴木 (2004) らによって語られ尽くされている感があるので、ここでは大事なポイントのみ抽出したい。

まず〝病理的組織化〟研究において最も体系的な考えを提出したスタイナー *Steiner, J. (1993)* によると、パーソナリティの病理的組織化が生み出されるのは、自己の良い部分と悪い部分との正常なスプリッティングが生じず、それらが断片化された後、集塊化し、倒錯的に結びついているためだとされる。すなわち、自己の中で単に「良い対象関係」と「悪い対象関係」がスプリッティングして別々に機能しているというだけに留まらず、悪い方が良い方を支配したり、搾取したり、利用したりするという、良いものと悪いものとの倒錯的で歪んだ関係性が、パーソナリティ構造内において病理化している、ということである。(3) ここにおいて、私たちのこころの中では、まるでギャングが善良な市民を支配するような、恐怖や脅しによる搾取的関係が、パーソナリティ内で一人芝居のように演じられ、それが外在化されて外的対象関係をもひどく困難にしてしまう、という新しい臨床理論が打ち出されたのである。

では、そもそもなぜ良いものが悪いものに支配され絡み取られてしまうのか、という成因に関してはロゼンフェルド (1971 b, 1978, 1983) が述べている。それは、自己が内的な悪い対象に病的に依存するためだ、と。すなわち、空腹感に満ちたリビディナルな自己の怒りは、対象に向けられるが、逆に原始的超自我対象によって責め返され、愛と憎しみの混乱した関係性が捏造されてしまう。ことばを換えれば、依存的で健康な自己の怒りは、悪い対象によって自責的に意味を変容させられ、マゾヒスティックな対象関係へと絡め取られてしまう、ということだろう。

メルツァー (1968) はさらに一歩進め、悪い対象への嗜癖的服従によって妄想性不安への保護が得られることを述べている。すなわち、悪い対象との倒錯的で嗜癖的な関係が崩れてしまうと、防衛されていた迫害不安が露呈し、精神病的な解体がもたらされてしまう、と。メルツァーは、倒錯的対象関係がより深刻な精神病性の解体を防衛している側面と、その防衛の裏にはさらに激しい迫害不安が隠されていることに言及しているのである。こうした、倒錯的な内的対象関係の背後に「精神病的な不安や解体への恐れ」を見ていく視点は、現代のクライン派に共有されていよう (*Money-Kyrle, R., 1969 ; Segal, H., 1972 ; O'Shaughnessy, E., 1981 ; Brenman, E., 1985*)。

このような〃病理的組織化〃の視点を手に入れることで、私たちは、どのような臨床的恩恵を蒙るのであろうか。筆者は、病理的組織化の観点は、現代の精神保健上の問題（例えば心的外傷、いじめ・虐待など）においても威力を発揮できると考える。すなわち、それらの問題においては、被害にあっている側が、自らの「弱さ」「駄目さ」を過酷に責めてしまうという臨床事態が現出する。常識的には、自己の尊厳を守るため加害者に対する怒りに向かって然るべきだが、実際にはそうならないことも少なくない。そのことの理解のために、内的倒錯的対象関係や病理的組織化の視点は、巧みな説明概念と治療的な手掛かりを私たちに提供してくれるのである（本書第12章を参照）。

もう一点、〃病理的組織化〃は、迫害不安や妄想性不安への防衛として働いているばかりではなく、より病態の軽い症例でも、抑うつ不安への防衛として活動することが、スタイナーによってはっきりと示された。

この視点から、臨床家が恩恵を受ける部分も少なくない。なぜなら、抑うつ不安への防衛としての〃病理的組織化〃論は、今日いわゆる〈モーニング・ワーク〉のワーク・スルーに難渋する、より軽症例においても、病理の本質を明るみにするからである。すなわち、それらの事例においては、対象喪失の悲しみを体験できずに、例えば対象との一体化空想を執拗に持ち続けることで逆に病理の泥濘から足を抜け出せなくなっていることが少なくない。スタイナーは「対象喪失の不安」と「対象喪失の経験」を区別し、前者においてはモーニング・ワークが通過できずに、対象との自己愛的な空想にしがみつきやすいことを論じた。今日、うつ的状態や神経症的状態の患者のなかには、対象喪失の課題を自己愛的な否認機制（軽い病理的組織化）を駆使して治療が難渋しているケースも少なくないのである〔この問題に関しては、やや違った角度から〈早期エディプス・コンプレックス〉論の視点を取り入れて、本書13章において論じることにする〕。

以上、〝病理的組織化〟論の簡単な概説と、それが心理臨床にどのように応用できるかを二点、とりあげた。

自閉症研究

これも平井 *(2004)*・木部 *(2002, 2003)* による詳しい解説があるので、ここではいくつかのポイントのみとりあげ、その意義について検討したい。

まず〝自閉症〟研究は、タヴィストック・クリニックの児童精神分析グループが成し遂げた臨床研究の大きな果実である。その流れを遡れば、タヴィストック・クリニックでビック *Bick, E.* が創始した乳幼児観察に辿り着く。彼は、生後数週間の乳幼児の観察から「早期対象関係における皮膚の体験」*(1968)* を著し、クラインが定式化した〈妄想分裂ポジション〉以前の、最早期の対象関係世界を描写した。彼が述べている要点としては、人格の諸部分は、原初的形態においては、お互いの結合力を持たず無統合であり、それをまとめる機能として「皮膚の包み込む機能」が必要である、ということだ。「皮膚機能」は、口に含まれた乳首、抱っこや話しかけ、馴染みある母親の匂いなどによって感じ取られ、乳児は体感的に自己のまとまりを経験していくのである。この正常な皮膚機能による包容が阻害されると、乳児は「第二の皮膚」を形成してしまう。これは、正常な皮膚機能を代用するものであり、無統合への恐ろしい破局を防衛するものだが、対象との間には偽りの依存しか形成されない。第二の皮膚の特徴としては、部分的あるいは全体的な「筋骨たくましいタイプの自己の包み込みの形成」や「ジャガイモ袋のような身体を硬くした姿勢」などの、筋肉の異常なたくましさに表れていたり、あるいは、言語的な能力の異様な昂進のかたちで発揮されたりする。

メルツァー (1975 a) は、最初ビックの言う「第二の皮膚」現象が理解できなかったと言うが、彼と討論していくなかで、心的次元論の観点を交え、ビックの考えをさらに展開させた。メルツァーは、自閉的な子どもは、物を舐めたり、吸ったり、臭いを嗅いだりなどの、とても感覚的な行動が支配的で、経験が意味あるものとして凝集していかない。そして彼らの描画は、例えば紙の両側に家を描き、ドアも重ねられ、内側と外側の区別がない。すなわち、空間概念のない二次元的世界で生きている。したがって彼らは、家具や分析家にもたれかかるだけで、内部という感覚がない、と論じた。メルツァーはこれらの現象から、自閉症児の世界は、対象との二次元的で表面的な関係性を生きており、その中に入り込んだり取り入れたりする空間が存在しないので〈投影同一化〉も〈取り入れ同一化〉も生じない、と結論づける。その代わり彼らは「模倣」と呼べるような一種の同一化を示すが、これによって彼らは、辛うじて対象との分離からくる破局を防衛していると論じ、この浅薄で、模倣的で、価値の外在化である防衛機制を「付着同一化」と概念化した。

こうしてビックやメルツァーによって、自閉症児たちの対象世界を理解する重要なキー・コンセプトが獲得された。それによって、〈投影同一化〉という原始的防衛機制が使われる以前の、非象徴領域のマインドレスな世界への船出が可能になったのである。

その後、この領域で業績を積み上げた分析家の一人として、タスティン Tustin, F. を挙げることができる。彼女の貢献に関して木部 (2003) は「自閉症を単に環境による成因とせず、母子の早すぎた心的な分離に伴う心的外傷として自閉症の病理を捉え、自閉症児の精神分析的アプローチに生涯を捧げた」と要約している。すなわち、タスティン (1994) は「心的外傷後ストレス症候群の乳児版の反応として自閉症を見なす」。だが、木部の解説にあるように、その外傷とは、乳児が授乳時に乳首を離す瞬間に、自らの口も一体化してなくなり、「ブラックホール」の奈落の底に落ち込んでしまうと感じられるほどの、恐ろしくも原初的な喪失体験なのである。

タスティンと並んで〝自閉症〟研究に今日的な貢献をした一人として、アルヴァレツ Alvarez, A. (1992) も挙げられよう。彼女から直接指導を受けた平井の解説 *(2004)* によると、彼女はタスティン以上に「自閉症児の欠損状態」に取り組んでいったとのことである。すなわち、アルヴァレッツは、葛藤解決による発達の促進というよりは、対象との関わりへの希望を引き出すために、乳児の注意を喚起し、覚醒させ、元気づけるという、(彼女が言うところの)「再生 *reclamation*」という積極的な技法の必要性を説いたという。いわば自閉症＝欠損モデルの考えに近い立場と言える。

現在、〃自閉症〃研究では、アルヴァレッツやリード *Reid, S.* らが指導的立場をとるタヴィストック・クリニックの自閉症研究チームが組織され、臨床やワーク・ショップに果敢に取り組んでいる。彼らの総説 *(Alvalez, A. & Reid, S., 1999)* によると、自閉症の成因としては、欠損 *deficit*・外傷に対する防衛 *defence*・障害 *disorder*・変奇 *deviance* の四通りほどが考えられる。そして、この病気の本質としては、認知の問題というよりは、間主観性 *intersubjectivity* の障害であり、情緒性に基づく好奇心・願望・対人関係の正常な感覚の損傷だという。さらに彼らは、自閉症者には個々に違いがあることを強調し、三つの下位分類を挙げている。一つは、冷淡 *aloof* だが要求がましい「厚皮 *thick skinned*」タイプ、もう一つは、同じく冷淡だがデリケートな「薄皮 *thin skinned*」タイプ、最後に、リードが提案する「自閉的外傷後発達障害」のタイプ。最後のタイプは冷淡な薄皮タイプに似るが、受身的な人もいれば積極的で奇妙な人もいる。治療としては、精神分析・乳児観察・乳児発達研究に基づく心理療法がほとんどの場合、週三回なされ、セラピストは、精神分析的解釈者以上の存在であらねばならない。すなわち、人間の感情やコミュニケーションの世界に、患者を積極的に「再生 *reclaim*」させねばならないし *(Alvarez, A.)*、自閉症固有の世界を超えたところには、事実、興味深さがあることを、彼らに「例証 *demonstrate*」しなければならない *(Reid, S.)*、としている。

このように見てくると、〃自閉症〃研究においては、クラインや従来のクライン派が主なターゲットとしていた〈投影同一化〉機制中心の精神病世界から、さらに早期の障害と推測される自閉症世界への研究へと向かい、そのいわゆるマインドレスな世界を理解するために、「第二の皮膚」「付着同一化」「ブラックホール」などの概念化が導かれ、さらには「再生」や「例証」のような、従来の精神分析技法を超えた技法的探究も並行して進められてきたと見ることができる。

残念ながら筆者は〝自閉症〟領域に関しては充分な臨床経験を持ち合わせていないので、それを論考するに足る資格はない。ただ、ビックも言うように、成人のなかでも第二の皮膚的な適応を見せる人たち（例えば言語的筋肉質のタイプである「知的なおしゃべりで面接内における時空間を埋め尽くしてしまう人」など）、〝自閉症〟研究の知見が、成人のある種のパーソナリティ障害の理解と治療に生かされる可能性を強く感じている。

この分野でのさらなる研究の発展が、他の臨床領域に充分に生かされる日も遠くはないだろう。

その他の動向

近年の対象関係論の動向としては、上記に述べてきた、〈投影同一化〉理論の発展上で成就した「欠損モデルと葛藤モデルの統合」、精神病のパーソナリティ病理研究の延長線上にある「病理的組織化研究」、精神病以前の極北の精神世界「自閉症研究」などにおいて、ほぼ包含されているだろう。他には、独立学派のシミントン、クラウバー *Klauber, J.*、ケースメント *Casement, P.*らが、ビオンの強い影響の下、患者－セラピスト間において生起している交流を細かくモニタリングしたり、「X現象」という呼称のもとに言い表そうとしたり、技法的な検索を試み続けている。

一方、クライン派では、特にジョセフ *Joseph, B.*が「全体状況」という視点のもと、面接空間での特に非言語的な交流を、クライン派らしく逆転移を活用し、生き生きと繊細に理解していく技法を強調している。ただし、スピリウス（*1988, 1994*）の言うように、今日ではクライン派と独立学派は、両派ともビオンの影響が強いので、面接プロセスを細かく読み解いていく姿勢においては、かなり共通した面が多い。転移－逆転移を中心視座に据えて技法面での一層の洗練を目指しているのも、今日の対象関係論の一つの動向といえるだろう。

他にも、ボラスが「変形する対象」概念を提出したりなど、個々には見るべき研究もあるが、一つの動向を形成するまでには至っていないので割愛することにする。

ひとつのトピック——早期エディプス・コンプレックス論の変遷

ここでは、クライン派対象関係論の概念である〈早期エディプス・コンプレックス〉に関して、クラインとそれ以後のクライン派分析家の臨床研究の変遷を追い、そこから導き出される臨床的意義に関して検討したい。この概念は、対象関係論の臨床実践や理論の必ずしも中心を占めるものではないが、心理臨床を深く理解するためには看過できない視点を孕んでいると考えられる。

プレイ・アナリシスの申し子として

メラニー・クラインが子どもの分析家として歩み出さなかったなら〈早期エディプス・コンプレックス〉概念は見出されなかったかもしれない、といっても過言ではないだろう。それほどクラインの早期エディプス論は、子どものプレイとの因縁が深いし、プレイ特有の視覚的イメージの濃い概念である。

クラインは、フェレンツィの勧めもあって、子どもの遊びを観察し始め、それを一九二一年に「子どもの心的発達」として発表した。彼女のデビュー作であるこの論文は、五歳になる親戚の息子フリッツ少年〔実のところはクラインの息子エリック〕の遊びを観察したものであるが、後にクライン自身、自らの精神分析的プレイセラピーの出発点と見なした記念碑的な論文である。そして、すでにこの論文のなかに、後の早期エディプスの着想に繋がる臨床素材がふんだんに盛り込まれている。

彼は遊びのなかで母の身体について次のような空想を語った、『ボクはママの胃もみたいんだ。そして胃の中にあるものも。〔略〕そこに子どもがいないかどうかをみたいんだ』。この後フリッツは、母親の身体の中について、子宮は家具の完備した家、胃は浴槽や石けん、皿さえも充分に備えられた家として空想していることを表現した。

子どもが母親の身体の中についてさまざまな空想を巡らすことは、クラインにとって新鮮な驚きだったことだろう。その後の臨床経験の蓄積のなかでクラインは、母親の身体に関する子どもの空想が、貪欲さや破壊性やサディズムに彩られていることに目を瞠ることとなった。六歳の強迫神経症女児エルナの症例から引用してみよう――「あるとき彼女は〝目のサラダ〟のことを話し、別のときには、彼女は私の鼻の〝ふち〟を切っているのだといった。この方法によって、彼女は家に入り込んで家や他の物に火をつけ、女性の鼻を噛み切ったおもちゃの男性の〝第三者〟との同一化を示した」(1932)。〝目のサラダ〟は、性交中の両親を完全に破壊することを意味し、クラインの鼻を噛み切ることは、クラインと合体したエルナの父親のペニスに対する攻撃である、と理解された。

このように子どもは、性交中の両親像、母親の身体内部のペニスや赤ん坊と、活発な幻想的対象関係を営んでいる。それは、フロイトの描いた性愛的エディプス世界とはずいぶん趣きを異にした、破壊性とサド・マゾヒズムに満ちた対象関係世界なのであった。クラインはもはや自らの発見した臨床的な事実から目を逸らすことができなかった。それゆえ彼女は、〇歳児の世界における〈早期エディプス・コンプレックス〉という概念をこの後発展させる途につく。その理論化の道筋を追えば、以下のようになろう。

母親の身体の中には、ペニスや赤ん坊や糞便やミルクなどの、子どもには手に入らない宝物が満ちており、それらの諸対象に対して子どもは、貪欲な所有欲や、羨望からなる破壊性の念を強く抱く。こうした母親内部の世界と子どもとの関係性に、早期エディプスの萌芽が見て取れる。なぜなら、そこには母親とカップルになった、赤ん坊・ペニス・糞便などの複数の対象が棲息しており、子どもはその世界に参入することも、それを所有することもできないからだ。そのため子どもは、その世界に対して、羨望や貪欲さによって邪《よこしま》な破壊を試みるほかないが、逆に今度は、母親内部の諸対象からの憎悪に満ちた報復に脅え、破壊的対象関係はいや増すに至る。こうして子どもに許されるのは、母親との〝幸福な結合〟ではなく、せいぜいのところ、報復され排除される除け者の立場に過ぎない。子どもは「母親―諸対象―子ども」という部分対象レベルでの三角構造から、激しく排斥されるのだ。

具象的で部分対象イメージの支配的な早期エディプスは、その後、子どもの自我や認知の発達により、その形姿を

よりまとまりのあるものにしていく。そして離乳の時期に早期エディプスは最高潮に達する。この時期、子どもは、離乳のフラストレーションから乳房から目を逸らし、その口唇的欲求を父親のペニスに振り向ける。そのこと自体は「悪い乳房」への激しい怒りを緩和する役目を果たし、父のペニスが第二の乳房のような重要な内的対象として取り入れられる契機ともなるが、もう一方では、ペニスに象徴される父親の存在への気づきは、両親間の性的関係への認知をも呼び醒まし、子どもは性器によって結びついた「結合両親像」という幻想を発展させる。子どもはこの結合像に対して激しい嫉妬や羨望の念を募らせ、それらの感情を怒りとともに投影する。そのため結合両親像は、子どもの嫉妬や羨望で強烈に歪曲され、お互いが性的快感を永劫に貪っていたり、暴力的に破壊し合っていたりして、子どもの目には不気味で奇怪な姿として映ずることになる。ダニエル *Daniel, P. (1992)* の言う、子どもが悪夢として見たり絵として表現したりする、多数の頭や何本も足のある怪物は、こうした結合両親像の一つの典型となるものだろう。

さて、上記のようにクラインにおける〈早期エディプス・コンプレックス〉論の大筋での流れを粗描してきたが、クライン自身は、一九四五年の「早期不安に照らしてみたエディプス・コンプレックス」において、自らの早期エディプス・コンプレックス論を総括している。このなかに出てくるリチャード症例が、早期エディプス・コンプレックスと理解できる描画をふんだんに描いており、興味深い。

リチャードは十歳の少年で、母親への固着が強く、才能や興味も制限され、心気的で不登校などの問題に悩まされていた。そして分析のなかでは、父親のペニスが母親に行う仕業に思い悩んでいるのが次第に明らかになっていく。彼は一連のヒトデの絵や戦争状況の絵を描き続けた。クラインは、リチャードの描画から読み取れる、母親の体内の危険なペニスや赤ん坊などに対する彼の口唇的サディズム傾向や、報復不安をつぶさに解釈していく。その結果、彼の口唇水準での不安は緩み、性器愛的な願望を描画のなかで表現できるまでに至る。右頁の描画に表現されているのは、サンフィッシュ号（sunfish はマンボウで、このサン *sun* は息子 *son* を表す）の潜望鏡がロドニー号（母親）に突き刺さっているが、それは性交を意味し、しかもそれを飛行機（父親）がパトロールして監視しているという、フロイトのいう性器愛水準でのエディプス・コンプレックスである。早期エディプスがもたらすサディズムや報復不安の分析と解釈は、こうしてリチャードの口唇的不安を緩和し、正常な性器愛的発達を援助するという実りある成果をもたらしたのだ。この症例からしても、クラインがフロイトのエディプス・コンプレックスを〈早期エディプス・コンプレックス〉の最終産物と位置づけたのは首肯できるところだろう。

他に、この論文で特に重要なのは、クラインが〈早期エディプス・コンプレックス〉を、サディズムの絶頂の時期に発するという考え方から、それが愛情によって緩和され始める〈抑うつポジション〉の時期に始まる、と考えを改めたことだ。これによって、早期エディプス理論と抑うつポジションとの内的連関性に関心が注がれ、早期エディプスの新たな展開に扉を開くこととなった。つまり、ポスト・クライニアンの早期エディプス・コンプレックス論は、抑うつポジションとの関連性を根城に、思考の生成に繋がるような認識論的な展開を遂げていったのである。

その後の認識論的発展

〈早期エディプス・コンプレックス〉論のクライン以後の発展は、ビオンの「連結することへの攻撃」*(1959)* をもってその嚆矢とすると考えてもよいだろう。その後、ブリトン *Britton, R.* やオーショウネスィ *O'Shaughnessy, E.* やフェルドマン *Feldman, M.* が後を継ぎ、早期エディプス・コンプレックスと抑うつポジションの関連性を克明に描き出した。

先の論文のなかでビオンは、「目に見えないものの幻視」を見ている精神病レベルの患者の臨床素材を提示し、それが性交中の両親に対する視覚的印象を粉々に断片化した結果の産物であることを論じた。つまり、創造的ペア間の連結が強く羨望を喚起するので、患者は自らのこころの内部の経験や感情をも破壊してしまい、その結果、奇怪な対象としての幻覚的両親像を目の当たりにしてしまう、というのである。ビオンは、連結の原型の一つに「結合両親像」を措定したと言ってよいし、その結合両親像への羨望にこそ、精神病人格の重篤な病理性が存すると考えた。この理論展開にはクラインからの影響が如実に窺えるところだが、ビオンがクラインの域に留まらなかったのは、この着想を認識論的な思考の領域にまで展開させたところにあるだろう。

　ビオンは、創造的に結合している両親像は、分析家と患者、乳児と乳房の連結とも同位的だと考えた。それが〈コンテイナー／コンテインド〉論にまで辿り着くには遠くない。すなわちビオンはこう考えた。母親は乳児の泣き声を「傍にいてほしい」という要求以上のものとして取り扱い、泣き声を通して母親のなかに投げ入れられた「死の恐怖」をレベリー（もの想い）によって理解し、それによって、その恐怖を緩和して乳児に戻すことができる。そうすれば、乳児にも母親のこの機能は取り入れられ、言い知れぬ恐怖（考える人のいない考え）を実感と繋がった概念として手に入れることもできるようになる、というのである。ただしこの際、乳児側の生得的な羨望が強いか、母親側のコンテイナー機能が弱いかすると、連結は破壊されたり、損傷されたりしてしまう。

　ここで注目すべきは、この〈コンテイナー／コンテインド〉論は、その連結がうまく機能した場合、そこで受胎されるものはレベリー（もの想い）という思考の萌芽だ、という新たな理論展開を見せていることである。すなわち、連結は愛や嫉妬や憎しみなどの原初的情動を産み落とすばかりでなく、連結に耐えられれば、こころの中で現実がまとめられ、学ばれ、認識されるという思考機能が増強する、というのである。ヒンシェルウッド（1994）が「こころのなかで一緒になるものごとの経験は、内在化された結合両親像の変形である」と位置づけたゆえんもそこにある。そして、後にビオンが情動の三要素の一つとして新たに提起したK（知ること）とは、心的なインターコースによって産み落とされた思考という創造的赤ん坊なのである。こうしてビオンは「心的なインターコースという連結から産出される思考」という認識論的なレベルでの三角構図を描き出した。これも〈早期エディプス・コンプレックス〉の一つのバージョンと考えて差し支えないだろう。

　ビオンのこの新たな展開をさらに洗練させ臨床の領域にまで応用したのがブリトンである。彼は認識論的レベルでの〈早期エディプス・コンプレックス〉を〈抑うつポジション〉との関連でより明確に論じた。

ブリトンは「欠けている連結」(1989)において、エディプス状況のなかで、両親の排他的な連結に子どもが耐えられるなら、その連結への参加者ではない観察者という「第三のポジション」の視座を子どもは獲得できる、と唱えた。この「第三のポジション」論が〈抑うつポジション〉と関連するのは、そこに分離(対象喪失)のテーマが重なるからである。すなわち、子どもは母親との万能的一体感を放棄(対象喪失の経験)したうえで、第三の位置を甘受するわけである。さらに、これがすぐれて認識論的なのは、「第三のポジション」というのは、観察者であるとともに観察される側になる可能性も含み、ひいては自己自身を観察する内省力をも育む、という視点だからだ。すなわち、両親の連結の認識から産み落とされるのは、ビオンの言うK(知ること)である。

臨床例としてブリトンは、精神病的破綻のエピソードを持つ女性ミスAを挙げた。彼女は両親の性交が災厄を招くものとしてしか予見できない。分析のなかで彼女は、分析家が分析的観点から解釈することを許さない。なぜなら、それはミスAとの心的な距離を作り出し、分析家はミスAを排除したこころの空間で、分析的思考と連結していることになるからだ。だからミスAは、怒りを込めてこう叫ぶ――『やめて、忌々しく考えるのは! *fucking thinking!*』。患者は、分析家のこころの諸部分がまとまりを見せて機能することにすら、激しく排除される恐れを抱くのだ。

ミスAは〈妄想分裂ポジション〉の水準で機能する難しい患者だが、結局のところ、ブリトンの切り開いた臨床的な地平としては、二者関係の背後に患者がスプリットさせている三角構図のもう一辺を読み取り、そこが連結することによりもたらされる患者の排除される悲しみ、喪失感(対象喪失の不安)を、認識論的なレベルで扱おうとしたことだ、と言ってよいだろう。ただし、ここでいう「知ること」は、単なる知的な知識ではなく、愛や憎しみや悲哀という情動的経験に裏打ちされた認識であることに注意する必要がある。

ブリトンのこの目線の同一線上に、オーショウネスィの「見えないエディプス・コンプレックス」(1989)がある。彼女は、エディプス・コンプレックスが「見えない」状態にある患者の場合、それが重要でないから見えないのではなく、患者がそれを取り扱えないと感じているがゆえに、見えないままにしている、という着眼点を提出した。そして、患者が見えないままにしているのは、何らかのエディプス・カップルであり、それが見えた時の排除される分離感が耐え難いから見えないままにしているのだ、という論旨である。このテーマが、まさに〈抑うつポジション〉でのワーク・スルーと重なるのは明瞭だろう。

こうして、ポスト・クライニアンの一つの流れとして、クラインの言う「羨望」と「貪欲さ」に満ちた破壊的なレベルでの〈早期エディプス・コンプレックス〉から、〈抑うつポジション〉での分離や喪失に焦点を当てた早期エディプスに視点が移ってきたことがある。それは、スタイナーの病理的組織化論において、抑うつポジションでの分離の課題が倒錯的組織的に防衛されてしまうがために治療が難渋するケースがある、という視座と歩調を同じくするものだと考えられる。このように、パーソナリティの深層に潜む抑うつ不安をいかにワーク・スルーしていくかという課題は、ポスト・クライニアンの今日的テーマの一つと言ってもよいだろう（ちなみに日本においては、妄想分裂ポジション寄りの早期エディプス・コンプレックスを論じたものに、衣笠(1994)によるものがあるし、抑うつポジションのものとしては、筆者による本書「臨床篇」第八章がある）。なお、フロイト、クライン、ブリトンのエディプス・コンプレックスに関する概念上の異同をまとめれば、次頁の表のようになろう。

もうひとつの行方

クラインから派生した〈早期エディプス・コンプレックス〉論の流れには、もう一つある。それがメルツァーが着想した「創造的な結合両親像」である。この言わば良性の結合両親像の着想は、ビオンやブリトンの考えのなかにも、連結から産まれる創造的な思考の誕生という観点としてすでに内包されていると見ることもできる。だがメルツァーの特徴は、その着想を、認識論的なレベルというよりは、性愛や性的倒錯という次元で扱おうとした点だ。『こころの性的状態』(1973)のなかでメルツァーは、性的障害をもつ既婚男性の学者をとりあげた。彼は幼少期から偽成熟的な適応を遂げていたが、同性愛傾向への恐怖を内に秘めていた。二人の警官が互いの性器を愛撫するという、倒錯的な空想を執拗に持ち続けていたが、分析のなかでそれは、思春期に死んだ父親の、部分対象としてのペニ

	Freud	***Klein***	***Britton***
時　期 ポジション	エディプス期	口 唇 期 妄想分裂ポジション寄り	口 唇 期 抑うつポジション
対象関係	全体対象関係	部分対象関係	部分対象関係〜 全体対象関係
内的欲動・情緒	性　愛	愛　憎	悲哀＋知ること
内的不安	去勢不安	迫害（報復）不安	抑うつ（対象喪失）不安
帰結するところ	エディプス願望の断念 三者関係への参入	迫害不安の緩和 性器愛的な発達	対象喪失の経験 第三のポジションの獲得
他の特色	物語的・象徴的	幻覚的・具象的	言語的・思考的

スへの同一化であることが判明していった。その分析とともに、偽成熟の陰にスプリット・オフされていた依存性が次第に姿を現すようになり、彼は、父の死に対するモーニング・ワークを再開し始める。その一方で、転移のなかで、内的な父親は性愛的能力を帯び始め、患者はその能力を取り入れることができるようになっていく。そして内的対象像としての母親も、若さや健康さを取り戻した美しい女性になっていく。彼はいくつも夢を見るようになり、それらは皆、心的現実としての両親の性交を意味し、その性愛的両親像への同一化が、患者の異性愛やパーソナリティの成熟や責任性を育んでいくことの礎を形成していった。

メルツァーがここで論じたのは、両親の健康な性愛カップル像が内的に取り入れられれば、パーソナリティの統合や創造性の発達を招く、という観点である。そしてそれは、この臨床素材に見られるように、死んだ父が、部分対象のペニスから全体対象、さらには性愛カップルという進展を遂げるという、〈抑うつポジション〉におけるモーニング・ワークの課題とも絡んでいた。

同じく具象的な結合イメージが強いとしても、クラインが、破壊的で攻撃的な「悪性の結合両親像」を鮮明に描いたとすれば、メルツァーは、性愛によって結合する「良性の結合両親像」を析出したと言えよう。

こうして、クラインから始まった〈早期エディプス・コンプレックス〉論は、幾重にも連なる系譜を紡ぎ出し、豊かな臨床の知を産み出してきた。今後も、その尽きるところのない水脈は、新たな果実を実らせていくことだろう。

おわりに

本章では、〈投影同一化〉理論の革新的発展形としての、ビオンによる〈コンテイナー／コンテインド〉論、さらには臨床研究としての〝病理的組織化〟論と〝自閉症〟研究、そして最後に一つのトピックとして〈早期エディプス・コンプレックス〉論の変遷を素描し、それぞれ検討した。

理論と臨床との密接な連関のもと、臨床の深化が理論的発展に繋がり、さらにはそれが臨床の新たな地平を切り開くという、対象関係論の「経験科学」ならではのたゆまぬ営みが、いささかなりとも彫琢できたなら幸いである。

(1) ハイマンは〈投影同一化〉概念にほとんど言及していない。彼女は〈投影〉概念で充分だと考えていた節がある。

(2) ただし、ハイマンのこの考え方は、逆転移の臨床的乱用だとして、クラインから批判を浴び、これをもとにハイマンはクラインと袂を分かった。もっとも、ハイマン自身も一九六〇年の「逆転移」論文のなかでは、分析家自身の病理から来る逆転移も多いとして、治療的道具としての逆転移の乱発に対して警告を発している。スィーガル *Segal, H. (1977)* の謂いに従えば、「逆転移はもっともよい召使であり、最悪の主人でもある」。

(3) ちなみにスタイナーは *"Psychic Retreats"* において病理的組織化に関する自らの考えを体系化させ一応の完成をみた後、病理的組織化における技法論に、より関心を深めてきているようである *(Steiner, J.,2000)*。すなわち、病理的組織化に知らず知らずのうちに荷担してしまう分析家側の逆転移や、その役割に気づくことによって、さらに患者の病理理解や治療的展開をもたらすことができる技法面に関してである。

対象関係論「実践」の基底

――臨床研究への架け橋

第Ⅲ章　陽性転移
――逆転移の臨床的活用

はじめに

従来、心理臨床の分野において、患者がセラピストに対して陽性感情を向けることには、「ラポールがついた」「セラピストに対する信頼感が増した」などと肯定的な評価が下されることも珍しくない。土居（1970）の「甘え理論」を持ち出すまでもなく、日本人（あるいは日本人の患者）が他者に対して「甘え」の受容を求めることは日常的であり、「受け入れられたい」「わかってもらいたい」「やさしくしてほしい」といったさまざまな依存感情は、日本人にとっては馴染みのものだ。さらに、そのような心性の患者の求めに応じて、セラピストが患者を受容し、いわゆる良い関係を作ることは、週一回程度での日常臨床においては度々生じることであり、それは、日本人の「甘え」の心性にマッチした極めて日本的な治療関係と言えるかもしれない（ちなみに、欧米と日本での治療関係の在り方の相違に関しては、渋沢（1991）とベル Bell, L.G.（1991）の興味深い論述がある）。

さて、本章で筆者が検討を試みるのは、右に述べた日本的治療関係そのものではなく、そこにおいて生じやすい陽性治療関係、すなわち〝陽性転移〟に関してである。筆者は陽性転移の肯定的側面、つまり「ラポールがついた」などと評価される側面の陰に隠れて、従来看過されがちだった点について論述したいと考える。というのは、先の渋沢やベルの指摘にもあるように、私たち日本人のセラピストは、患者が私たちに向ける陽性感情を受容することに関しては長けているが、その反面、その関係に内在する陰性感情部分に対しては見逃しやすかったり、あるいは場にそぐわない気がしてとりあげるのを躊躇ったりするからである。そして、そのことが逆に、患者の重大な病理を見落とし、治療的進展を滞らせることも少なくないと、考えられるのではなかろうか。

したがって本章の目的は、〝陽性転移〟という治療関係の肯定的な部分に隠れて、従来見逃されやすかった病理的な側面について論じることにある。それによって、患者の病理と陽性転移との関連を考察し、患者の統合的理解が深まることを目指したい。ここでは二つの症例を提示し、検討の素材とする〔本論の主旨が損なわれない程度に、事実レベルでの改変が施されている〕。

臨床素材

〈転移〉に関して論じようとする場合、セラピスト側のこころの動きや〈逆転移〉が転移の理解にとって必要不可欠であることは、古くはハイマン *Heimann, P. (1950)* がとりあげ、近年日本においても、磯田 *(1986)*・松木 *(1989 b)* らが詳しく論じているところである。したがって筆者も、患者の〝陽性転移〟について論じる際に、自らの〈逆転移〉感情も交えながら治療経過を素描していきたい。そうすることで、治療がダイナミックに俯瞰され、患者の〈転移〉理解も深まりやすいと考えるからである〔なお、症例1は別に詳しく論じている——本書「臨床篇」第二章参照〕。

【症例1】A子

A子はパニック障害の三十代、既婚女性である。面接場面では、当初からよく話し、その話の内容の多くは主に、『夫がもっとやさしかったら、自分は病気にならなかったのに……』というような、夫に対する不満や愚痴、さらには、職場の同僚に対しても機嫌を取ったり気を遣ったりしなければいけない、というような同種の不平であった。しかし筆者に対しては『先生に話を聞いてもらえるとスッキリする』『ここで話すと「自分も勝ち気なんだ」とかいろいろ気づいて、いい』など、肯定的評価を述べ、A子は早くから筆者に対して好意的な感情を向けていた。筆者の方も、彼女から信頼を向けられることは、ラポールがついてきた証と思い、満足感を得ていた。これはいわゆる〝陽性転移〟に基づく治療関係と言えよう。

　このように筆者は、A子から信頼感を向けられ治療がうまく進んでいると考えていたわけだが、それとは相反するように、次第に筆者は、A子に会うことに対して漠然とした疲れも感じるようになってきた。それは何か、言ってみれば「自分がA子の単なる愚痴の捌け口にされているだけ」のような徒労感だった。ここに至って筆者には「このラポールがついた治療関係は、表面上のものではないか？」という疑念が湧き起こらざるを得なかった。なぜなら、筆者のこころの裏側では、あたかも筆者がむさぼり食われているかのような疲れを感じていたからである。この陽性治療関係には、何やら二重構造のようなからくりがあるように思われた。

　筆者は、自らのこの〈逆転移〉感情を手掛かりに、A子のこれまでの対人関係を振り返った。すると思い当たったのは、独身時代のA子が、仕事から帰った後に、こころの中に溜まった不満を腹一杯母親に吐き出していた、というエピソードだった。A子はその頃の母親との関係を、「この世の天国」のように楽しかった、と回想している。すなわち、母親との間でもA子は、母親を受け皿に思うがままに不満を吐き出し、母親との葛藤は全く意識されていないように思われた。筆者には、この母親との関係は、今の筆者との治療関係にそのまま再現されているように思われてならなかった。なぜなら、この治療関係も、昔、母親との間で繰り返されたのと同じく、セラピストのことを「全て受け入れてくれる受け皿」のように期待し、腹の中に溜まった排泄物を筆者という「トイレット・ブレスト *toilet-breast*」*(Meltzer, D., 1967)* に向かって吐き出している営みのように思われたからだ。すなわち、A子の対象関係は、対象をトイレット・ブレストのように支配する、肛門愛的な部分対象関係から成り立っており、そのような対象関係が成り立っている限りは、A子は、対象との間で欲求不満を回避し「万能的満足感」を得ているのではないか、と理解された。換言すれば、この治療関係においては、自分の期待通りに話を聞いてくれるセラピスト像は存在するが、A子の期待通りにならないセラピスト像はスプリット・オフされていると考えられた。

そのような理解をもとに、筆者はA子に対して《私に対しては、何を言っても受け入れてくれるお母さんのような役割を期待して、あなたはここで、思ったことを話しているわけですね》と解釈した。さらには《私の中の、あなたの思い通りにならない部分は、見ないようにしているのかも知れませんね》と重ねて言った。A子は、それまでの明るい態度から、やや暗い表情を見せて『そうかもしれない。先生も私の愚痴ばかり聞いていて、内心うんざりしているのではないか』と、初めてセラピストに対する「おぼろげな不安」を言語化するに至った。さらに、その後の面接のなかでA子は『先生も仕事だから、私の話を聞いているんだろうな』など「落胆」と「淋しさ」の入り混じった気持ちまで表現するようになっていった。

このように、A子のセラピストに対する〝陽性転移〟の質は変化を見せ始めた。このことは、これまで理想的に見えていた母親に対する認識にも変化を与え、『実は母親との間でも、心配をかけるような深刻な話題は言えなかった』『今でも、母親に心配をかけたくないから、自分が神経症で通院していることは告白できない』と語った。すなわち、母親との間でも良い関係を維持するために、A子は深刻な話題は避け、軽躁的な関係を作り上げてきたことを内省するに至ったのである。

その後の治療展開は、A子は自分が神経症であることを母親に正直に告白し、家族で十年ぶりの行楽に出掛けるなどの現実的変化が生じたり、また、A子自身「縁切れ」ということばが一番嫌いで、そのような対人不安のため、人との関係を表面的でうわべの関係で済まそうとしてきたことなどを顧みるようになった。治療関係においても、A子の〝陽性転移〟の質は一面的ではなくなり、『先生も私の愚痴を聞いていて、うんざりするのではないか』など、それまでスプリット・オフされていた筆者に対する陰性感情を、徐々に統合する課題に入っていった。ここまでに三年間の治療期間が費やされた。

【症例2】B子

B子は、境界例の女子大学生である。火の元やアルバイトの日にちなどに関する「確認強迫」や、通りすがりの人を殴ったのではないかという「加害恐怖」を主訴に来院した。筆者との治療は五年間に亘ったが、B子は当初から筆者に対する〝陽性転移〟が顕著であった。治療は、筆者への陽性転移をワーク・スルーし、その背後にある「不安」を明らかにすることが一つの眼目となった。

B子の〝陽性転移〟のあり様は、A子の場合とは対照的と言ってもよかった。A子の場合は、セラピストのことを捌け口にし、理想的な受け皿へと仕立て上げたが、B子の場合は、コケティッシュな容姿や仕草、筆者が喜びそうな話題の巧みな提供、『先生は頼りになるお兄ちゃん』という煽て上げなどによって、盛んに筆者の気を惹こうとしたのである。ただしA子と同様、B子もまた筆者に対する陰性感情は一切排除していた。そこには、いわゆる「ヒステリックな色彩を帯びた境界例患者」によくある治療関係が生じていたのである。

筆者としては、B子の関係の持ち方自体は、境界例的な操作の手段とわかってはいても、B子の〝陽性転移〟に対していい気になっている面は否めなかった。さらには「何とかB子を救えたら……」というような「救世主空想」が知らず知らずのうちに生まれていた。B子としては「筆者に救ってほしい」という願望を強く抱き、筆者の方は「B子を救いたい」というような気持ちが強くなり、ここには蜜月期のような治療関係が拵えられたと言える。まさに、筆者はB子の誘惑にのせられ絡め取られていた。

だが一方では、B子の症状は一向に良くならず、筆者の前で失神発作を度々起こしたり、また、次第に性的行動化に走るようになったりしていった。特に性的行動化の方は、筆者に対する信頼を明らかに裏切るような、刹那的な行動だった。ここに至って筆者は初めて、B子に対する「救世主空想」とは明らかに相反する、とても不快で、裏切られたような気持ちや憤りを覚えることとなった。しかし、B子が筆者に向ける感情は陽性感情のみで、筆者に対する陰性感情は全く言語化されなかった。

筆者は難しい局面に立たされたことを自覚せずにはいられなかった。だが、この局面を打開する糸口は、筆者の

〈逆転移〉感情にこそあるようにも感じていた。筆者は「B子への救世主空想と、それとは相反するB子に対する腹立たしさ」を見つめていくうちに、それが、B子の「筆者に対する陽性感情と、それとは相反する行動化」と、同じ写真のポジとネガのように全く対応していることに気づいた。すなわち、B子が行動化というかたちでこころから排除している「不満」は、筆者によって代わりに体験させられているのかもしれず、筆者の中に生じた「憤り」は、そもそもB子から筆者のこころへと投げ入れられたものかもしれない、ということであった。

もちろんそれまでも、筆者はB子の行動化に対して、それが筆者に対するある種の試し、気を引く手段、攻撃性の表出などと解釈してきたが、ここに至って筆者はようやく、ダイナミックに解釈していく手掛かりを掴んだ。筆者はこう解釈した――《あなたは私のことを「すごく頼りになる」と煽て上げ、信頼を向けて見えるが、しかし一方で、それを惨々に裏切るように、私を困らせるような相矛盾した行動を起こしている。そして、そのことにB子さん自身、全く無自覚で、一向に気にとめている様子もない。あなたが気にとめない代わりに、私がB子さんの行動に対してハラハラし、腹の立つ気持ちが湧いてきます。だから、何か私は、あなたの代わりに腹を立てさせられている気がするし、この腹立ちというものは、そもそもあなた自身が表現できない腹立ちを私が代わりに体験しているようにも思えます》。B子は、しばらく黙っていた後、やや挑戦的な目つきになり『先生はきれいすぎる。ものすごく割り切って仕事をしている。もっとドロドロになるぐらいに、泥仕合にならないと』と、ことばにした。B子は〝陽性転移〟の裏に隠れて排除していたセラピストへの陰性感情を初めて語ったのである。そして、泥仕合に筆者を引きずり込めば、筆者がB子から離れられなくなるし、B子を見捨てることもない、と言うのであった。

その後の治療展開は、B子の「マゾヒスティックな対象関係」の問題に焦点が当たった。B子は、特に男性との関わりにおいて、いつも相手を理想化し、煽て上げ、気に入られる人形のように振舞っていた。そして、B子は自分のそういう態度を振り返って『私のそういう態度って、セックスのなかのフェラチオに入らないかなと思った。そういうの上手な人だと、男の人、離れられないじゃないの。煽てて、フェラチオして……と』『そういう願望はあるかもしれない。それでいて辛くてたまんなくなって、死にたいと思うし……』などと自分自身を分析するようになっていった。そして、そういうこころの裏には絶えず「自分が見捨てられるのではないか」「相手の機嫌をとっていないと嫌われるのではないか」という不安が強い、と語った。

治療五年目になる頃には、B子は自分の中の怒りの感情を語れるようになってきていた。そして、筆者に対しても正面切って怒るようになり、筆者がB子の男性との付き合いの行動化を解釈したりすると、『先生にそんなこと言われる筋合いはない』と怒り、彼との間は純愛だと主張したりした。もちろん、B子のその主張はまだ稚拙で、内省の乏しいものではあったが、しかし少なくとも、筆者とは違った自立した個を作ろうとする試みではあった。そしてB子は結局、ある男性との間で愛情関係を続け生きていくことを決めた。それは一面では、筆者に対抗しようとするB子の行動化であり、もう一面では、筆者から気に入られようとしてきた偽りの自己との決別宣言でもあった。

陽性転移の再考

〝陽性転移〟に関しては、セラピストの側も「ラポールがついた」などと肯定的に評価したり、それを好ましいものとして歓迎しやすい。すなわち、セラピストは患者から陽性転移を向けられると、自分が患者から好かれていること、患者の役に立っていること、セラピストとして有能であること、などの自尊心を刺激されることも少なくなく、セラピストの側も患者に対して〝陽性逆転移〟を抱きやすい。

だからといって筆者は、何も、患者から向けられる全ての陽性感情に対して疑念の目を向けているわけではない。もちろん、治療関係において、セラピストの解釈や受容的な態度に応じて、患者が「理解された」「自分の苦しみをわかってくれた」などと陽性感情を持たなかったとしたら、そもそも治療関係自体が成り立たない。そういう肯定的な意味で〝陽性転移〟が形成されることに対して、従来「治療同盟が結ばれた」「ラポールがついた」などと、良い評価が得られてきたのであろう。

筆者がここで問題にしているのは、一見そのように健全な治療同盟が結ばれているかのように見える〝陽性転移〟のなかにも、実は、その背後に患者の病理的な対象関係が隠されている場合もあるのではないか、ということである。このことは、筆者自身の自戒も込めて言えば、日本のセラピストにおいては、患者との間で陽性転移に基づく良い関係を作ることがことさら大事にされる傾向があるので、そこに含まれる病理的な側面については、見逃し、触れないようにしてしまうことも少なくないのではなかろうか。それによって結果的に、患者の病理や対人関係の問題について目を瞑ることになってしまい、治療的進展を滞らせてしまうこともあるのではないか、と思うからである。

換言すれば、ラポールがついた証だと思っていた〝陽性転移〟が、実はそうではなくて、表面的な良い関係の形成に過ぎず、患者の真の問題が棚上げされている場合もある、と言えるのである。そして筆者は、健全な陽性転移と区別するために、このような病理的対象関係を内包した場合を〈病理的陽性転移〉と呼ぶことにしたい。

だが、この区別はことのほか難しい。そもそも現代の境界例やパーソナリティ障害の患者が持ち込んでくる〝陽性転移〟には、病理的な場合の方がはるかに多いのではないか。そのうえ、境界例やパーソナリティ障害のようにその病理性がセラピストにわかりやすい場合はまだしも、いわゆる日常的な神経症圏のケース（筆者の症例で言えばA子）では、それが健全なものか病理的なものかを見極めるのは極めて難しい。その結果、良い関係を作ろうとするセラピストほど〈病理的陽性転移〉に巻き込まれ、硬直化した「良い患者－良い治療者」という関係が、見通しのないままに遷延する場合も少なくないように思われる。

さて、そもそも〝陽性転移〟について、これまでどのようなことが論じられてきたのだろうか。

まずフロイトだが、「精神分析入門」*(Freud, S., 1917b)* のなかで、患者の感情転移が陽性の徴候を持つ限りにおいては、医師に対する信頼に変化すると述べ、〝陽性転移〟に関しては、治療を推進させる肯定的な治療因子と見なしている。だがフロイトは、そのようにシンプルに捉えていたばかりではなく、「転移の力動性について」*(1912)* のなかでは、陽性転移を「意識化し得る友好的な親愛感情」と「抑圧されている性愛的な感情」とに分けている。そして、後者は治療上の抵抗（転移性抵抗）となり得るので、陰性転移と同等の性質だと見なしている。

後者の概念をさらに展開させたのが「転移性恋愛について」(1915) である。そのなかでフロイトは、転移性の恋愛に真実の愛の側面がないとするわけではないが、治療の継続を妨げ、全ての関心を治療から逸らさせ、分析家を苦しい窮地に追い込もうとする点から、明らかに治療に対する抵抗であると断じている。すなわち、フロイトは〝陽性転移〟のなかから恋愛性のものだけを特別に、治療阻害的な抵抗と見なしたのである。

この〝陽性転移〟に関する考え方は、フロイトの遺稿「精神分析学概説」(1940) においてさらに変化を遂げた。つまり彼はそのなかで、陽性転移は「健康をめざし、苦痛から解放されようとする合理的な意図を傍らへ押しやってしまい、そのかわり分析家の気に入り、その同意、愛情をかち得ようとする二次的な意図が現われる」と言及したり、陽性転移は「いつか陰性の、敵対的なものに急変するときがくるのを避けることはできない」などと述べたりしている。このことは、フロイトが陽性転移に対して、肯定的な治療因子という一義的な見方から、転移抵抗という裏面の方により力点を移してきたように考えられるが、残念ながら、その後の理論的展開は果たされずに終わった。

転移と逆転移に関して斬新な論を展開したラッカー Racker, H. (1968) は、治癒力の源泉は解釈と〝陽性転移〟であると見なし、陽性転移について肯定的な見解を述べている。そして分析家の側も〝陽性逆転移〟を確立していくことが「分析過程をうまく発展させていくために不可欠であり、決定的な要因」だと結論づけている。すなわち、患者はセラピストに陽性転移を向け、セラピストの側も陽性逆転移を抱くことが、いわゆるラッカーのいう「融和型同一視」の発動に繋がり、それが治療にとって「中核的不可欠の動力因」となる、というのである。このようにラッカーは「昇華された陽性転移」を最大限に評価しているが、〈病理的陽性転移〉についてはとりたてて触れていない。

その後、カーンバーグ Kernberg, O. (1976) に代表されるような境界例セラピストからは、いわゆる「スプリッティング」モデルが提唱されるようになり、特に「理想化」などの激しい〝陽性転移〟の裏には、スプリット・オフされた攻撃性が潜在しており、それを解釈していくことこそが治療の要になるという治療論が展開されてきた。このように、現代の境界例や自己愛パーソナリティ障害を治療する対象関係論者の間では、理想化などの激しい陽性転移の裏に「攻撃性」の問題が潜んでいるという観点は、ほぼ常識的なものになってきている。

筆者自身も、上記のような現代の境界例治療論などから大いに影響を受けて、〝陽性転移〟のなかには病理的な側面が含まれている場合もある、という臨床的着眼を得たことは言うまでもない。そのうえ、筆者自身の臨床経験の蓄積のなかから導き出されたのは、先にも述べたように、境界例やパーソナリティ障害などのスプリッティング機制が明らかな陽性転移においてばかりではなく、もっと日常的な神経症圏のケースにおいても、意外に〈病理的陽性転移〉が忍び込んでいるのではないか、という視点である。しかも、従来、日常的な「甘え」を受容しやすいという日本的状況のために、私たちは、それらの病理的陽性転移を「治療同盟が結ばれた」などと肯定的に評価して、意外に見逃しやすかったのではないか、という点である。

次には、〝陽性転移〟が病理的なものか否かをどのように判断していくのか、という問題が持ちあがる。筆者はそれに関しては、セラピストの側が陽性転移に呼応して抱く〈逆転移〉のなかに重要な鍵が潜むと考える。項を改めて論じよう。

逆転移について

〝陽性転移〟に対しては、セラピストの側にも多かれ少なかれ〝陽性逆転移〟が必ず働く。それは、セラピストの側が患者に対して共感的な感受性を保持するうえにおいて必要であるばかりでなく、もう一方では、セラピストが〈病理的陽性転移〉に絡め取られてしまう危険性をも孕んでいる。後者の場合、セラピストは患者の陽性転移に対して、セラピストとしての自尊心を満足させられ、現在患者との間に生じている陽性の対象関係に分析の目を向けることを躊躇ってしまう。その際、患者とセラピストは、ある種の共謀的な関係に陥り、お互いの痛い部分には触らないような、いわゆる日本的な「場に調和した」〔渋沢 1991〕偽りの治療関係にはまり込む危険性がある。

しかし〈病理的陽性転移〉の場合、セラピストがセラピストとして機能していこうとすれば、次第に〝陽性逆転移〟とは相反する（例えば患者に対する不快感とでもいったような）感情を味わわされる淵に立つ。筆者の場合、A子に対しては、愚痴の聞き役にされているだけのような「疲れ」として感知されたし、B子に対しては、彼女から裏切られているような「憤り」として意識された。しかもそのような陰性感情は、A子との間でもB子との間でも、表面には現れておらず、一見、陽性のセラピスト－患者関係が変わりなく続いていた。もっぱら陰性感情の方は、筆者のこころの中だけで体験されていたのである。このように病理的陽性転移の場合、セラピストの側には、陽性逆転移に引き続いて〝陰性逆転移〟が生じやすいように考えられる。

ここで〈逆転移〉の問題に関する分析家の知見を振り返っておこう。〈逆転移〉に関しては従来よりクライン派が詳しい。そもそもハイマン *(1950)* が逆転移に関して治療上の有効性を唱えて以来、逆転移の問題は注目を集め、グリンバーグ *Grinberg, L. (1962)* が〈投影逆同一化〉の概念を提唱し、より精緻に考察した。日本では、松木 *(1989 b)* が転移－逆転移のダイナミズムを生き生きと描き出している。

彼らに共通するのは、〈逆転移〉というものを、患者が自分のこころの中から排除したい耐え難い感情や自己の一部を、セラピストのこころの中に投げ入れ、その結果セラピストのこころの中に、それに相応したある感情が生起させられるという、いわば〈投影同一化〉の機制を用いて説明していることである。特にグリンバーグは〈投影逆同一化〉の概念で、セラピストの側が患者の激しい投影同一化を受け、患者に代わって患者の不安・恐怖などの耐え難い感情を体験するあり様を、臨床例を提示しながら鮮明に描き出している。

翻って、筆者の症例を検討すると、A子の場合もB子の場合も、表面的には〝陽性転移〟が続いていた。そして筆者もそれに応じて〝陽性逆転移〟を抱いたわけだが、そのうち、それとは全く相反する陰性感情も持つに至った。この局面で、筆者と患者との関係の中には、筆者からすると、非常にダブルバインドで居心地の悪い感じが混じり込むようになった。なぜなら、患者は筆者に対しては好意的な態度を表明しているのに、筆者の方には、だんだんと患者に対する不快な気持ちが増していくからである。したがって、表面で起きていることと裏側での筆者の気持ちが、全く離反しているのである。

このように〈病理的陽性転移〉の場合、セラピストは、全く相反する感情の狭間に立たされ、自分自身の感情に困惑し、持って行き場のない不快感や憤りに曝される局面が来るように思われる。しかもこのような不快感や憤りは、筆者が臨床素材のなかで示したように、患者の意識からはスプリット・オフされ、もっぱらセラピストのこころの中だけで体験される性質なのである。

結局のところ筆者は、グリンバーグの言う〈投影逆同一化〉を引き起こしていた。だが、そう認識することによって、筆者は、A子に対してもB子に対しても、彼女たちの〝陽性転移〟からはスプリット・オフされている、筆者に対する幼児的な願望や不満の感情などを解釈に織り込むことができた。すなわち、ここで筆者が自分自身の中の陰性逆転移感情に目を向け、それを手掛かりに、表面的な良い関係の裏側にある対象関係の病理を明るみに出せたことが、その後の治療的進展にとって意義深い契機となり得たのである。

筆者はここで、自分の中に湧き起こった陰性感情に対して「患者のこころから排除された感情が投げ込まれたもの」と無造作に決めつけているように見えるかもしれない。言ってみれば、筆者自身の中に生まれた感情を、無批判に患者の問題として還元してしまう危険性がある。もし、セラピストが自分の中に生じた感情を何でも全て患者のせいにするなら、それはハイマン（1960）が警鐘を鳴らしたように、セラピストがパラノイックになったことを意味する。〈投影逆同一化〉の概念にはそういう危険性があることを忘れてはならないだろう。イギリス独立学派のクラウバー Klauber, J.（1987）も警告しているが、治療関係というものは、セラピストの性別や性格などの現実的要因を抜きにして考えられるものではなく、またセラピストの〈逆転移〉というものも、患者の〈転移〉に反応しているのではなくて、患者という全人格の中に、私たち自身の原初的な内的対象を転移している可能性もあろう。したがってクラウバーは、治療関係で生起する全てのことを患者の病理のせいにしてしまう古典的で教条的な分析家を批判しているのだが、だからといって、セラピストが自分の中に湧き起こった感情を自分自身の病理のみに由来する問題として対処しようとすれば、自らを徒らに責めるばかりの〈投影逆同一化〉の渦の中に巻き込まれることにもなりかねない。したがって、逆転移の問題には常に両刃の剣のような危険性が付き纏うが、逆転移から洞察したセラピストの解釈がひとりよがりになっていないかどうかは、大局的には、セラピストの教育や絶えざる自己分析、その時々の臨床状況では、解釈の後の患者の反応や治療的進展のなかで検証していくほかないだろう。

病理的陽性転移について

これまで〈病理的陽性転移〉について、転移‐逆転移の観点から、その問題点を論考してきた。ここでさらに、病理的陽性転移にはおよそ二つのタイプがあることを明らかにしたい。それは、A子によって表されるような〝排泄型〟陽性転移と、B子によって示されるような〝気に入られ型〟陽性転移である。

〝排泄型〟陽性転移の場合は、A子のように、セラピストのことを「全て話を聞いてくれる人」と見なして、自分の周囲や職場の対人関係などの不満などをよく語る。『先生に話を聞いてもらえるとスッキリする』というような一見陽性の治療関係がほどなく醸成される。それに筆者も最初はラポールがついたと思って満足していたわけだが、そのうち筆者が「A子に愚痴の聞き役にされているだけ」のような疲れを感じてきたのは、先に述べた通りである。

〝排泄型〟陽性転移の場合、セラピストの側はこのような〈逆転移〉感情を味わわされる淵に立つことも珍しくはない。なぜなら、臨床素材のなかで示したように、A子の対象関係は、不満や愚痴を理想的に受け止めてくれるような万能の受皿を求め、その対象との間で願望充足的関係を形成しようとする、いわば「部分対象関係」で成り立っているからである。A子は、母親に対してもそのような関係を作ろうとし、そこに葛藤や緊張をもたらすような都合の悪いこと〈自分が通院していることや夫との不仲など〉は、ずっと隠していた。すなわち、冗談や軽い愚痴など、表面的な関係のなかで母親と関わり、その枠内で母親を万能の聞き役に仕立て上げ、本当に母親との間で話さなくてはいけない問題は、排除していたのである。

このことは、筆者との関係でも同様であった。A子は筆者に対して、愚痴の聞き役にするというような、いわば「トイレット・ブレスト」的な対象関係を作ろうとし、そのような関係が成り立っている限りはA子は満足感を得ていたが、期待通りにならないセラピスト像の方は排除されていた。そして、もし期待通りにならない面が対象との関わりで見えてくると、夫との関係に如実に表れているように、『夫さえやさしかったら、自分は病気にならなかっただろう』などと、一方的に断罪されることにもなりかねなかった。ここにおいてA子の対象関係は、自分の期待通りに愚痴を吐き出して満足できる相手か、冷たくて理解がない相手かにスプリット・オフされる傾向にあった。すなわち、対象の中の良い面／悪い面は統合されていなかったので、その統合されずにスプリットされている病理性が、セラピストに「むさぼり食われるような疲れ」として感知されるに至ったのである。

筆者は、いわゆる日本的な治療関係のなかには、実はこのような〝排泄型〟陽性転移が少なからず見られるのではないかと考える。それは、日本的な甘えの受容の心性に、セラピスト、患者とも馴染みやすいからである。そして筆者は、このような〝排泄型〟陽性転移にはさまざまなバリエーションがあり、A子のような比較的神経症圏に近いようなケースから、もっと病理性が重い場合まで、スペクトラムがあるように考える。後者の場合は、さらに対象支配性が前面に出て、その排泄型の陳述も、セラピストに口の挟む余地のないほどに支配的な話し方になったり、あるいは攻撃口調になったりして、セラピストはより部分対象化された「トイレット・ブレスト」になりやすい。その場合には当然、陽性関係的な側面は薄くなり、患者の病理性の方が露わになってくることであろう。

次に〝気に入られ型〟陽性転移に関して述べよう。B子においても明らかなように、いわゆる「ヒステリックな色彩を帯びた境界例」にはよく見られる現象である。そこでは、セラピストに対する理想化が前面に出て、セラピストの気を惹き、セラピストから気に入られようとする姿勢が露わになる。もっとも、「理想化」というほど顕著に、セラピストに対する陽性感情が前面に出なくても、いわゆる偽りの自己的な適応をするパーソナリティ障害のなかには、セラピストに迎合したり従順だったりする対象関係の表出の仕方をする患者がいる。このような場合、セラピストの側は、筆者が「救世主空想」を抱いたように、多かれ少なかれ「自分は役に立つ有能なセラピストだ」というような自尊感情が高まる。だが結局この場合も、先の〈逆転移〉の項で述べたように、セラピストの方は、次第に不快な気持ちに見舞われる。B子の場合で言えば、B子が筆者に対する陽性感情とは裏腹の行動化を頻発するようになり、筆者との信頼関係を踏みにじるような態度に出てきたからである。すなわち、B子は筆者との間で、スプリット・オフされていた裏側の感情を、行動化というかたちで表出してきたわけだが、これ以外にも〝気に入られ型〟陽性転移の場合さまざまなかたちで、スプリット・オフされている陰性感情を向けてくることが考えられよう。

例えば、彼らとの面接で、セラピストの側は、何かわけもなく苛立ってきたり、じれてきたりする自分に気づくことがあるのではないだろうか。時には、彼らの従順さと付き合っていると、セラピストがまるで怖がられてでもいるかのように思われたりもする。そのような時、もちろん患者はあからさまな攻撃性をセラピストに向けているわけではないが、何か不自然に萎縮して黙り込んだり、通り一辺の話をしていたりするだけのように、セラピスには感じられることもある。そこには、いわゆる受け身的な攻撃性の問題が介在している可能性があるのだ。

その後、二つの病理的対象関係がどのように、スプリット・オフされていた部分を統合するプロセスに入っていったかは、臨床素材のなかで触れた通りである。いずれも、セラピストの側に湧く〈逆転移〉感情を手掛かりに、患者のスプリット・オフされていた感情部分を解釈のなかに織り込んでいくことができた。このように〝陽性転移〟が病理的な場合、セラピストは自分の〈逆転移〉感情を手掛かりに、患者の隠された病理的な対象関係の在り処を明るみにし、それを解釈していくことこそが、治療の進展にとって意義がある臨床的営みになり得る、と筆者は考える。

フロイトは「ヒステリーの心理療法」(*1895 a*)のなかで、精神の健康とは、「ありふれた不幸」に耐え、悲しみを悲しみとして充分に体験できるようになること、という主旨の発言をしている。その意味でも、患者はセラピストとの関係で、〝陽性転移〟という心地よい結びつきばかりではなく、セラピストに対する悲しみや葛藤を充分に体験することが必要なのであろう。しかし陽性転移が病理的であればあるほど、患者はそれを避けようとし、願望充足的で万能的な対象希求の囚われ人となってしまう可能性が強い。さらに、セラピストの方も知らず知らずのうちに、その片棒を担いでしまう危険性がある、と考えられるのである。

おわりに

本章では〈逆転移〉の観点を重要な手掛かりとしながら、〝陽性転移〟には、セラピストに対する感謝や好意という健全な場合以外に、病理的な対象関係が潜んでいる可能性も少なくないことを論考した。また、その〈病理的陽性転移〉は、〝排泄型〟と〝気に入られ型〟というような二つの臨床型として出現し得ることも述べた。

この観点は、従来、治療関係における友好性や親密性が尊重される日本の心理臨床状況においては、とかく看過されがちで、注意を向けられることも少なかった面ではないか、と筆者は考える。そのため、一見、友好的な関係が保たれているように見えるが、その実、患者の真の問題は避けられており、セラピストと患者が事態の進展を妨げる「共謀的な」関係性に陥っている場合も、なかには考えられよう。

筆者の視点が、陽性の治療関係の意味を深く考えるうえで、一石を投じる機会になれば幸いである。

あと知恵

本章は、一九九四年の『精神分析研究』38-1が初出であり、それに加筆訂正したものである。ちなみに、筆者の同誌上でのデビュー作である。

今から読み返すと、このペーパーには、筆者が対象関係論に深く帰依しだした頃の若さと熱気が伝わってくるものがある。当時、日本において松木邦裕などがクライン派の立場から〈逆転移〉に関して、盛んに新しい観点を紹介し、目を瞠る活躍をしていた頃であった。筆者も、イギリス帰りの彼らの知見から大いに薫陶を受け、自分なりの対象関係論的着眼として結実化させようと試みたのが、この小論であった。

〈逆転移〉が日本においても魅力的な治療ツールとなりだした頃のペーパーである。〈逆転移〉を通じての患者の隠された病理面の理解には、一定の成果を納めているが、今から読み返すと攻撃性に関する理解が浅い。

A子にしろB子にしろ、秘められた病理面は、治療の進展を妨げる〈抵抗〉としても働いているが、同時に、陰性転移を通じて積極的にコミュニケートしてこようとする面も含んでいる。すなわち、A子なら、筆者の「疲れ」や「虚しさ」は、十全にコミュニケートできない彼女自身の抑うつ的「不全感」の表れに他ならず、その抑うつ的水準に、筆者が知らず知らずのうちに〝共鳴〟していたからこそ、その後の治療的進展がもたらされたのだろうし、B子にしても、彼女のお人形のような振舞いに、筆者が腹立ちばかりではなく、どこかしら「憐れさ」を感じていたからこそ、彼女への援助の〝眼差し〟が失われることはなかったのだと言えよう。そもそも患者のこのような抑うつの〝痕跡〟に呼応した、セラピスト側の〝抑うつ水準〟での〝共鳴〟がなければ、陰性転移の解釈は、〝排泄物〟の単なる突き返しになりかねない。

いわゆる「攻撃性」の背後に抑うつ的次元を感じとる視点は、ビオンに出会うまで、筆者は自覚的には保持することができなかった〔次章を参照のこと〕。この当時は、まさに知らず知らずのうちに、無自覚に、筆者は彼らの攻撃性の背後の「哀しみ」に〝調律〟し、臨床のなかに織り込んでいたとみえる。

第Ⅳ章　共感論
——融合としての共感／分離としての共感

はじめに

共感や共感的理解ということばは、心理療法を論じる際に必ずといって良いほど顔を出し、しかも当然のごとくその首座を占めることも度々である。それほど、心理療法家のなかで〝共感〟は有り難がられ、藤山 *(1999)* の言うように「絶えず持ち上げられ」てきた。そしてもう一方では、心理療法のなかで「共感」と「解釈」が対比的な意味合いで使用され、どちらを尊重するかによって、その心理療法家の面接での姿勢や色合いがわかるものとされた。日本の心理療法の歴史においては、前者は主にロジャーズ派が強調し、後者は精神分析学派が重視してきた傾向がある。

ただ、近年になり、精神分析学派のなかでもコフート *Kohut, H.* が〝共感〟概念をその心理療法の中核に据え、理論構築を行ったり、またイギリス学派も〈ホールディング *holding*〉や〈コンテイナー／コンテインド *container/contained*〉概念を提唱したりして、いわゆる精神分析的観点からの〝共感〟のあり様を描き出すようになってきている。ここに至って、共感ということばはもはやロジャーズ派の専売特許ではなくなってきているし、それだけに〝共感〟という概念の多義性・多使用性がもたらす混乱も見逃せなくなってきているように思われる。衣笠 *(1992)* も指摘するように、共感ということばは、今では「日本語としての一般的な意味、慣習的な精神療法の意味、精神分析的な意味など、多義的な意味を含んでいる」のである。

このように騒擾的とさえ言える〝共感〟についての数多の議論のなかで、本章で試みるのは、私たちが自らの心理療法において共感をどのように意味づけ使用しようとしているのか、その一つの座標軸を提示することである。端的に言えば、筆者は共感には二種あると考える。この考えを導入することによって、私たちが心理療法においてどのような共感を目指し行っているのかという、共感の質に関する視座を手に入れられようし、そればかりでなく、心理療法の経過全体を振り返るうえでも、その二種が心理療法の進展具合を計る試金石にもなり得るのではないだろうか。では、まず従来の主だった〝共感〟論を概観しながら、次第に筆者の論旨を明確にしていきたい。

共感論の概観

〝共感〟について語られた論考は、数えればおよそきりがないだろう。そもそも土居 *(1992)* によると、共感ということばは、英語の empathy の訳語として使われ始めたが、その empathy 自体、ドイツ語の Einfühlung の訳語として作られたものだという。したがって、元来、日本固有のことばではなく、外来語由来の造語ということになる。そこに、単に「気持ちを汲む」「察する」〔土居 *1992*〕という日常語の枠内だけには収まらない、消化のし辛さを見るのもあながち穿った見方ともいえまい。すなわち、共感ということばは私たち日本の心理療法家のなかに良くも悪くもある種のアレルギーを引き起こし、賛美されたり、敬遠されたりなど、すっきり同化されているとは言い難い。

そもそも日本において心理療法における〝共感〟が重視されるようになった経緯は、ロジャーズ *Rogers, C.R.* の登場抜きには語れないだろう。彼が自らの心理療法の理念を確立していった論文「パーソナリティ変化の必要にして十分な条件」*(1957)* のなかで、共感についてこう述べている。「クライエントの私的な世界を、あたかも自分自身のものであるかのように感じとり、しかもこの『あたかも……のように *as if*』という性格を失わないこと――これが共感 *empathy*

なので」あると。さらにこの前に著わされた「カウンセラーの態度とオリエンテーション」(1951)では、カウンセラーは「クライエントの態度を生き」、クライエントに「共感的同一化 *empathic identification*」をしていく必要性を強調している。このあたりのロジャーズの論調が、角田(1992)の言うように、いかにも一体化した対人関係を持ちやすい日本人や日本のセラピストに受け入れられやすく、日本においてその後、共感ということばや心理療法が「クライエントとの一体化」傾向で受け取られていった憾みがなきにしもあらずである。

しかし、ロジャーズが〝共感〟において意図したところは、それぱかりではない。彼は共感ということばを用いる際に、その後 empathic understanding という用語も併せて使っているように、「理解」の側面も押し出しているし、そもそも先の論文(1951)のなかでも「カウンセラーの応答の八五％は、クライエントの態度や感情を理解していることを伝達しようとしている」と、はっきり述べている。思いのほか「理解の伝達」を強調しているのである。さらに驚くべきは「彼(セラピスト)はクライエントのよくわかっているものを理解していることを伝え得るばかりでなく、クライエントの体験のなかでほとんど意識されていないような意味をも、口に出して述べることもできるのである」(1957)とまで述べていることである。これは精神分析における解釈(しかも無意識の解釈)に、かなり近いことまで表現しているようにさえ思われる。

このようにロジャーズにおいても〝共感〟における「理解」やその「伝達」が、一体化傾向とともに存外重視されている。問題は、何をどう理解し伝達するのかという、背後に控える理論的基盤において、各学派の特徴が違ってくるところにあると思われるが、その前に、ロジャーズ派と対比的に考えられることも多い、精神分析学派の〝共感〟論を概観し、さらに論旨を明確にしていきたい。

まず、精神分析の創始者フロイトから見てみよう。彼が empathy ということばを使っている箇所は、スタンダード・エディション第二四巻のインデックスを参照すると、八箇所ほどある。その一つ一つを調べていくと、〝共感〟それ自体に関する考えを示しているところが三箇所ほどある。一つはグラディーヴァに関する論文(Freud, S., 1907)で、そのなかでフロイトは、主人公がより身近に感じられるためには共感が必要であると語っている。もう二つはいずれも集団心理学の論文（1921）にあり、フロイトは同一化との関連で共感を持ち出し、まず「本来私たちの自我にとって異質である他者の中のものを理解するために、共感 empathy[Einfühlung] が大いに役割を果たし」と述べ、さらに「同一化から、模倣を経て、共感に至る」と論じている。フロイトは、対象を自我の中に取り入れる機制としての〈同一化〉とは違って、共感に関しては詳しく検討していないが、要は、本来異質な他者をより身近に理解していくために、他者に対して身を入れようとする方向性での心的機制として考えているように思われる。そう見ると、ロジャーズの「共感的同一化」と意図するところにさほど違いはなくなる印象さえ受ける。

精神分析のなかで〝共感〟という用語が最も注目されることになったのは、コフートの登場を待ってであろう。丸田（2002）の解説によると、コフートは〝共感〟を「身代わりの（代理性の）内省」「他者の内的生活のなかに自分を入れて考え感じる能力」「価値判断に中立的な観察手段」「他者の内的生活を客観的な観察者としての立場を保ちながら同時的に体験する試み」と定義しているという。要は、観察者としての自己の主体性を保ちながら、可能な限り相手の中に「自分を入れ」、「代理内省」によって他者を理解していこうとする営みと言えるだろう。これのみを見ると、その定義にさほど他との違いがあるようには見えないが、衣笠（1992）や館哲朗（1992）の指摘するように、コフートの〝共感〟は、自己愛パーソナリティ障害に対する発達病理学や認識論的仮説の基盤の上に立ってはじめて意味を持つ。すなわちコフート（1977）は、「自己の欠陥は主に自己－対象の側からの共感が失敗した結果として生じ」るので、その治療に関しては、自己対象化したセラピストへの鏡転移や理想化転移に対して共感的に対応することによって、患者における自己愛の健全な発達を再開できると考えた。いわゆる患者のセラピストに対する自己愛的空想を「映し出し」によって満たしていこうとするわけである。

このようにコフートの〝共感〟は、自己愛パーソナリティ障害の理論と不即不離の関係にあり、患者の内的世界を彼の自己愛理論によって共感的に理解していくことを主目的にしていると思われるが、それでもなお、彼の共感の意図するところが――自己対象との「共感的融合」という用語をしばしば使用しているように――自他の融合や一体化の方向性を含んでいることは否めないだろう。

一方、イギリス対象関係論に目を移すと、その代表的な存在としてウィニコットが挙げられる。ウィニコット *Winnicott, D.W. (1958, 1965 a, 1965 b, 1971)* の「原初の母性的没頭」や「ホールディング *holding*」という考え方は、早期母子関係における母親側の〝共感〟的世話を指し示すものと考えられる。生後数箇月までの絶対依存の時期において、母親は乳児に同一化し、「ほとんど病気に近い、高まった感受性の状態に母親が到達でき」、そうした母性的没頭の状態のなか、乳児のニードの些細な信号を読み取っていく。その世話によって乳児の「万能感の体験」はホールディングされ、健康な発達が促進されるわけだが、衣笠 *(1992)* も述べているように、この考え方はコフートに近い。すなわち、母親側の共感的対応や世話という、環境側の役割の重要性が強調されているし、また共感し世話する方向性での乳児の万能感や一体感幻想の保証というところに力点がある。融合的な共感的世話なのである。

もっともウィニコットは、その発達論において、乳児は後に「万能感の経験」から徐々に脱錯覚し、母親との分離が遂行され、現実を受け入れることのできる人格的成熟を達成していく、と唱えているので、必ずしも一体的な方向性での〝共感〟ばかり強調しているわけではないが、それでもなお彼の発達論・治療論には、「母性的没頭」「ホールディング」などの身体的密着感を伴った、自他の融合というニュアンスが色濃く滲んでいる。

さて、ロジャーズから始まり、精神分析の各学派における〝共感〟論を見てきたが、そこから窺えるのは、ロジャーズにしても「共感的理解」という用語を提出しているように、いずれも共感と理解の両側面を対にして考え、理解抜きの共感ということは言っていないということである。ただ、その理解を支える理論的基盤が各学派によって異なることにより、理解のあり様に随分と差も出る。衣笠 *(1992)* の言うように、患者の無意識的な内界を理解するためにセラピストの特殊な「直観」を利用する精神分析の学派とロジャーズやコフートでは、その理解の内容は随分と異なったものになろう。それによって、同じ「共感的理解」でも似て否なるものになることは大いにあり得る。ただ、「理解」の有る無しをマイルストーンに各学派の共感を弁別するにはやや無理があることを、ここでは指摘したい。

もう一点言えることとして、各学派の〝共感〟論に共通しているように見えるのは、共感することによって、患者との関係を融合的にわかり合った関係性へと導こうとしているように思われることである。理解という知的な側面をひとまず横に置けば、少なくとも情緒的側面では、一体感や融合感を重視しているように考えられる。それによって、患者の幼児的な願望をひととき満たし、患者とセラピストの空隙は埋められ、あたかも赤ん坊が母親の腕にしっかり抱きとめられたかのような安心感や融合感がもたらされる。そうして患者の孤独感や怒りは癒される、と考えているようである。共感ということばからこのような「癒し」や「安らぎ」に近い感覚が連想されることは、おそらく共有されていよう。上記に概観してきた各学派とも、理解の内容において差こそあれ、情緒的なレベルではそのような意味での共感を目指していると考えてよいだろう。

さて、そうした意味での共感といささか様相を異にした〝共感〟を意図しているように思われる精神分析家として、ビオンの名を挙げることができる。彼の理論は、上記に挙げてきた心理療法家たちとは異なり、一人、異彩を放っているので、別項としてとりあげたい。

ビオンの理論に垣間見える共感

ビオンは〝共感〟について直接論じてはいない。しかも、筆者の知る限り、empathyということばさえ使った形跡はない。「連想の陰影」の付着した使い古されたことばを使用するのをとみに嫌うビオンの本性上、共感というような自明の、しかもありきたりの概念を振りかざすことは耐えられなかったのだろう。だが、ビオンの著作 *Bion, W.R. (1962b, 1963, 1967)* を読んでいくと、共感に関する彼の考え方を知るヒントになるような概念化に出くわす。いわゆる「思考の発達」に関する一連の研究がそれに相当するのである。

ビオンは思考の発達の道筋に関して三通りほど考えを示した *(Spillius, E.B. 1988)*。一つは有名な〈コンテイナー／コンテインド〉論で、次は前概念と現実との一致からの〈思考の生成〉であり、最後に、不在の乳房からの〈思考の発達〉である。

〈コンテイナー／コンテインド〉論は、母子関係論でも治療関係論でもあるが、その考えがわかりやすく端的に示された記載として「連結することへの攻撃」(1959)から引用してみよう。「幼児の泣き声を、母親にいて欲しいという要求以上のものとして母親が取り扱うべき」であり、「母親は、死につつあるとのその子どもの恐怖心を彼女のなかにとり入れ、そんなわけだったのかと体験すべきだった」。ここには、ビオンが「もの想い *reverie*」と名づけた、母親側の直観的な理解力が記述されており、その機能によって母親は幼児の恐怖の中身を読み取り、それを包み込み、幼児に耐えられる形にしてそれを戻していくことが描かれている。さらに幼児は、その後、母親の「もの想い」の機能自体をも自己の中に取り入れるようになり、こころの不安の消化能力を高めていくのである。この母親側の働きかけや機能を、直観を重視したビオン流の〝共感〟論と捉えてもよいだろう。そこでは情緒的・感情的能力としての共感というよりも、不安を読み取る理解力としての共感が主張されている。そこにビオンらしさを見ることもできるが、一方でこの概念は、ウィニコットの〈ホールディング〉との類似性がしばしば指摘されるように、必ずしもビオンのユニークさを際立たせるほどでもない。

二番目に挙げた〈思考の生成〉論であるが、彼はフロイトやクライン *Klein, M.* と同様に、人には生まれる以前からの生得的な知識があるものと考えた(*1962 a*)。それが彼の言う「前概念」である。したがって、赤ん坊は乳房という前概念を生まれながらに持っており、それゆえに乳房と出会った時、それを口に含む。この時、赤ん坊は乳房という現実と出会い、生得的な前概念は実感で満たされる。そうして赤ん坊は、前概念から、実感と繋がった乳房という概念を手に入れ、思考の発達が育まれていくのである。

この考え方のなかには、直接〝共感〟と通じるような論点は見出しにくいかもしれないが、筆者が注目したいのは「赤ん坊の口と乳房が繋がるところから〈思考の生成〉が開始される」という発想である。すなわち、口と乳房が連結することによって、思考という「創造物」が産み落とされるわけであるが、共感というものも、そもそも自と他がある種結合し、繋がった(一致した)感覚を実感したところから自然に生じてくる何かである。共感は「ひとりでに姿を現す」ものであり、共感しようとして共感できるものではない〔藤山 1999〕。そうした意味で共感も、意味ある結合から生まれた創造的な第三の対象物と言える。先に概観してきた各臨床家たちが共感を「融合・一体感の産物」として捉えようとしてきたのと一脈通じるものがあるが、しかしビオンの場合は、結合が情緒的・体感的というよりは、結合は意味や思考という知的産物をもたらすという、よりドライでタイトな共感論になっている。

この結合による〈思考の生成〉という定式化は、次の、不在の乳房からの〈思考の発達〉論において、最もビオン(1962 a, b)らしいオリジナリティを遺憾なく発揮していく。彼は、赤ん坊が眼前の乳房の不在に耐えられた時には「無い乳房 *no breast*」という正当な思考を獲得し、耐えられない時には「悪い乳房 *bad breast*」が出現する、という誤った概念化が導かれると唱えた。そして後者の場合、不在や喪失や分離の意味は獲得されず、健康な思考の発達は阻害されるという。ここでビオンが強調しているのは「不在の認識」というテーマである。乳房への期待とその乳房が無いという事実の結合からくる「陰性の実感 *negative realization*」においてこそ、(それに耐えられれば)不在や喪失という負の意味が正しく獲得されるという認識論である。そこに筆者はビオンの真骨頂を見る。すなわち、ここには赤ん坊の口と乳房は現実には結合していないのだが、その結合の不在からも意味は生成されるのであり、その意味の生成によって「不在の乳房」という概念化が生まれ、結局、不在は思考によって埋められる。現実には繋がっていなくても、心理的次元では思考による繋がりを見出せるという、深遠なパラドックスが見て取れるのである。心理的次元での繋がりという意味では、これも〝共感〟の一種のバリエーションと言えるだろう。なぜなら、その思考による結合により、幼児の不安は消化され、こころの慰安という癒しを得るからだ。

ビオンのこの理論展開は、〝共感〟の奥深さを考えるうえでとても意義深い。彼は精神病論文集(1967)によって、精神病の患者と分析家との関係性での、思考(意味)レベルの結合(交流)を探求していった。そこに著された症例では、〈妄想分裂ポジション〉レベルでの凄まじい喪失感や剥奪感が扱われている。例えばある統合失調症症例(1953)では、顔の皮膚の小さな切れ端が、顔から取り除かれたことにより、それはペニスを喪う意味と具象的に等価となり、その苦痛に耐えられず思考を解体させていった。ビオンはそれに対して、具象的な用語を使ってペニスの喪失を解釈し、〈妄想分裂ポジション〉レベルでの分離・剥奪感を患者に経験させ、心的意味を回復させようとしていく。もとよりここでビオンは共感という用語など使っていないが、彼が志しているのは、精神病患者と分析家との「思考（意味）を介しての結合」である。それによって患者は、分析家からの理解をもとに、喪失感・剥奪感を悲しむことができるようになっていく。筆者はこれを、分析家が「患者の無意識を『直観』によって理解していくという意味の『共感』」〔衣笠 1992〕の好個の例だと思う。

さらにここで見落としてはならないのは、ビオンが何に〝共感〟しているのかというと、患者の中にある「喪失感」や「剥奪感」に対してだ、ということである。すなわち、精神病レベルでの分離に焦点を当てている。分離に共感するという表現自体、すでにパラドキシカルである。なぜなら、患者もセラピストも分離の痛みを感じ、共有（共感）しながらも、お互いが分離して別々だという感覚も同時に体験せざるを得ないからである。すなわちここには、単純に融合的一体的な方向性へは走ることのできない、分離の痛みを伴う、パラドキシカルで奥深いタイプの共感のあり様が見て取れるのではないか。「痛切な分離感（孤独感）を内に秘めた共有感（共感）」と言えようか。

ビオンの提出している症例は、精神病レベルの重いケースであるが、筆者は、もっと軽いいわゆる人格障害や神経症のケースにおいても、彼の提出した〝共感〟についての示唆は、大いに臨床的であると考えている。次に示すのは、抑うつ性障害と思われるケースだが、筆者の考える共感の二種を論じるうえで意義深いのでとりあげたい。

臨床素材

別のところでも詳しく論じている〔本書「臨床篇」第八章参照〕ので、ここでは本論に関わる範囲で簡潔に示したい。

患者C子は四十代の既婚女性である。抑うつ・不眠を主訴に来院した。すでに以前に七、八年の心理療法の経験があった。患者が筆者との間で訴えたのは「誰もわかってくれない」ということだった。夫がいかに自分に無理解で関心を払わないか、さらには母親自身も、C子が小さい頃から仕事に忙しく、C子のことを放りっぱなしにしたと訴えた。C子は結婚後、自営の仕事を一生懸命手伝ったにも関わらず、一緒に働いていた叔母から仕事のことでしばしば小言を言われ、助けを求めた夫は味方になってくれなかった。C子は「苦労が報われない」という絶望感に陥り、およそ八年前から抑うつ・不眠の症状を呈するようになった、ということであった。

C子は最初から強烈に、筆者のいわゆる〝共感〟を求めてきていた。『先生だけには、わかってほしい』と言うのだった。以前のセラピストとの間でも、C子はそれを求め、一体化した世界を作り上げようとしていた。しかしセラピストは、夫や母と同じようにそれを叶えてくれず、治療は中断となった、と語った。C子はそのセラピストとの間で『あまりにも求め過ぎて、逆に嫌われた』と反省の念を口にしていたが、筆者との間では、その「反省」は生かされず、『先生にこそは、わかってほしい』とひたすら求めてきた。

筆者は最初から難しい状況に置かれているのをひしひしと感じていた。今まで誰にもわかってもらえず、癒されることのなかったC子に、筆者はひたすら〝共感〟を与え続けることを求められ、それ以外のポジションをとろうとすれば、C子は今までと同じ「誰もわかってくれない」という外傷を繰り返すほかない。筆者に課せられた仕事は〝共感〟以外にはあり得なかった。

だが一方で、筆者は何をどう〝共感〟すればよいのか、少なからず困惑していた。C子の言う「わかってほしい」という内実が、あまりにも感覚的で捉えどころがないように思われたからである。しかも、一体的・融合的な方向で《誰もあなたの苦労や孤独をわかってくれず、今までとても辛かったのですね》と共感的に返しても、C子の筆者に対する期待は募るばかりで、事態は変化しなかったし、新たな展開や洞察がもたらされることもなかった。C子はますます『先生にだけは、母親を求めたい』と、強烈な依存願望を発展させ、筆者は完全にC子の「転移にからめとられ」〔松木 *1998 a*〕、否応なく「理想の母親」の位置にまで祭り上げられていった。面接空間は圧倒的なC子の想いで充満し、筆者はまるでC子が筆者の体内にまで侵入してくるような息苦しさを感じていた。

筆者はまさに追い詰められた。そのなかから、事態をことばにしていくことこそが、筆者の拠りどころのように思われた。《まるであなたは、理想の場所が私の体内や子宮の中にあるような気持ちにとらわれて、私の中に侵入し、寄生し、安住したがっているようですね。そうなれば私との分離のない理想世界が手に入ると思っているのではないでしょうか》。筆者はこの期に及んで、いわゆる〝共感〟ではなく転移解釈としてC子の幼児的一体感や分離の否認を扱っていった。

だがそれは彼女の思わぬ反発をもたらした。筆者が寄生ということばを使ったことに反応し、筆者がC子のことを『気持ち悪く思っている』と言うのである。C子の筆者に対する理想化は崩れ、その代わり筆者に対する猜疑心・被害感・失望感が頭をもたげてきた。確かに、C子の筆者に対する非難には一理あった。寄生ということばの裏に含まれる筆者の嫌悪感を、彼女は無意識裏に敏感に感じとったのだろう。だが、見方を変えれば、筆者のことを理想化していた時も、潜在的にはC子は「わかってもらえない」という反復外傷の怖れを抱えており、必ずしも彼女の望む一体感・融合感を万能的に手に入れていたわけではない。筆者の寄生発言は、C子の理想化防衛に一石を投じ、彼女の「真の不安」を小波のごとく表面化させた意味合いも持つ。

その証拠に、C子は筆者との分離感を傷つきながらも体験するにつれ、それまでは封印されていた幼児期の記憶をまざまざと甦らせ始めた。そもそもC子の出生からして、産婆さんが来ないうちに産まれてしまい、死の危機に瀕した瀬戸際から始まっていたこと。また、母親は仕事で忙しかったのでC子を産もうかどうかとても迷ったこと。そして、祖父の権限が強かったので、母親自身はC子をそっちのけで、いつも祖父の顔色を窺っていたこと。それらの記憶を回想するようになり、C子は「母の中に自分の存在がない」「自分はいらない子だったのか」という苦痛な感覚を甦らせた。すなわち、C子のこころの中に深く隠されていた、母親からの剥奪感・分離感が、迫害的な姿を帯びて、表に出てくるようになったのである。筆者は、C子のこころの中にずっと孤独の痛みがあったことを静かに解釈できるようになっていた。彼女はもはや以前のようには、筆者にその痛みを即座に消してもらおうと一体化してくることもなくなり、痛みは私たちの関係のなかで見定められる「対象」と化していった。

この頃になると、筆者のこころの中には、C子に対する〝共感〟の念が「ひとりでに姿を現す」〔藤山 1999〕ようになっていた。C子が筆者との一体感や理想的な関係を作る方向に徒らに走ろうとせず、元来こころに内在する孤独感・分離感を見つめていこうとする姿からは、人が生きることに伴う苦痛を引き受けようとする、人間としての尊厳が伝わってくるものがあった。筆者は《小さい頃から孤独で、それが耐え難くて、あなたはこれまでずっと、理想の母親を求めてきたんでしょうね。それを私との関係で叶えようとしたものの、やはり私も理想通りではないことがわかり、もともとの孤独が甦ったのでしょうね》と、素直にことばを返すことができるようになっていた。そして、私たちの間には、以前の熱病のような想いの充満ではなく、しみじみとした哀感が漂うようになっていた。

C子はその後、母親がいつも肝心な時にはC子から逃げてしまう、ある種の弱さを持った人間であることを認識し、『そんなんで、母親か』という怒りを覚える一方、それが母親の限界であることも理解し、『それが私の運命とでも言いようがないんでしょうか。たまたまそういう星の下に生まれてしまったというか』と悟るようになった。C子のこころの中では、母親との分離感は達成されるようになり、それとともに、母親に対する未練や恨みも次第に浄化し、逆に母親の弱さに理解を示すような発言も見られるようになっていった。

C子は「理想の母親」を現実に手に入れることはできなかったが、その代わり「乳房の不在」を認識し、不在はことばによって埋められていった。そして私たちの関係も、C子の望んだ一体感・融合感は達成されないものの、その空隙はことばによって繋がれた。私たちの関係は、C子の分離の痛みを理解し共有しながらも、なおかつ現実には、お互いが融合できない別個の存在であるという、パラドキシカルな関係性を生きることが可能になった。

もはや私たちにとって〝共感〟とは、人間が個として存在する以上、乗り越えることのできない「分離感」を内に孕んだ、心理的次元での「絆（結合）」となっていったのである。

「融合としての共感」と「分離としての共感」

筆者がC子の症例において示そうとしたのは、〝共感〟とはそもそもパラドキシカルな側面を孕む、ということである。すなわち、私たちは母なる子宮から生まれ出た以上、もはや一体的万能感を実現できるほど無垢ではない。かといって、全く個として分立してしまうほど強くもない。その二つを包含し、私たちが人としての関係性に希求できるものとして、分離（孤独）を認識したうえでの「理解による結合」という、複層的な共感概念を提示できるのではないか。その先鋭的な分析家がビオンであったことは、先に論じた通りである。彼は精神病レベルでの分離・剥奪感を理解によって架橋しようとした。

心理療法において、臨床家がそうした〝共感〟概念をこころに抱いていることは、心理療法の進展を図るうえでも重要になる、と筆者は考える。なぜなら、このような共感が心理療法のなかで必要に迫られてくるのは、C子の場合もそうであったように、往々にして転移神経症が佳境に入る頃からだからである。特に、ある種の人格障害や神経症など、いわゆる〈抑うつポジション〉での対象との分離が課題になるようなケースの場合、転移神経症を形成するまでは、依存的もしくはリビディナルな対象希求性を、それに対する不安と拮抗しながら発展させることも珍しくはない。その関係性においては、患者は、理想化した願望充足的な空想をセラピストに対して投影しやすい。すなわち、一体化・融合的転移の形成である。C子で言えば『先生にこそは、わかってほしい』と、ひたすら求めてきた時期である。これに対しては、セラピストは「転移にからめとられ」（松木 *1998a*）ながらも、共感的にその願望をひととき引き受けていくことも必要となろう。ただ、融合感・一体感を保証するだけのセラピストの共感的対応では事態が進展しないのは、臨床素材に示した通りである。C子の理想化転移はますます強烈になり、まるで具象的な一体化を求めるかのごとくにまで昇り詰めていった。

こうして転移神経症が最高潮になると、そこからは逆に、対象との「分離」やそれに伴う「モーニング・ワーク」の課題が次第に重要な意味を持つに至る。C子は筆者への理想化の裏にある分離感・孤独感に、幼児期の回想とだぶらせながら次第に目を向けるようになり、一体化できない痛みに気づいていった。その分離の痛みに対して、筆者はしみじみとした哀感を込めて解釈できるようになったのである。ここには、分離の痛みを理解し、共有しながらも、なおかつお互いが別個の存在であるのを認める、というパラドキシカルな共感のあり様が見て取れる。転移神経症の形成途上での「融合としての共感」に比べ、ここに示される「分離としての共感」においては、お互いが個として分立しているという、人間存在の本質に関わる奥行きを含んだ〝共感〟の姿が提示されている。

二つの〝共感〟を今一度整理すれば、「融合としての共感」は、第一義的にはロジャーズ(1957)の言うように、心理療法の三原則に数えられる、セラピストの守るべき基本的態度の一つである。その次の意義としては、ウィニコット(1965b)の発達論に見られるように、治療初期や転移神経症が形成されていく途上における、患者の絶対依存願望に基づく融合的「一体感」幻想の保護・育成であろう。一体感幻想の早過ぎる幻滅が「侵害」になるというのは、ウィニコットのとみに指摘したところである。

もっとも、そうした意味での〝共感〟や共感的理解・共感的態度は、諸家によってつとに指摘され、強調されてきたところなので、その重要性は充分に吟味されていると言えるだろう。筆者の提示した「分離としての共感」概念は、とかくその陰に隠れ、看過されがちであったが、対象との「分離」やその「モーニング・ワーク」のテーマを考えるうえで、その意義は強調されてもよいものと考える。

従来の〝共感〟論で、こうしたパラドキシカルな感覚を備えたものとして、日本においては成田の論考(1993, 1999b)が挙げられる。成田(1999b)はセラピストの〈逆転移〉の効用を論じるなかで「治療者が自分の心の井戸を深く見通してみることで、患者の心の井戸と通底する孤独感に至ることができた」と述べている。いわゆる〈投影同一化〉に基づく患者理解と言えよう。それによってセラピストは、それまで患者の尊大な態度によって阻まれていた、患者の内的世界とセラピストの内的世界の重なり合いを再発見し、共感の表明としての解釈が生まれると論じている。ここには、セラピストと患者のこころが通底したところから生まれる、共有感としての共感が語られている。岡田(1999)の言う、セラピストが「相手の中に自分を見出す」ような同型体験としての共感も、それを支持するものであろう。

ただし、成田がここで、こころの井戸の中に見出した感覚が「孤独感」であったことは、とても意味深い。なぜなら、孤独は個の分離の自覚からもたらされる感覚であり、それを共有したところで一直線の融合感には結びつくことはできない。「孤独を孕んだ共感」というスタンスしかとりようのない、パラドキシカルな関係性がそこに現出するからである。そのあたりの事情を、成田(1993)は「かなし」ということばを借りて説明している。「かなし」は「分離し独立した個であること、そうでしかありえぬことのかなしみということになり」、それゆえに「かなし」は、他者に対する慈しみにも繋がるような「共感といわれるものの根底に存在する感情であろう」と論じている。すなわち、分離し独立した個同士は、かなしみの共有感によってお互い架橋されるわけであるが、もう一方では、互いに分離している以上、決して融合感・一体感の万能的実現とはいかないのである。まさに、成田の「かなし」論は、〈抑うつポジション〉での分離感を私たちが達成するときの、一つのあるべき姿を提示していると言える。

「融合としての共感」は、分離独立が課題になる治療後期、〈抑うつポジション〉のワーク・スルーを迎えていくにつれ、次第に「分離としての共感」に席を譲っていくことになるのではないか。そうした認識をセラピストが持つことにより、〃共感〃という座標軸に添っての患者の課題がより明確になろうし、その時々に患者に必要とされるセラピストの共感的態度も自ずから吟味することができる、と筆者は考える。

おわりに

本章では〃共感〃の二種を弁別し、特に「分離としての共感」においては、従来、看過されがちだった分離と結合という、パラドキシカルな奥深さが秘められていること。そして、この共感の概念を認識することにより、対象との分離が課題とされるような症例において、その治療的課題がより明確になり、セラピストの共感的態度の質も検討できることを論じた。

対象関係論のパースペクティブから導き出された「融合としての共感」と「分離としての共感」という視点が、〃共感〃概念の再考に資するところあれば幸いである。

あと知恵

本章は、二〇〇四年『心理臨床学研究』22-1が初出であり、それに加筆訂正したものである。

〝共感〟というテーマに関しては、筆者は、臨床の仕事を始めた当初から、喉もとに突き刺さった魚の小骨の如く、いつもどこかで気にならずにはおられない問題であった。というのも、臨床の現場で患者さんと相まみえていると、ロジャーズの言うようなほどよい共感ができないことを度々経験したからであった。共感どころか、むしろ内心腹が立ってしまったり、嫌悪感を抱いたり、それとは逆に過剰に惚れ込んだり、対象の姿が見えないほど共感してしまうこともしばしばだった。「共感不足」の時は、自らを心理療法家に向いていないのではないかと徒らに責め、「共感過多」の時は、あとで手ひどいしっぺ返しを食らい、とかく〝共感〟の御旗は、罪作りな仕業を筆者に仕向け続けた。

この拙論は、それに対する一つの回答と言ってよいだろう。「分離としての共感」という視座を自覚的に保持することにより、筆者は自分がようやく〝共感〟の御旗に振り回されずにおれるようになったと感じている。対象がどれほど「一体化」を強烈に求めてこようと、その一皮先には「孤独」や「分離」のかなしさが相貌をのぞかせている。「一体化」と「分離」は、同じ顔の別々の横顔に過ぎないのだ。

成田の「かなし」論は、日本伝統の「もののあはれ観」（例えば小林秀雄）をすぐれて臨床的に感知した洞見である。その洞見が遠くイギリスの対象関係論の〈抑うつポジション〉と通底しているのだから、あらためて臨床とは奥深いものだと思う。

臨床篇

この《**臨床編**》は、筆者の臨床実践の集積であり、本書の中核を構成する。「不安神経症（パニック障害）」「スキゾイド・パーソナリティ」「摂食障害」「心的外傷」「虐待・いじめ」「抑うつ性障害」など、筆者が日々の臨床のなかから得た情動的経験を、対象関係論のフィルターを通して、文章に表そうとしたものだ。

対象関係論は、患者理解を「不安」とその「防衛」、「無意識的空想」の解明を機軸に展開させる。筆者の視座もそれから逸れない。具体的に示せば、不安神経症に関しては「依存と軽躁的防衛」、スキゾイドは「異人空想と投影同一化」、摂食障害は「こころの物化と自己愛機制」「身体排泄機能と投影同一化」、心的外傷は「内的不安とそのドラマタイゼーション」「外的外傷と倒錯的内的対象関係」、虐待・いじめは「投影同一化とマゾヒズム」、抑うつ性障害は「不在の乳房と早期エディプス・コンプレックス」などなどである。いかにも対象関係論、なかでもクライン派らしい概念や用語が並び立っている。

そのなかでも、筆者の臨床には、ビオンの影響が年々強くなってきている。すなわち、不安の背後に「不在」「喪失」「痛み」などの抑うつの〝痕跡〟を見ようとするバーテックス（視点）である。ビオンによって精神分析は「不安」から「痛み」へのパラダイム・シフトが起きたと言っても過言ではない。この点は、それぞれの章の最後に添えた「あと知恵」を読んでいただくと、筆者の今昔の違い、ビオンからの影響の足跡を感じとっていただけるはずである。

読者のご感想、ご批評などを賜ることができれば幸いである。

第一章　不安神経症（パニック障害）

はじめに

従来、不安神経症（パニック障害）(1)は、複雑な心的葛藤の少ない神経症と考えられてきた〔西園 1978〕。このことは、そもそも「不安神経症」の命名者であるフロイト *Freud, S. (1895 b)* 自身が、不安神経症を現実の性生活上の問題に起因するとし、心的葛藤のない神経症（現実神経症）と位置づけたことにも、その一因は挙げられるであろう。さらに、西園が指摘するように、不安神経症が簡単な薬物療法程度で容易に寛解し得ることにも、不安神経症の精神力動や心的葛藤に、従来あまり注目されなかった理由はあろう。

しかし筆者は、不安神経症の心理療法過程のなかで、患者の内省が深まるにつれ、対人関係における微妙な気遣いや、その気遣いの背後にある対人不安などが表明されることを度々経験してきた。すなわち、それまで素直で従順で、人間関係を無難に過ごしてきたと思われていた不安神経症者において、その表面的な人当たりの良さの裏側にある、彼らの隠された気遣いが告白されるのである。それは、これから提示するケースでは【症例3】において、「縁切れ」が一番厭なことば、というかたちで表現された。つまり、人と争いをすると、もう仲直りできなくなり、縁が切れてしまうと思って、人との争いを巧みに避けてきた、というのである。

今回とりあげるのは三症例に限られているが、従来複雑な心的葛藤の少ないと考えられてきた不安神経症者の発症契機・生活史・治療関係をもう一度洗い直し、不安神経症の精神力動を検討したいと思う。なお、これら三症例は、DSM-Ⅳ-TRによれば Panic Disorder with Agoraphobia と診断されるものである。すなわち「外出恐怖を伴い、不安発作と予期不安を中心症状とする」一般的な不安神経症者である。以下に症例の概略を示そう〔プライバシー保護のため、本論の主旨を損なわない程度に事実レベルでの改変を施してある〕。

臨床素材

【症例1】D男

初診時三十代後半、男性。めまい・動悸・外出恐怖を主訴に来院。

自営業の家庭の第二子として生まれる。小さい頃から家業が忙しく、両親とも仕事から手が離せなかった。生まれてすぐにD男は、兄とともに母の実家に預けられた。当時、家業は繁盛し、家には女中や丁稚奉公の人が常時数人いて、賑やかだった。幼稚園からは、D男は女中に育てられたが、人見知りが強く、幼稚園もよく休んだ。

小学校に入ってからも、恥ずかしがり屋で大人しく、目立たなかった。D男を育てた女中は、小学校高学年までに何人も変わった。小学校低学年の時に面倒を見てもらった二番目の女中に最も可愛がってもらった記憶があるが、その女中が辞めた時も、それほど悲しかった覚えはない。両親の記憶に関しては、母親は、厳しくはなかったが、仕事に追われており、あまり可愛がってもらった覚えはない。父親の方は厳しく、言うことを聞かなかったりすると、殴られて押し入れに入れられたこともある。中学校に入ってからは、女中はいなくなった。この頃からD男の性格も変わり、皆と騒いだり目立ったりすることが好きになった。成績はあまり良くなかったが、ひょうきんで、仲間は多かった。高校に入ってからも、その傾向は続き、不良行為まではいかないが、授業をサボって友達と遊びに行ったり、徹夜で麻雀などをして騒いだりすることが好きだった。高校卒業後は、家業の修業のため上京し、数年、飲食店で働いた。この期間は友達も多く、恋人もいて、遊び回って、「一番幸せな時期」だった。

二十代前半で、家業を継ぐため呼び戻された。三十代になると、親の勧めで見合結婚するが、ストレスを強く感じるようになってきた。というのは、結婚前は自由気ままだったが、結婚後、母親と妻との折り合いが悪く、結婚後数年ほどした頃から、毎日、妻の愚痴を聞かされるようになったからだった。妻の愚痴を聞きたくないがために、夜、飲みに出かけることも増えたが、そうするとますます妻の機嫌も悪くなり、D男は夜出かけることも制限されるようになった。三十代半ばのちょうどその頃、早朝野球をしている時に、めまい・動悸がするようになり、以後、外出が恐くなった。「外出中に気分が悪くなったらどうしよう」「心臓があおって死んでしまったらどうしよう」と、家から一歩も外に出られなくなった。一箇月ぐらい家に閉じこもっていたが治らず、精神病院に通院した。投薬治療を受け、不安は軽減するも、妻か母親か肉親が一緒でないと外出できず、その範囲も、近隣を越えることができなかった。このような状態が一、二年ほど続き、症状があまり変わらないということで、当院に転院してきた。

【症例2】E男

初診時三十代半ば、男性。動悸・息苦しさ・外出恐怖を主訴に来院。

第一子として出生。三人同胞。父親は会社員、母親は畑仕事。田舎育ちで放ったらかしだった。父親は仕事熱心で、E男にも勉強のことは口うるさかった。母親は淡泊な性格で、特に冷たいわけではないが仕事が忙しく、本当にやさしくしてもらった記憶はない。夫婦仲は悪い方で、よく喧嘩をし、母親が一日ほど家を出ることもあった。

E男は小さい頃から、親に助けを借りたり頼ったりすることがなく、負けず嫌いのガキ大将だった。小学校高学年の時に、中学生数人相手に喧嘩をし、顔を血で真っ赤に染めながらも睨みつけたので、相手が怖れをなして逃げていったこともあった。その時も、母親に泣きつくようなことはなかった。中学の時も、皆を引き連れガキ大将で遊ぶ方だった。高校時代も、リーダーシップをとる方だった。教員を志していたが大学受験に失敗し、高卒後、事務系の職業に就いた。それとともに夜間大学にも通った。体力には自信があったので、仕事はバリバリとこなし、さらには組合でも若手組員としてリーダーシップをとり、旅行や遊びなど、「バラ色の独身生活」だった。

二十代半ばで恋愛結婚。結婚後、遊びは辞め、出世を生き甲斐に仕事で頑張った。家庭生活も、仕事面でも、順調な日々が続いたが、三十代半ばで初めて仕事で行き詰まった。それまでは、手懸けた仕事で失敗することはなかったが、この時期、調べても原因がわからないトラブルが続出した。今まで人に相談したことがなかったので、相談する上司もおらず、仕事にも初めて自信を失いそうになった。ちょうどその頃、同僚二、三人とゴルフをしていた時、急に胸苦しくなり、「死ぬのではないか」とたまらなく不安になった。同僚に、病院へ連れて行ってくれるよう頼むと、同僚は救急車を呼んでくれただけで、後はまたゴルフのラウンドに戻って行った。「なんて冷たいのだろう」と思い、E男は初めて、自らの心細さと人の冷たさを思い知った気がした。一箇月間検査入院し、異常がないということで退院したが、その後も「いつまた発作が起こるのだろうか」という不安は消えなかった。したがって通勤も、知り合いが一緒でないと電車に乗れないような状態だった。近医で安定剤をもらい、何とか仕事は続けていたが、仕事中にも脂汗が出たり、めまいがしたり、半病人のような状態だった。そういう状態が数年続き、当院来院。

【症例3】A子

初診時、三十代前半、女性。動悸・外出恐怖を主訴に来院。

三人同胞。小さい頃から両親の喧嘩が多く、A子が保育園の頃は、幼心にも「いつ親が離婚するだろうか」と不安だった。母がいないと探し回ったし、保育園から帰宅すると、母親の整理箪笥を調べ、まだ母が家を出ていないことを確認して安心することも度々だった。父親は製造業で、無口で真面目な仕事一途の人。母親は明るくお喋りで、喧嘩はもっぱら母親がガミガミと父親に喰ってかかった。普段は大人しい父親も時には怒り、母親に『出て行け』と言うこともあり、実際母親が家を出たことも数回あるという。

A子の幼少期は、母親も働いていたので、鍵っ子で淋しかった。しかし、小学校中学年頃になると、次第にお転婆になり、友達もたくさん出来、目立つようになった。中学・高校も、成績は良く活発で、先生からも、素直で、元気で、明るい子という評価を受けていた。母親との関係は、母も仕事で忙しく淋しい思いもしたが、母も元来陽気な人なので、両親の喧嘩がない時には、冗談を言い合ったりして、よくおしゃべりした。高校卒業後は小さな会社に就職し、仕事も楽しく、家では母と妹と女三人で、会社の出来事を話したり、テレビを見て冗談を言ったりして、一日中笑っている感じで、「この世の天国」だと思った。

このような幸福な時期が数年続き、昔から付き合っていた男性と二十代前半で結婚。だが結婚後、生活は一変し、夫の帰りは毎日夜中近く、話相手もおらず孤独で淋しい毎日だった。仕事も結婚と同時に変わったが、そこでも、おばさん連中からいびられ辛い思いをした。夫は、付き合っている頃から冷たい人だと思っていたが、『淋しいから早く帰って来て』と言っても『甘えている』と言って取り合わなかったり『愚痴は聞きたくない』と突き放されたりした。結婚後数箇月した頃、最初の不安発作が起きた。夫の帰りを一人で待っている時に息苦しくなり、「死ぬか」と思うほど不安になった。夫に『病院に連れて行って』と頼んでも、『気の持ちようだ』と言われ取り合ってくれなかった。この頃の夫の冷たい仕打ちに対して、A子は後々まで深く恨むことになる。夫が傍にいないと、いつ不安発作が起きるか心配でたまらず、外出も、近所の買物ぐらいしかできない生活が続いた。近医内科で安定剤をもらう生活を七、八年続けていたが、外出恐怖は治らず、また慢性の不安状態も変わらないので、当院来院に至った。

不安神経症者の不安の病理

発症契機に関して

不安神経症の発症契機に関しては竹内ら（1984）の研究が詳しい。彼らは一一八例の自験例を調査し、不安神経症にとって、本人やその身内などの身体的不調や病気・肉体的疲労、すなわち身体・生命の安全を脅かすような危険を孕んだ状況が、最も発症契機となりやすいことを挙げている。同様に小松ら（1976）も五八例の不安神経症者について、身体的な病気や怪我などが初回発作のきっかけになりやすいと述べている。また水野（1981）も、発病状況に過労が誘因として挙げられるとし、中村（1987）も「身体的生命の危機」が発病状況に関与していると結論づけている。

このように不安神経症の発症に関しては、従来「身体や生命の安全を脅かす状況」が契機となりやすいと考えられ、対人関係的な側面や心的葛藤はあまり注目されてこなかったようだ。だが筆者の提出した三例においては、発症契機に「対人関係要因」が少なからず関与していることが認められる。すなわち、【症例1】は、妻との折り合いが悪く、妻の家出や離婚の危機が生じている時に発症し、【症例2】は、仕事上の初めての行き詰まりとともに、相談する上司や同僚のいない孤立した状況のなかで発症している。【症例3】もまた、結婚による生活変化とともに、職場では先輩の中年女性からいびられ、家庭では夫の帰りが遅く、夫が冷たいという状況のなかで発症している。

こうした発症状況は確かに、西園（1978）が指摘するように、家庭・職場の問題など、現実生活上の出来事に起因するところが大きいとも考えられ、その意味で「現実神経症」と呼ぶにふさわしいのかもしれない。しかし筆者は、その現実生活のストレスの背後には「無意識的な対人不安」が潜み、それが不安神経症の病理に少なからず関与しているのではないか、と考えている。ここでとりあげた三症例の発症契機を見ても、現実生活上の困難の背後には、対人関係における「孤立」「行き詰まり」などの問題が微妙に影を落としていることが窺えるのである。

そこで次に、不安神経症の生育史を検討することによって、さらに検討を進めたい。

生育史に関して

不安神経症者の生育史に関しては、従来あまり注目されてこなかったようだ。だが、ここでの三症例を顧みると、そこには共通した特性が認められる。

【症例1】D男は、家業が忙しく母親も仕事に追われていたので、母の実家に預けられたり女中に育てられたりして、母の養育を受けることが少なかった。また【症例2】E男は、田舎で育ち母は畑仕事に忙しく、「放ったらかし」という感じで育った。そして喧嘩をして血を流しても母親に泣きつくようなことはしない、甘えることの少ない子どもだった。【症例3】A子は、両親仲が悪く、幼少期からいつ両親が離婚するか心配だった。さらに、母親は働いていたので鍵っ子で育ち、子どもの頃は淋しいことが多かった。すなわち、これらの症例に共通するのは、「家業が忙しい」「母親が働いていた」「両親仲が悪い」などの家庭の事情により、母親との関わりが乏しく、母親に甘えることの少ない幼年時代を送っていた、ということである。筆者の他の経験でも、家庭の事情などにより、幼少期に母親との関係が稀薄で、依存体験の乏しかった不安神経症者は、意外に少なくないのではないかという印象がある。

もっとも、ここで「依存体験の不足」という大括りの枠づけでは、不安神経症者の「依存」の問題を正確には表せない。それは、境界例やパーソナリティ障害などの「依存」の病理とは明らかに違うからである。すなわち、境界例などにおいては、母親に甘えられなかった体験が「母親が自分のことを愛していなかったり、自分が愛されないような悪い子どもであったりするせいだ」というように、悪い対象―悪い自己体験として主観的に内在化されている。そのため、自己のパーソナリティへの強烈な罪責感に繋がったり、逆に、母親に激しい怨みを抱いたりもする。

それに比して不安神経症者においては、依存できなかった体験が「母親から愛されていなかった」というような主観的な内的体験に結びつくことは少ない。あくまでも家庭の事情であり「仕方のないこと」として捉えられているのである。【症例1】D男は『家業が繁盛していたから仕方がない。女中さんに育てられたということで、別に淋しくはなかった』と振り返り、【症例2】E男は『田舎だから、放っておかれてもそれが当たり前と思っていた』、【症例3】A子も『両親の仲が悪く、母親が働きに出ていたのは淋しかったけど、それも仕方のないことだと思っていた』などと語っている。

ここに不安神経症者の「不安」を巡る病理のあり様の特徴が窺える。すなわち、彼らは境界例とは違い、甘えられなかった「依存不足」を、悪い母親―悪い子どものようなパーソナルな内的事情に還元させるのではなく、あくまでも「家庭の事情だから仕方がない」というように、外部要因に帰着させている。したがって、彼らの内的な家族像・自己像自体は、境界例のように損傷されるところが少なくて済んでいるのである。

さて、このように幼少期の「依存できなかった体験」を、彼らがその後の生い立ちのなかでどのようなかたちで修復していったかは、注目に値すべき問題である。すなわち、このことは言い換えると、不安神経症者が依存できなかったことからくる「淋しさ」などの抑うつ感情を、その後の生活のなかでいかに防衛し、適応を図っていったか、という観点と同じくする。三症例のその後の生活史を辿ってみよう。

D男は、女中に育てられ、人見知りが強かった小学校時代の後、中学に入ってからは、ひょうきんな性格に変わり、皆で騒ぐことが好きになった。その性格が遺憾なく発揮されたのは高卒後の修業時代で、D男自身「一番幸せな時期」だと振り返っている。E男は、田舎で放ったらかしで育ち小学校時代からガキ大将で、中学・高校時代も、引き続きリーダーシップをとる性格だった。また、E男にも華の時代はあり、就職後は仕事に遊びに「バラ色の独身生活」を送ったという。A子は、母親がいつ家を出てしまうか心配だった幼少期の後、次第にお転婆になり、中学・高校時代と、元気で明るい性格として育っていった。その後就職してからは、家庭でも仕事でも楽しく「この世の天国」と述懐するような時代を堪能している。

こうして見てくると、依存体験の乏しかった幼少期の後で、三症例とも、生活史上のある共通点を抽出できる。それは、幼少期に依存体験が乏しかったわりには、その後の生活において、それを感じさせないような明るい性格となり、発症するまでは、人とのトラブルも少ない楽しい時代を過ごしている、ということである。そして、青年期には、何をするにも順調で楽しかったという「黄金時代」〔水野 1991〕、あるいは「無時間的楽園構造」〔荒井 1985〕とでも言うべき一時期を謳歌している。要約すれば、彼らは、依存体験の乏しかった幼少期の後、それを家庭の事情だから「仕方のないこと」として割り切り、その後、その淋しさを感じさせないような明るい性格となり、発症に至るまでは、人との対人トラブルの少ない生活を、時に「黄金時代」を築き上げながら、順調に過ごしてきたのである。

次には、このような不安神経症者の発症契機・生育史上の特徴などが、面接のなかでどのように顕現してくるのか検討したい。このことは、「複雑な葛藤が少ない」と言われる不安神経症者の内的世界に近づくのに、重要な手掛かりを提供してくれることになるだろう。

心理療法の経過および治療関係

不安神経症の治療関係が穏やかな〝陽性転移〟を軸に展開することはよく知られているところである〔下坂 1978〕。彼らは案外、軽口や冗談が好きで、セラピストに対して淡い好意を抱き、いわゆる良い関係を作ろうとする。しかし境界例やパーソナリティ障害のように、セラピスト–クライエント関係という枠を飛び越えるほどの個人的な愛情・献身・共感を求めることはない。彼らは枠内で安定している。それゆえ、彼らがセラピストに対して向ける陽性転移は、セラピストにとって困らせられる質のものではなく、むしろ逆に、ラポールを作るという観点からすれば、治療関係を促進させるような利点もあるので、従来ことさらに問題視されるところは少なかったように思われる。

しかし筆者の観点からすると、不安神経症者がそもそもセラピストに対して向けてくる淡い〝陽性転移〟は、基本的には彼らの心的防衛機制であると理解される。その見解を検討するために、ここで各症例の治療経過を提示したいが、全ての症例の治療経過を素描することには無理があるので、まず【症例1】【症例2】の心理療法過程のポイントを踏まえた後で、精神分析的な心理療法を行った【症例3】を詳しく報告したい。

【症例1】のD男も【症例2】E男も、最初からセラピストに対する淡い〝陽性転移〟を向けた。D男は、面接のなかで次第に冗談や軽口を飛ばし、そのような関係のなかでセラピストへの甘え・依存を享受しているようだった。セラピストとのこの関係は、D男が独身時代に明るく軽躁的に人付き合いしていた頃の再現のようにも思われた。その後D男は、セラピストとの陽性関係をバネに、現実生活においても同業者の仲の良い飲み友達を作ったりして、元来のひょうきんな生き方を取り戻し、発症の引き金となった妻の愚痴から逃れた。その後、神経症は寛解していった。E男も、D男と同様、セラピストに対して淡い陽性感情を抱き、時々冗談を言ってはセラピストと馴染みの関係を作ろうとした。そしてやはりセラピストとの陽性関係をバネに、現実の人間関係を修復していった。ただしE男の場合、D男と違うのは、病前の適応パターンにただ単に戻っただけではなく、セラピストのことを良き相談相手であったと振り返り、現実生活においても、やや内面的な人間関係を求めるようになった点である。

この二症例の治療で共通していることは、治療関係が淡い〝陽性転移〟を軸に展開しており、セラピストはその転移の在り方は分析せず、「良き相談相手」などのかたちで支持的面接を行って、症状が軽快していったことである。不安神経症の治療経過としては、おそらく一般的なものであろう。

【症例3】に関しては、治療関係を検討するため、次に少し詳しく触れたい。A子は、最初から夫との葛藤が自覚的であり、言語化能力も高いことから、対面法による週一回の精神分析的心理療法を適応した。

〔第一期——開始〜約六箇月〕　A子は面接当初から『夫がもっとやさしかったら、不安神経症にならずにすんだのに……』と、夫に対する不満・怨みを吐き出した。『早く帰って来てほしかったのに、いつも帰りが遅かった』。夫はもともとやさしくはなかったが、それでも『「自分で治さなければ治らない」と言われた時には、すごく腹が立った』。さらには、嫌いな職場の先輩の愚痴などもよく話した。『先輩と話すとドキドキしてしまう』『病院に来る時に、先輩に仕事を頼まなければいけないので、いつも先輩の機嫌をとってしまう』と。しかし一方、A子の陳述は『また夫を悪者にしていますね』『私も勝ち気なんですね』などと反省も見られたり、セラピストに軽く甘えるような口調や、時々軽口もあったりして、聞き苦しいものではなかったが、それでもセラピストは、いわばA子の愚痴の聞き役にされることが多かった。それに対してセラピストが《夫や先輩に対しては「理解がない」とか「冷たい」ということで怒れるようですが、私に対しては、不満を感じたことはないですか》と返しても、『先生に話を聞いてもらえると、スッキリする』『ここで話すと、「自分も勝ち気なんだ」とか、いろいろ気づいていい』など、一貫してセラピストに対する陰性感情は否認し、肯定的評価を表明した。そして現実生活でも、セラピストに対する淡い陽性感情をバネにして、発症以来初めて車で市外まで一人で外出でき、症状は案外早くから軽快した。

〔第二期——約六箇月〜約十箇月〕　セラピストはA子にとって「何でも話を聞いてくれる」相手だったが、それは同時に、愚痴の聞き役をも意味した。そしてこの関係こそ、彼女が自ら「一番幸せだった」と語る「この世の天国」の母親との関係の再現であると考えられた。すなわち、母親に対するのと同様に、セラピストのことも緩やかに理想化し、A子の愚痴や不満を何でも受け入れてくれる受皿をセラピストに期待していた。そもそもA子が夫に期待していた役割も、明らかに、何でも話を聞いてくれるやさしい母親像だった。

セラピストはこの万能的期待に基づいた関係性自体を扱っていく必要性を次第に感じだし、こう解釈した。《私に対しては、何を言っても受け入れてくれるようなお母さんのような役割を期待して、あなたはここで思ったことを話しているわけですね》。A子はそれに対して『そうかもしれない。先生も私の愚痴ばかり聞いていて、内心うんざりしているのではないか』と、初めてセラピストに対する遠慮がちの陰性感情を言語化した。さらに、それまで全て受け入れてくれるとばかり思っていたセラピストに対して、こころの距離間を意識した発言が増えてきた。『先生も、仕事だから私の話を聞いているんだろうな』『内心は聞きたくないけど話を聞いているのかもしれないと思うけど、でも私は先生に話を聞いてもらうと、気が楽になるというか……』。そして、実はA子自身が人の話に対して、頷いて調子を合わせているだけの関係を作ってきたということが、その後の面接において明らかになっていった。『私って、誰とでもうまくやっていきたいと思う。だから、先輩が愚痴をこぼすのを聞きたくないなと思っても、頷いて合わせてしまう』。

A子はここに至って、自らの対人関係を顧みる内省的な地平に足を踏み入れるようになった。これまでの人間関係において快活に明るく適応してきたのは、表面的に調子を合わせていた面が強かったのではないか、と。さらにその裏には、少なからぬ対人不安が介在していた。つまり、それまで「何でも話せる」と思っていた母親との関係でも、実は心配をかけるような深刻な話題は言えなかったことを回想するようになった。『病気になった頃、夫が冷たくても、母親には言えなかった。言うと、心配するし、私たちの夫婦関係はうまくいっていると思っていてほしかった』『独身の頃、楽しかったのは、冗談ばかり言ってたからで、付き合っていた頃の旦那が冷たくても、相談したことはなかった。あまり母親には心配を掛けたくなかった』。今でも母親に対して心配させたくないから、自分が神経症で病院に通っていることも告白できない、と語った。すなわち、母親との間ですらA子は気を遣い、母親に心配を掛けまいとし、冗談ばかり言って軽躁的な関係を作り上げてきたことを、内省するに至ったのである。

［第三期――約十箇月〜二年弱］　この時期A子は、包み隠さず話してきたつもりだった母親との関係が、実は深刻な話題を避けた上に成り立っていること、さらには、明るく楽しい人間関係を営もうとする気持ちの裏にある「孤独感」をも自覚するようになった。『小さい頃から「親に甘えるんじゃない」とよく言われた。泣いても「甘えてちゃだめ」と言われて、泣いても無駄なんだなと思った。それで、いつもしっかりした明るい子として通ってきた』『例えば、小さい頃、泣きますよね。「泣いてごまかそうとしたらだめ」と言われた』。A子のしっかりした外面の裏には『小さい姪の家に遊びに行って、帰りに「おばちゃんまた遊びにきてね」など言われると、もう、涙が出そうになってしまう。すごく可愛くて、帰りたくないなと思う』というような人恋しさが隠されていたのであった。さらに、自分の生い立ちを振り返り『物心つく頃から、いつ親が離婚するかとびくびくしてきた。保育園から帰るといつも母親の箪笥を開けて、まだ母親が出て行ってないことを調べて安心していた』と、孤独で心細い幼児期を回想した。

だが、実際にA子の口から、自分が母親に心配をかけたら母親が居なくなってしまう、というような「見捨てられ不安」が語られることはなかった。わずかに、母親に神経症のことを打ち明けることができない、と語った時など、『どうしてこんなに、身内にまで気を遣わなきゃいけないんだろうか』『良い子というのが崩せないんですよね。母親をがっかりさせたくない』など、母親を気遣う自分というものに、いぶかるような眼差しは向けるようになった。A子としては、母親をひどく落胆させてしまうことが、なぜだかよくわからないが耐えられない事実だったのだ。

それでも、セラピストとの間で、母に対する気遣いや不安を言語化したことは、現実の母親に対する不安を低下させることに繋がった。『思い切って、母親に、病院に通っていることを言ってみる』と宣言し、A子は母親に自分が神経症で通院していることをようやく告白できた。その時の母親の反応は、『あんたもいろいろ苦労しているね』など、案外あっけらかんとしたもので、A子としては拍子抜けだった。「しっかりした良い子」というイメージを崩してしまうと母親がすごく心配してがっかりしまうのではないか、という危惧は徒労に終わり、この後A子は、十年ぶりに、家族と一緒に近くの山まで行楽に出掛けている。

その後、現実の母親との関係は徐々に修正された。すなわち、『甘えているんじゃない』と言われる不安が減り、明るく楽しくという関係を軽躁的に作る必要性も減じていった。だが、『「縁切れ」ということばが一番厭』と言うように、A子の対人不安は容易ならざる面もあり、依然として夫や母親と「冗談だけのうわっつらの関係」で繋がっていると感じられたり、甘えられない孤独感を抱いたりもした。しかし、A子にとってはその孤独感は、昔に比べ、自覚的で保持できるものに変わっていったのである。

一方、治療関係に関しては、淡い〝陽性転移〟はそれまで同様に続いていた。その裏にあるだろうと予測される〝陰性転移〟は、第二期において語られたこと（「先生も私の愚痴を聞いていて、うんざりするのではないか」など）以上には新たに話されることはなかった。ただ、セラピストとしては、母親に対する気遣いや不安は潜在的には転移されていると考え、A子がセラピストに合わせたように話す時や、夫との関係を面白おかしく話す傾向の強い時など、言ってみればA子がセラピストにとっての良い子になり過ぎていると感じられる時には、《あなたはいつも私の言うことに同意しているが、反論すると私が傷ついたりすると思って、私に合わせているのではないか》などと解釈していった。そのような時A子は決まって否認し『先生には不満を感じません』などと答えるのが常だったが、セラピストの解釈がA子の態度を変化させることは度々見られた。すなわち、セラピストとの間で楽しい雰囲気を作ろうとするA子の面接態度にブレーキがかかり、夫の不満を言うにしろ、よりまじめな調子になった。A子は『先生から「不満があるのではないか」と言われるのは、あまりうれしい気がしない。先生の方こそ、私の愚痴ばかり聞いていて、厭になっているのではないかと思ってしまう』など、セラピストとの一体感が崩れた時の「淋しさ」を、「恨みがましさ」の心境を交えて吐露している。

その後、セラピストとの間では、まさにその淋しさに直面しなければならない別れの問題が、A子の意識に浮上してきた。『いつまでも先生に頼っていてはいけないと思う』『すごく先生に依存していると思った。先生にもう来なくていいと言われたらどうしようかなと思った』。セラピストとの別れに際しての孤独感を、いかに否認せずに乗り越えていけるかが、A子にとっての最後の課題であった。

孤立への不安

これまでに論じたことを踏まえて、不安神経症における不安とその心的防衛機制に関して検討してみたい。不安神経症は、発症契機からして「対人関係の孤立」が隠れた誘因になり得ることを示してきた。生育史からは、家庭の事情などにより、彼らが甘えるところの少なかった幼少期を過ごしてきたことを見てきた。さらに、治療関係のなかでは、【症例3】における『縁切れ』が一番厭なことば」という表現に端的に示されるように、彼らの根底にある対人不安の一端を明らかにしてきた。このように見てくると、不安神経症者の根底的な不安として「孤独」やそこから来る「対人不安」の問題を抽出しても、あながち穿った見方でもないだろう。下坂 *(1978)* も臨床経験から「彼らが幼時から少なからざる対人的な不安におびやかされて成長してきたのではないか」と指摘している。

さらに筆者は、不安神経症の「外出恐怖 *Agoraphobia*」という病態においても同種の不安が表れているのではないかと考える。そもそも不安神経症において、予期不安のために外出恐怖に陥りやすいことは、臨床上よく知られるところであるが〔高橋 *1989*〕、ここでの三症例とも、発症以後、外出を極度に恐れるようになり、外出の際には必ず同伴者を必要とした。しかもその同伴者は、身内（特に夫や妻）でなければならず、さらに興味深いことに、その身内である夫や妻との関係が必ずしも良好とは限らないにもかかわらず、なのである。

このような外出恐怖の同伴者を必要とする心性に関しては、従来さまざまに論じられてきたが *(Deutch, H., 1929 ; Bowlby, J., 1973 ; Frances, A. et al., 1975 ; Salzman, L., 1982 ; Kohut, H., 1984)*、八島 *(1988)* の総説によると、近年、外出恐怖の研究においては、対人的葛藤（特に配偶者や両親といった重要な他者を巡る葛藤状況）の役割が重視されるような趨勢にあり、八島自身も、外出恐怖を分離不安の病理として理解できると結論づけている。実際、ここでの症例でも【症例1】【症例3】において、夫婦仲が悪いにもかかわらず、配偶者が同伴しないと外出できなかったり、外出の際、他人では安心できないという過剰な身内への依存が見られたりした。その過剰さのなかに、不安性愛着 *(Bowlby, J., 1973)* や、同伴者に対する心理的共生 *(Frances, A. et al., 1975)* などの心性を読み取ることも可能であろう。すなわち、外出恐怖という病態の背後にも、「縁切れを恐れる」心性に繋がる分離不安の問題が隠されているかもしれないのである。

さて、不安神経症の不安として、依存体験の乏しさからくる「孤独」や「淋しさ」のテーマをとりあげてきたが、次に照準を当てて然るべきは、それらの感情を彼らがいかに防衛し適応を図ってきたか（心的防衛機制）であろう。

心的防衛機制としての軽躁的防衛

これまで見てきたように、不安神経症者は、幼少期の後、依存できなかったことからくる淋しさを「家庭の事情だから仕方がない」こととして割り切り、否認する傾向にあった。もっとも、実際その否認が成功し、現実生活では人とのトラブルの少ない明るく楽しい生活を送り、「黄金時代」と呼ばれるような幸福な一時期を築くことも珍しくなかったようだ。すなわち、ややマニックに抑うつ感情を否認し、軽躁的に生活していくことに成功したといえよう。さらに治療関係においても、彼らはそれまでの人間関係と同様に、セラピストと良い関係を作ろうとした。このように不安神経症の〝陽性転移〟は、基本的に彼らが幼少期の「淋しさ」を防衛するために作り上げてきた適応パターンをセラピストに転移したものだと考えられた。陽性転移の裏にある〝陰性転移〟への解釈は、A子には否定されることも少なくなかったが、セラピストとの心的距離を意識させ、軽躁的な面接態度を変えたり内省的にしたりする効果は見られた。すなわち、それまで無自覚に振舞ってきた「明るく、楽しく」という軽躁的適応パターンは、セラピストの解釈によって、対象化されるべき客観的な現象と化したのである。さらに、その観察自我的な眼差しは、母親との関係にも向けられた。すなわち、母親との関係が、深刻な話題は避け、表面的に明るく振舞ってきた上に成り立ったものであること、その裏には幼少期の淋しかった思いがあること、さらには、母親を落胆させられなくてしっかりした自分を見せてきたことなど、連想は深まっていった。

　A子は、治療関係のなかで〝陰性転移〟の解釈を通してセラピストとの距離を体験できるようになってはじめて、母親との関係のなかに「落胆」の二文字を持ち込むことができるこころの準備が整ったのである。

　このように不安神経症者の心的防衛機制としては、抑うつ感情を否認したような明るく楽しい関係を生活史上では営み、それが転移されたものとして、セラピストとの関係でも良い関係（陽性転移）を形成しようとする、と考えられる。この観点に立つと、彼らの発症は、軽躁的な防衛が孤立体験をきっかけに一挙に崩れ、否認されてきた「孤独感」「淋しさ」がパニック発作として噴出した、と理解されよう。

なお、ここで筆者は〝軽躁的防衛〟という概念を無造作に使っているが、もとよりこれは、対象関係論のクライン派が使用している〈躁的防衛〉を意識したものである。ヒンシェルウッド Hinshelwood, R.D. (1991) によると、躁的防衛は依存対象に対して、依存を否認したうえに、軽蔑・支配・理想化などの無意識的なこころの働きを重ね、抑うつ感を体験するのを防衛するという心的機制である。クライン派においては躁的防衛は、抑うつ不安（悲哀の感情）に対抗して働く、病的（時に精神病的）な防衛機制であると見なされている。筆者のいう〝軽躁的防衛〟は、クライン派におけるほどの病的で重篤な心的機制を意味してはいない。ただ「依存の否認」という側面においては同様である。そして、その依存できなさからくる淋しさなどの悲哀感情を防衛するのに、ここでの症例がそうであったように、明るく楽しく生活を営んでいこうとするような現実志向的な防衛機制として考えたい。クライン派の定義する〈躁的防衛〉より現実的で軽度でシンプルであり、それゆえに、重篤なうつ病やパーソナリティ障害を招くほどの損傷を引き起こさないので、あえて〝軽躁的防衛〟と命名した。

〝軽躁的防衛〟にはさまざまなバリエーションが考えられる。すなわち、【症例2】で見られるように、仕事に邁進するというかたちで、より強迫的になる場合もあろうし、水野 (1991) の指摘するように、自己愛的に傾く場合もあろう。あるいは荒井 (1985) の言うように、執着気質への同一化機制が認められる場合も考えられる。しかし、彼らの性格は、強迫性格・自己愛性格・執着性格と括れるほど構造的なものではなく、藍沢ら (1985) の調査研究に見られるように、従順・素直・温和というような性格偏奇の少ない人々が多いのである。このことは、〝軽躁的防衛〟が性格防衛というほどには構造的で堅固なものではないゆえに、性格偏奇が少ないという性格特徴に繋がるのであろうし、さらに、不安神経症が従来、複雑な防衛機制の少ない神経症であるとされてきた説とも合致する。そのうえ、この〝軽躁的防衛〟が構造的でも複雑でもないゆえに、破綻したときには、一挙にもともとの不安が自我を襲い、パニック発作というような恐慌発作の病態をとり得る、とも考えられるのではなかろうか。

以上より、不安神経症はシンプルな病態ではあるにしろ、従来考えられていた以上に、「依存」にまつわる内的不安を抱え、それを軽躁的と言えるような心的機制で防衛してきた疾病だと考えられよう。

おわりに

本章では、不安神経症の精神力動を精神分析的に理解することにより、従来、複雑な葛藤の少ないと考えられてきた不安神経症を、心理療法的に治療していく立脚点が得られるし、その際にはセラピストへの〝陽性転移〟が重要な鍵となることを論じてきた。この視点は、「内的不安とその防衛」という対象関係論ならではの考え方を応用したものだが、そのうえで筆者は〝軽躁的防衛〟という、不安神経症者の臨床実感により即した概念化まで導こうと試みた。こうした試みが、不安神経症の心理臨床に益するところがあれば幸いである。

(1) 今日「不安神経症」という呼称は、精神科領域において使用されることは少ない。「パニック障害」という呼び名に置き換えられてきている。これは、生物学的精神医学の隆盛に伴って、DSM-Ⅳに如実に見られるように、心因性を念頭に置いた神経症概念が支持されなくなったことによるところが大きい。だが、不安神経症は、神経症の病因や遠因を「不安」に根拠を置いたことが明瞭な名称で、一概には捨て難い。なぜなら、今日たとえ神経症が脳内化学伝達物質のメカニズムで解明される部分が多いとしても、その機能失調をもたらす要因として、依然として、個人のパーソナリティや人間関係のもたらす影響は、見逃せないと考えられるからである。すなわち、生物学的精神医学は、脳内の機能失調が「どこで」「どのように」起こっているかを特定できるものの、それが「なぜ」起きるのかまでは射程が及ばない。なぜなら、「なぜ」という問い自体が、仮説の推奨を促す問いであり、さらには人間が社会・心理的動物として生きるに伴って生起する情動を、人間関係の文脈のなかで意味論的に推測する他ないからだ。対象関係論は「優れて人間の実存的意味を問う」(*Gomez, L. 1997*) 横顔を持つので、「なぜ」に対する解答を得意とする。よって、この章では「不安神経症」という名称を尊重し、対象関係論的に不安神経症の「不安」の中身を明らかにすることを目的としたい。

あと知恵

本章は一九九二年『心理臨床研究』10-2が初出であり、それに加筆訂正したものである。筆者が初めて執筆した精神分析的心理療法の臨床論文である。

パニック障害には薬物療法が基本となることは、精神科臨床では常識であるが、今でも薬物療法だけでは反応しなくて、心理療法も必要になるケースが稀ならずある。なぜなら、筆者が本章において示したように、人は情動的生き物であり、人との関係のなかで意識的／無意識的に陽性／陰性の情動を交換しながら、日常的な生を営んでいるからだ。その順調な生活の綻びが、対人的意味の文脈のなかで生じることもあるのが、極めて人間らしいところなのだ。その情動と意味（思考）との不即不離の関係を見出したのが、ビオンである。

「症状の背後に、人のこころや情動を見よう」という目線は、今でも変わらずに筆者が大事にしたいと思っている観点である。本論にもそれが表れているし、むしろ、積極的にその心理的な視点を打ち出そうとするような若い気概が感じられて、面映い。ただ、今なら、良い関係の構築の裏にある陰性感情も大事だが、依存できなかったことからくる「かなしみ」にさらに焦点を当てることだろう。十五年の歳月が流れ、筆者も「もののあはれ」を感じやすくなったのかもしれない。

第二章　スキゾイド・パーソナリティ

はじめに

筆者は以前から、スキゾイドの内的世界にことさら関心を抱いていた。というのも、彼らは、外見の無表情さの裏に、実に繊細な対人不安を抱えており、しかも、知性化が優れている分、そのような対人不安からくる無意識的空想を私たちの前に開陳してくれることも少なくないからである。さらには、彼らの示す無意識的空想は、彼らの病理を明るみにするばかりではなく、私たち自身の中にも存在する人格の精神病的部分（*Bion, W.R., 1957 a*）をも照らし出してくれることもある。すなわち、彼らの無意識的空想は、私たち自身の精神病的部分への自己理解を深めてくれる入口ともなるのである。

そのような観点からスキゾイドの世界に関心を持ち、以前、作家の村上春樹をとりあげスキゾイドの内的世界を考察したことがある〔祖父江 *1987*〕。その際には、作家の作品からスキゾイドの世界を理解しようとするような評論家的手法であり、臨床的なものではなかったが、今回筆者は、スキゾイド青年の治療を経験する機会を得て、臨床に即して彼らの内的世界を確認することができた。その治療経験をもとに、スキゾイドの内的世界を浮き彫りにしたい〔なお臨床素材には、本論の主旨が損なわれない程度に、事実レベルでの改変が施されている〕。

臨床素材

症例を理解するには、生育歴・病歴よりも、治療経過を詳細に（とりわけ転移－逆転移の観点から）検討することが必須だと考える（本書「理論篇」第Ⅲ章参照）。したがってここでは生育歴は割愛し、その代わりできるだけ治療の生の感じが伝わるように、セラピスト側の感情（逆転移）をも混じえながら、治療経過を素描していきたい。なお、筆者がこのような記述方法をとるにあたって、対象関係論のクライン派、日本においては松木（*1989 b*）などの症例記載から大いに影響を受けたことを付言しておく。彼らはそのなかで実に臨場感もって、治療のありようを鮮明に描いている。

Ｆ男は二十代半ばの青年。「自分の表情が気持ち悪いのではないか」「人に見られるのが厭だ」ということを主訴に来院した。一見「醜貌恐怖」的な訴えだが、醜貌恐怖ほど妄想的に自己の容貌の醜さにこだわっているわけではない。Ｆ男は、自分の表情が何となく緊張しているので、笑っても不自然になってしまったり、ひきつった変な顔つきになってしまったりする、という漠然とした感覚を訴えた。来院当初Ｆ男は、都会での会社員生活に挫折して故郷に戻り、自営業の父親を手伝っていた。そして対人不安から、会社で人と少し接する以外は、人付き合いはなかった。

診断面接を四回行った上で、スキゾイド的な性格の障害が根底にあるケースと見立て、週一回・五〇分の背面法による自由連想形式の精神分析的な面接を行うことにした。さらに、別に主治医が管理医として軽い安定剤を投与するという治療構造をとった。

Ｆ男に初めて会った印象は、身なり・服装などはこざっぱりとしていて、都会的な若者の雰囲気を醸し出しているものの、表情だけは硬く引きつっており、そこだけが不自然な「異物」という感じを受けた。面接場面でも緊張した面持ちで、初回からかなり早口に思いついたままポンポン話し、話題もコロコロ変わるので、筆者はＦ男の連想の流れについていくのがなかなか大変だった。このような彼のピリピリとした緊張感を感じながら「F男は筆者からもどう見られるか不安であり、その不安のあまり、落ち着きのない話し方になっているのだろう」と理解していた。したがって筆者は、F男の話の中身自体を吟味することよりも、まずこの緊張感が低下しないことには治療が容易に中断しそうな怖れを抱いたので、転移解釈を中心に面接を進めていくことを考えた。

初回から筆者は機を見て《今も私との関係で、あなたは私からどう見られるのか不安なので、ここで病気の話をすることによって、私とうまが合う関係を作ろうとし、私から拒絶されないようにしているのですね》と解釈していった。するとF男は『そういう感じはあって疲れるが、例えば自分に悪意を持っていることがわかっても、この部屋から逃げようと思えば逃げられるし……』と返し、筆者からの軽い迫害感をことばにした。そのような返答をした後には、それまで矢継ぎ早に話していた態度から、一呼吸おいたような間が生まれたりもして、F男はやや落ち着きを取り戻したようだった。したがって、注意深く転移解釈をしていくことによって、筆者に対する迫害不安はある程度低下するのではないか、という感触を得た。

しかしF男の迫害不安は、その後も治療の抵抗となり、彼は面接数回目には、森田療法の本を読んでその考え方を実践しだしたことを語った。すなわち、依然としてF男は筆者を怖がって逃げ腰になっていた。筆者はF男に《私と正面から関わるのが、何か、あなたにとって怖い感じがあって、それで別の治療法を用意しようとしているんですね》と解釈した。F男自身もそれを肯定し、何かにつけて二股をかける自分を語り、今回も森田療法は治療の保険のようなものだと言った。すなわち、この治療法が駄目でも、森田療法をスペアにしておけば、筆者との関係がうまくいかなくても安心だ、というのである。このあたり、F男は、いつでも逃げ出そうとするようなスキゾイド的心性を見せているが、筆者との間でそのような不安感を言語化することは、逆に、筆者からは拒絶されないという安心感を高めたようだった。したがって次の回にはF男は、森田療法は辞めてこの治療に対して「駄目でもともとぐらいの気長な気持ちでやろう」と決めたと語った。しかし、その後もF男は『先生が自分の気持ちを探っていて、本心を出させるように引っ掛けるような質問をする』『森田療法が話題になったとき、先生が刑事コロンボみたいにしつこかった』など、侵入される不安や迫害不安をしばしば語った。筆者はその都度、同害報復の不安（攻撃的なことを言うとセラピストから報復される、と思って怖くなってしまうこと）などの転移解釈をしていった。

そうするうちにF男は、面接開始三、四箇月後には早くも『ここには本能的に感じる安心感というのがある』『職場でも、もうちょっとミスをしてもいいんじゃないかと考えて、ミスは取り返しがつくという自信が出てきた』など語り、明らかに不安は低下し、安全感が育まれてきた。それに並行してF男は、現実生活においても4WD車を購入し、釣りに出掛けるようになり、引きこもった生活から外の世界に顔を出すようになった。しかも、その出方はいかにもF男らしく、4WD車は「自分だけの安全エリア」であり、外出することは「いつでも逃げ込める安全エリアを引きつれて家から離れるようなもの」なのだと語った。筆者はそれに対して《外の世界というのは、あなたにとってまるでアフリカの原野のように怖い空間なんですね》という理解を伝え返している。

このような経過で、治療関係においても徐々に「安全感」は育ち、筆者の役割としては、共感的に耳を傾けるスタンスになっていった。それでも何かのことをきっかけに『患者を愛していない』『一を言うと十をわかって、もっと自分の気持ちをスッキリさせてほしい』などと、筆者に対してやや攻撃的になったり、不満をぶつけてきたりした。だが、そのような怒りを向けた後、F男は『自分の攻撃によって先生が傷ついた。落ち込んだ人を見るのは悲しい、しかし、反撃されても自分は勝てる』など、罪悪感と報復不安の入り混じった複雑な感情を述べている。すなわち、以前とは少し違って、F男は「自分が攻撃される」という迫害不安ばかりではなく「自分の攻撃性によってセラピストを傷つける」という罪悪感をも覚えるようになっていった。その分、F男の攻撃性の投影は、F男のこころの中に引き戻され、自分のものとして感じられるようになり、さらには、その罪悪感から来る他者への配慮の兆しも窺えるようになってきた。だが、その攻撃性は、依然として万能的で残酷な力を発揮すると空想されている面も少なくなかったので、筆者は《私のことを傷つけてしまうと取り返しがつかないように思って、怖れているんですね》と解釈し、攻撃性に関するF男の「万能感」の緩和に焦点を当てた。

F男の面接場面での「安全感」は次第に確かなものとなっていき、半年経った頃には『小さい頃から人に好かれないので淋しい』『個人的な友達がいなくて楽しいことがない』など、正直な気持ちを吐露し始め、しんみりした情感も漂うようになった。面接場面での緊張感は低下し、F男の態度にも落ち着きが認められた。さらに日常生活においても、時には会社の人間関係で被害的になることもあったが、対人不安は低下し、F男の生活は安定の兆しを見せ始めた。すなわち、この状態は、いわゆる〝陽性転移〟による転移性治癒的な状態にあると判断された。

そのような面接が続くなか、F男は、最近人恋しくて、風俗に電話していることを告白した。『一人でそのことを抱えていると、自分が変態になってしまいそうで不安だから』筆者に告白したのだという。明らかにF男は、筆者に対する依存心や信頼感が増してきているようなので、そう解釈すると、F男は、あからさまにセラピストに対して頼っていると意識するのは逆に不安になると語った。なぜなら、頼るというのは逆に裏切られる不安も同時に増すからだ、というのである。次の回には、風俗のテレホンが馬鹿馬鹿しくなったこと、『なぜなら、それは金の繋がりだから』と語った。さらに『先生との関係も理性的なもので、いつ切れるかしれない』『肉親のような感情的な繋がりがほしい』と語った。そして、面接三〇回も過ぎた頃には『最近は、早く結婚したくなった』と言い、F男の中のこれまで抑えられてきた依存感情や愛情希求が意識に強く上るようになってきた。

こうした対象希求性が高まるとともに、F男には「自分が人とは違っていて、人を求めても受け入れられないのではないか」という見捨てられ不安も浮上した。『人間に育てられたチンパンジーのようなもので、「変わっている」と排除されるのが一番怖い』。そして、昔からよく仲間外れにされた思い出や、「変な奴だ」と言われてきた辛い体験を回想した。さらに『「人間じゃない」と見破られるような感じが一番怖い』と語った。このあたりの陳述は、ほとんどF男の正直な気持ちが吐露されており、筆者の胸を突かれるような痛々しさを覚えることも度々であった。

この局面において扱われるべきは、F男のこの痛切な「自己違和感」だと思われた。F男は明らかに、自分が何か「人とは違う」という気持ちを強く抱いており、その耐え難さに強烈に苛まれていた。したがって、その内的世界を理解していくことこそ、さらに深い共感的理解に導くことになるように思われた。筆者は《あなた自身、自分の中に人とは違った特別変わった何かがあるように思っているのですね》と焦点化した。F男は最近、父親と会社で口論したことを思い出し、『自分自身もヒステリックになって興奮して抑えが効かなくなるのが怖い』と語ったり、『感情のまま動いてしまうと、誰の言うことも聞かなくなり、動物みたいになってしまい、自己破滅になってしまう』と述べたりもした。このようにF男が自分の中で「変わっている」と感じているのは、まさに自己の感情そのものであり、それが表に出ると「自己破滅」にもなりかねない、という空想を抱いていることが理解された。その反面、日頃は感情を出さない自分も「人懐っこさがなく、人に好かれる資質がない」とも感じていた。感情を出しても出さなくても、いずれにしろ人からは受け入れられない、という袋小路の心境にF男ははまり込んでいたのである。

一方、F男はこの頃、よく夢を見るようになり、夢の中では感情を解放させていた。「○○銀行に受かって大喜びしている」「昔、仲の良かった女の子と楽しくはしゃいでいる」など。その連想の中で『本当は気分屋で、自慢する時もあったり、カメレオンみたいな性格なんだ』と振り返ったりもした。それまで排除していた自己の幼児的な部分の感情を、セラピストとの関係のなかで徐々に自己の中に受け入れていく準備を整えているように思われた。

このような経過を辿っていくなか、面接開始一年後には、F男に見合い話が持ち上がった。彼には人恋しさが高まっていたので、その話に気持ちが動いたが、しかし見合いするということは、F男にとっては「人からどう見られるか」「自分が受け入れられるか、拒絶されるか」の瀬戸際に立たされることを意味していた。したがって「見合い不安」も急速に高まった。だが『決死の覚悟で見合いする』と決意を語り、数日後には実行に移された。F男がその日の様子を語ったところによると、案の定、見合いの席では緊張の極に達し、気分も悪くなるほどだった。しかし、どうせ自分は好かれないに違いないから、それなら早く自分のことを話した方がいいと思い、人前で緊張しやすいこと、人から嫌われるのではないかといつも怖れていることなど、自らの弱みをすべて相手に話した。そうしたところ、F男にとって全く意外なことに、相手の女性からは「誠実で弱い人が好き」と、むしろ気に入られた。さらに、彼女が「目を逸らさずに話してくれた」のが一番うれしかった。F男としては、自分の表情を人が見れば、何か気持ち悪く思ったり、変わっていると感じたりして、大抵の人は目を逸らしてしまうと思い込んでいたので、彼女のその態度にはずいぶん救われる思いがしたのだという。その後、交際は続き、「自分が裏切らない限り、彼女は辛抱強く一緒に居てくれるのではないか」と、彼女に対する好感は変わらず、むしろ安心の度合いを増していった。

順調な付き合いが続くなか、ある日、F男は不安げな様子で、話のまとまりもやや悪くなった状態で、面接に現れた。事情を聞くと、初めて性的な接触があったのだという。「こんな自分を受け入れるなんて彼女はよほど経験が豊かじゃないのか」「彼女には何か裏があるのではないか」と不安になってしまったという。性的体験による興奮は、F男の自己コントロールを脅かすほどの不安をもたらしたようだった。筆者は、F男が性的接触により、欲動的な自分を体験して不安になっていること、さらに、自分が不安になると、いつも相手が怖く見えてしまうこと、今も彼女との間でそれが起きているのではないか、と介入した。次回には、性的接触を彼女との間で楽しむようになったことが報告された。さらに、今は、知らない人と会ったり、遠出したり、F男にとって不安になったりするような所へは、いつも彼女に付いて来てもらっていると語った。筆者は話を聞いているうちに、セラピストの機能が、筆者から彼女の方に移されつつあり、F男が次第に筆者を必要としなくなっている現実を、一抹の淋しさが入り混じった安堵感とともに感じられた。そして次回には、結婚が決まったことが報告された。

その後、面接は三〇回余り続き、二年で一応の終結をみた。終結は、結婚を一区切りに面接は終了にして、彼女と二人で今後の生活を営んでいきたい、という理由からだった。終了時点ですでに結婚生活に入っていたが、彼女との関係では、F男は今まで体験したことのなかったような甘えを享受していた。すなわち、家庭の中では、お互い時々幼児ことばを使ってじゃれ合ったりしていた。彼女との間では「嫌われるのではないか」「変わっていると言われるのではないか」という不安はなかったが、一般の人にはまだ不安を感じる時もあり、どう付き合ってよいのかわからないような感じもある、と語った。そして、軽い安定剤を時々は服用しないと疲れた感じがする、と語った。

F男の状態は、自力で生活していけるように思われたが、完全なものではなかった。治療においても、母親から拒絶されてきたことの恨みや悲しみ、またセラピストへの強い依存感情など、深い部分での情動はまだ本当には表出されておらず、対人不安が全く問題でなくなるほどには、自己の嫌な部分を受容しきれていないように思われた。だが、週一回程度の日常臨床で、精神分析的な心理療法が一定の成果をもたらしたケースではないか、と考える。

スキゾイド・パーソナリティにおける不安

侵入不安について

ウィニコット *Winnicott, D.W. (1965 b)* は〈侵害 *impingement*〉という概念を提出し、早期母子関係における母親側の養育の失敗の問題をとりあげた。ウィニコットは、乳児における絶対依存の時期に「ほぼ良い母親」からの適切な世話が得られないと、乳児の「本当の自己」が脅威に曝され、乳児の全能感が一挙に崩壊してしまうこともある、と唱えた。そして〈侵害〉が乳児の健全な人格の発達においていかに有害かを強調し、〈侵害〉が度重なると乳児は「本当の自己」を発達させることができなくなり、「偽りの自己」という歪曲した人格を形成する、と述べている。

そもそもこのウィニコットの〈侵害〉概念は、現実の母子関係における養育の失敗という、現実的な水準での関係性を物語っている。それに対して、筆者がこれから論じようとする〝侵入不安 *intrusive anxiety*〟は、より内的な世界での感覚や空想を表している。すなわち、「自分のこころが見破られてしまうのではないか」「他者の視線が自分の中にまで侵入してくるのではないか」というような分裂的現象 *schizoid phenomena* と言われるスキゾイド特有の内的体験の様相を表現しようとしたものである。

そのような観点からＦ男のケースを振り返ると、主訴の「自分の表情が気持ち悪いのではないか」という不安自体に、すでに「他者から自分の中の何かが見破られてしまう」というような〝侵入不安〟が見て取れる。さらに、その不安が端的に示されていることの一つに、診断面接のなかで語られた夢がある――『町の中を裸で歩いていて、恥ずかしいから植込に隠れて、この後どうしようか途方に暮れている』。この夢の意味としては、Ｆ男が他者の視線に曝され途方に暮れてしまっていること、いつも身を隠していないと容易に他者から見破られ、暴露されてしまうのではないか、という恐怖感を表しているように思われる。治療経過のなかでも、Ｆ男は、自分の身を守るために「４ＷＤ

という安全空間」、いつでもそこに逃げ込めるような「自分だけの空間」を引き連れて外出するという行動をとった。さらにはセラピストとの関係においても、筆者と正面から関わるのが怖くて森田療法をスペアにしたり、『先生が自分の気持ちを探っていて、本心を出させるように引っ掛けるような質問をする』と訴えたりして、随所に「こころの中に侵入される」不安を表明している。

さて、スキゾイド特有のこの〝侵入不安〟は、角度を変えて見れば、迫害不安のバリエーションだといえよう。なぜなら、自分が人から見透かされ（侵入不安）、その結果、何かひどい目にあわされる怖れ（迫害不安）を抱くという空想だからだ。そもそも迫害不安は、クライン *Klein, M. (1946)* が〈妄想分裂ポジション〉と名づけた最早期の乳児の発達において想定されたものである。乳児は、欲求不満の際に母親の「悪い乳房」から迫害されるような無意識的空想を抱く、という考えのもとに命名された。スキゾイドにおいてもこのような迫害不安が強い。彼らは、見透かされた結果、他者から拒絶されたり嫌われたりすることを最も怖れている場合が少なくない。F男においても、その怖れはとても強く、人に対してばかりではなく、動物（犬）に対してまで、自分が嫌われるのではないかと怯え、『飼い犬と目が合うと犬が目を逸らすので、まるで自分が嫌われているような気持ちになる』と語った。それほどスキゾイドにおいては、拒絶されることへの怖れは強いのである。

だがもう一方では、彼らは「自分を知られたくない」「見透かされたくない」「他者と関わりたくない」と思っているばかりではなく、臨床素材に見るように、切実な対象希求への「憧れ」を持っている場合も少なくない。F男においても、〝侵入不安〟が弛んでくると、風俗のテレホンに電話したり、早く結婚したくなったり、見合いをしたりというような、「人への欲求」が滲み出す。侵入不安によって他者を避けるのとは裏腹に、切実な対象希求性が潜んでいるのである。このことは、すでにフェアバーン *Fairbairn, W.R.D. (1952)* が「欲動の対象希求性」のなかで述べていたり、ガントリップ *Guntrip, H. (1971)* が in and out program という概念において論じているところである。しかしそのような対象希求性も、侵入不安が強いと、結局のところ表に現れず、対象からの引きこもりという状態から脱することが難しくなるのは周知のところであろう。

では次に、スキゾイドの迫害不安の性質に関して、〝異人空想〟というアイデアをもとに、さらに吟味していきたい。このアイデアは、彼らが語る自己イメージを、臨床実感に則して筆者なりに表現しようとしたものである。

異人空想について

〝異人空想 *alien phantasy*〟とは、スキゾイドの人たちが特有に抱く傾向のある空想について、筆者がそう名づけたものである。それは軽いレベルでは「自分は人とは何か違っている」という漠然とした違和感を指す。しかし、この感覚が重篤なものになり、他者との疎隔感を痛烈に感じれば感じるほど、その空想も常識範囲を超え、妄想的になっていく。例えば、統合失調症者などが抱く家族否認妄想などは、親さえも自分からはとても隔たったものと無意識的には感じられており、それは他人同士という表現では飽きたらない、あたかも自分が親にとっての異人と感じられるほどの痛烈な疎隔感を表現したものではないかと考えられる。

F男の場合も、そのような他者からの疎隔感を表現しているところは随所に見られる。『自分は人間に育てられたチンパンジーだ』『「変わっている」と言われて排除されるのが一番怖い』。なかでも最も痛切なのは『「人間じゃない」と見破られるような感じが一番怖い』ということばに集約されるであろう。そこにはまさに、自分が人間ではないような得体の知れない何かであり、人からはとても受け入れられるはずがない生き物だ、というような深く哀しい絶望感がある。筆者は面接のなかでそのことばを聴いた時に、彼らの孤独感・疎隔感にこころが痛んだ。「自分は人間じゃないような感じ」という表現には、彼らの苦しみが痛々しくも赤裸々に表されている。それゆえ、筆者のこころには〝異人空想〟ということばが自ずと浮かび上がったのであった。

この時点で筆者は、〝異人空想〟がもたらすF男の痛みをコンテイニングする必要を感じたばかりでなく、彼がいったい自分の何を、それ程「変わったもの」として感じているのだろうかと、不思議にも思った。すなわち、なぜ彼は「自分は人間じゃないような感じ」を持たねばならないのだろうか、という疑問である。そこで筆者は《あなた自身、自分の中に人とは違った、特別変わった何かがあるように思っているんですね》という介入をして、彼の眼差しを内的な方向に誘った。

その後の経過は臨床素材の通りだが、F男が回想するには、中学の時から「変わっている」と言われいじめられたこと、F男の一族に変わり者が多いこと、幼稚園の頃から自分は人に好かれる素質がないように感じてきたこと、などが語られた。さらに治療過程で、F男はよく夢を見るようになるが、夢の中では、現実のF男とは全く違って「○○銀行に受かって大喜びして」感情を自由に発散させたりしていた。そのような夢などを通して理解されたのは、自分の感情を出してしまうとそれが「ヒステリックに興奮して抑えが効かなくなったり」「感情のまま動いてしまうと動物みたいになって自己破滅になってしまう」といった怖れを強く抱いている、ということだった。実際にF男には、大卒後すぐに会社勤めをしていた折、仕事の大変さと同僚との付き合いに疲れ果て、ストレスが極度に達して、突然、車のギアをバックに入れ、道路を逆向きに走ったというエピソードがあった。F男は初めて受診した際に、そのことを持ち出し、それはまるで、あるパイロットにより実際に起きた「逆噴射事件」のようなものなので、自分は極度の緊張のあまりに糸が切れてしまうと何をしでかすかわからない、と語った。すなわち、それまで抑えていた感情が表に出ると、自己破滅のような行動を起こしてしまうのではないか、というのである。

このようにスキゾイドにおいては「自分の衝動を解放してしまうと、自分が途方もないことを引き起こしてしまうのではないか」という怖れを抱いているので、自分の感情を無意識のうちに危険視している場合も少なくない。筆者の経験した他のスキゾイドの患者は、治療が進展していくなかで、自分は『交通事故が起きようが、人が死のうが、本当はどうでもいい』という気持ちを語った。そして、そういう気持ちが表に出てしまうと、本当に人殺しでもしかねないという「殺人空想」を抱いていた。それ程、自分の感情を自己違和的に怖れていたのである。

F男の場合も、自分の感情を異端視して怖れていた。それが結局〝異人空想〟の源になっていたと言えるだろう。さらにその怖れは、自己に対する違和感に至るばかりでなく、外部に投影され「他者からも受け入れてもらえない」という迫害不安にも連動していった。この起源としては、やはり母子関係の影響が考えられるだろう。実際のところF男の母親は、口うるさく押しつけがましいところもあったようだ。例えば、勉強でも『百点を取って来なさい』と強要したり、F男が悩みを持ちかけても『あなたの思い過しよ』と軽く片づけてしまったりするところがあり、F男には「受け止めてもらった」という体験が乏しかったようだ。そのような母子関係によっても、「本当の自分」が受け入れてもらえず、自分が何か変わった生き物であるというような自己イメージが作り上げられる一因になったのかもしれない。ビオン *Bion, W.R. (1962 a. b)* の概念を援用すれば、それは母親が「もの想い *reverie*」の能力によって幼児の不安をうまく読み取ることができず、幼児を「言い知れぬ恐怖 *nameless dread*」の中に置き去りにしたがために、幼児にとって自分の内部が「悪い乳房」だらけになってしまったと感じられるような類のものかもしれない。

その後、F男は〝異人空想〟を、セラピストをコンテイナーとすることによって徐々に和らげていくことができた。簡単にいえば、最初は侵入されるような怖さを覚えていたセラピストに対して、たとえこころの中を見られたところで、セラピストはそれに対して非難したり傷つけたりするようなこと（同害報復）をしないという「安心感」を得ていったと言えるだろう。さらに幸いなことに、後にF男の妻となった女性が、F男のことを受け入れることのできる大らかな人で、F男に対して「目を逸らさずに話してくれる」類の人であったことも、ずいぶんと助けになったことは言うまでもない。F男の〝異人空想〟は、治療後半においては『変わっていると言われても、死ぬわけじゃない』と思えるほどになり、『自分が人から排除される不安は忘れかけている』とまで語るようになった。このようにして、次第にF男は「異人」ではなくなっていったのである。

投影同一化について

筆者は以前にも、スキゾイドにおける〈投影同一化〉機制の特有さをとりあげたことがある（祖父江 1987――本書「臨床篇」第七章においても論じる）。そこでは、スキゾイドにおいては投影同一化によって、相互にわかり合ったかのような自他の区別のない世界が形成されやすい、ということを論じた。F男においても投影同一化の機制は見逃せない。というのは、先に述べた〝侵入不安〟においても投影同一化の機制が深く関与していると思われるからである。すなわち、彼らが自分のこころを見透かされたり侵入されたりすると思う裏には、過度の投影同一化が介在している。

それを論じる前に、〈投影同一化〉に関しては従来、諸家からさまざまの論点が提出されているので、少し整理しておきたい。そもそも投影同一化とは、クライン(1946)が「分裂的機制についての覚書」のなかでその造語を提出して以来、主に対象関係論のクライン派において発展してきた概念である。ビオン(1962 a, b)は投影同一化の受け皿としての対象側の能力〈コンテイナー〉のモデルを発展させ、グリンバーグ Grinberg, L. (1962)は〈投影逆同一化〉という視点を導入し、セラピストと患者との間で交わされる激しい投影同一化の相互作用を克明に描写した。ロゼンフェルド Rosenfeld, H. (1971 a)は、投影同一化には大別すると二つのタイプ「他の対象群とのコミュニケーションに使われる投影同一化」と「自己の不要な部分を取り除くために使われる投影同一化」があることを明確にした。このように見てくると、〈投影同一化〉という概念においては、次第に、その投影の担い手と受け取り手との間でのコミュニケーションという観点が重視されるようになってきたといえよう。すなわち、投影の主体は、自己の不要な部分を対象に投影し、対象の中にはそれに対応した感情が惹起され(セラピストであれば逆転移)、その結果、投影の主体と対象との間には非言語的で無意識的なコミュニケーションが成立する、という視点である。

筆者は、スキゾイドにおいて〝侵入不安〟が強くなる理由の一つとして、〈投影同一化〉の過剰さ、〈コンテイナー〉との間でのコミュニケーション側面の機能失調が挙げられるのではないかと考える。F男で言えば、彼は自分の感情を危険視し、受け入れることができなかった。それで、受け入れられない自己の感情を、絶えず排出しようとし、他者の中に投影していたと言える。例えばF男は会社で度々、自分が周りから冷たくされているように感じた。その後、その気持ちの背後には、F男自身、会社の人を田舎のブルーカラーとして軽蔑する気持ちが強かったことが明らかになった。最初の頃には、自分の側のそのような感情は自覚されていなかったのである。治療関係においても、当初は筆者のことを『刑事コロンボみたいにしつこい』と感じた。『自分を探っていて、本心を出させるような引っ掛けるような質問をする』と、筆者に疑心暗鬼になった。しかし、絶えず人を探り、自分に危害を加える相手かどうかを判断するために「データを収集」することに躍起になっていたのは、他ならぬF男の方だったのである。

このような例には事欠かない。そのなかで際立つのは、F男が筆者を分析する、ということがあった。特に治療初期においてF男は、自分が侵入されないための自己防衛として、度々、筆者を分析した。『こっちには先生の裏が丸見えですよ。というか、先生の声のトーンが落ちてきたから「どうしていいのかわからないのかな」と思って、頼りないなと思った』『先生の人間性に限って言えば、「なんでこういう仕事をしているのかな」と考えることがよくある。心理学者はある種のコンプレックスのために、人間に対してコンプレックスがあって、それで心理学をやってみようとしてるのかな、と思うんですけど』など、F男は筆者の分析をするのをある意味好んだ。

そのような時、筆者の気持ちとしては、それがF男の投影に基づくセラピスト理解であることはわかってはいたが、しかしそこには投影とばかりは言い切れない、ある種の真実もあるように感じられたり、こころを見抜かれるような鋭さもあったり、F男の発言にギクリとさせられることも珍しくはなかった。すなわち、その状況においては、筆者とF男の立場は逆転し、まさに筆者はF男から侵入されていたのである。このように筆者は〈投影同一化〉のターゲットとしてF男から侵入された。言うまでもなくこの際F男は、自己の中のある種の頼りなさ・弱さ・コンプレックスといったものをスプリット・オフし、筆者の中に投げ入れてきたのである。その結果、筆者のこころをあたかも自分のことのようによくわかり、F男の自己部分で満たされたセラピストというものを分析していたのである。

この例からもわかるように、F男は自己の一部を対象に投影し、それによって満たされた対象と侵入的に関わろうとしている。そして、このように〈投影同一化〉が過剰になれば、いわゆる自我境界は曖昧になり、「対象に侵入的に入り込めるし、また対象からも侵入される」という空想を強くしても驚くにあたらない。すなわち、ビオン(1957a)が言うように、投影同一化は逆回転し、排出された自我の小片は同じ道筋を辿って人格の中に戻し入れられるのである。その機制がさらに病的になれば、自分の考えが人に伝わったり抜き取られてしまったりするというような、統合失調症の思考伝播・思考奪取様の体験にも陥るのだろう。

筆者の経験した別のスキゾイド青年は、「自分の考えはすぐに現実化してしまうのではないか」と怯えながら暮らしていた。彼は中学校の頃、級友の一人がいじめにあっていた時、こころの中で「自分もその級友をいじめたい」と思う気持ちをかすかに抱いたので、それは実際にいじめたことと同じだと思って、担任の先生に、自分もいじめたと申し出たことがあった。彼にとっては、こころで思うことと現実とは区別が困難だったのである。スキゾイドにおいては、こころで悪いことを思っただけでも、それは到底、自己の中には受け入れられず、激しい〈投影同一化〉によって排出されるので、「悪い部分」はまるで生きもののように現実の中に映し出されてしまうのではないか。その意味で、彼らのこころと現実は境目が薄いので、「自分のこころが見抜かれる」「自分の考えが他者に伝わってしまう」と怖れたりしても、それは、彼らの内的現実にとってはまさに真実なのだろう。

このように、自己の中の怖れられている部分が、受け入れられるものに変容するためには、先にも触れたようなセラピストの〈コンテイナー〉機能が重要なのは、改めて言うまでもない。このコンテイナー機能によって、危険で恐怖に満ちた言い知れぬ不安は、初めて対象によって消化され、情緒的意味として変容し、彼らの自己に戻し入れられる「情緒的思考」として昇華される。F男で言えば、セラピストとの関わりを通して、侵入不安・迫害不安・異人空想の裏にあった「人間ではない」という孤独感・絶望感が、悲哀を伴った対象希求的な情緒として、自己の中に居場所を見つけることができた。

治療においては、セラピストが彼らの〈投影同一化〉の過剰さに持ち応え、彼らの攻撃性・恐怖の裏に潜むスキゾイド特有の〝異人的な〟こころの痛みを読み取り、孤独・悲哀・依存などの「情緒的意味」として伝え返す〈コンテイナー〉の役割を果たす必要性が、そこに存するのである。

おわりに

本章では、あるスキゾイド青年の心理療法過程を報告し、スキゾイドにおける内的世界を、侵入不安・異人空想・投影同一化などの観点から考察した。なかでも、筆者が〝異人空想〟と名づけた観点は、彼らの内的世界を共感的に理解しやすくするための臨床実感として提示しようとしたものである。この用語によって、彼らの過度の〈投影同一化〉の背後に潜む「自己違和感」「疎隔感」「孤独感」などの抑うつ的痛みに、セラピストの感性が鋭敏になることがあればこの上ない。

あと知恵

本章は、一九九五年『心理臨床学研究』13-1が初出であり、それに加筆訂正したものである。村上春樹から連なるスキゾイドに対する筆者の思い入れが滲み出しており、それが当時の筆者の若々しさや青臭さと感応したペーパーとなっている。

この論文のテーマは、〝異人空想〟という視点からスキゾイドの内的世界を活写することにあったので、侵入不安や投影同一化などの防衛メカニズムや、クライン派特有の「内的不安」概念を充全に利用しようとした。クライン派理論と臨床を、まがりなりにも自分のなかで繋げて理解することができた、初めての論文と言えるかもしれない。

さらには、この論文には、その後の筆者の臨床感覚の根幹を形成するようなアイデアが宿っている。それは、侵入不安や迫害不安などの攻撃的対象関係の裏に「疎隔感」「孤独感」などの〈抑うつ不安の痕跡〉を感受しようとする臨床姿勢である。初出論文の時点では筆者は、それに関して必ずしも自覚的であったわけではない。ほとんど直観的に、スキゾイドの苦しみを読み取っていたのである。それが〝異人空想〟という命名に集約されてている。この用語には「哀しみ」の基調音が鳴り響いているのを、聴き留めていただけたらと思う。

筆者が〈抑うつ不安の痕跡〉を発見することの意義に改めて目を見開かれたのは、その後のビオンとの出会いを待たねばならなかった〔祖父江 2004 d〕。

第三章　摂食障害 その一 ——こころの様態とパーソナリティ構造

はじめに

私たちのこころはいつどのようにして生成し、人としての情緒を豊かに湛えた機能や能力を発揮していくのだろうか。言うまでもなくこのテーマは、古来、さまざまな哲学者や文学者の論議の対象となってきたところである。しかしこの問いは、決して人文系に限られる思弁的テーマに留まるものではない。なぜなら、精神科医療や心理臨床という臨床分野においても、私たちはさまざまなこころの姿に、患者やクライエントを通して出会うことになるからである。そうした臨床の現場においては、精神病レベルでこころが機能している患者から、より高次の神経症や、健康な水準の患者まで、実に幅広く多様なこころのあり様が持ち込まれている。

特に、私たちは精神病などの重いこころの障害を抱えた患者と面接していくうえで、彼らのこころをどう理解し、どう関わっていくか、といった難問に日々直面する。というのは、彼らのこころは、私たちの常識的世界観や日常的人間観では到底理解の届かない、原初的なこころの姿を提示してくることも少なくないからである。ここにおいて私たちは、「こころとは何か」というテーマに、臨床的に遭遇することになるのである。

本章では、摂食障害の患者との心理療法を通して見出された、こころの一つの特異的な様態を考察したい。摂食障害者は、重いパーソナリティ障害を抱えた人たちであるが、精神病者ほどには原初的な心的機能水準ではない。しかし、松木（1997）が摂食障害を人格の「精神病」と位置づけるように、彼らのこころは部分的にはかなり精神病に近い水準で機能している。それだけに、こころというものを根源的に問い直すうえで、さまざまなヒントとなるような知見を与えてくれるのである。

なお、筆者の理論的立場はイギリス対象関係論、なかでもクライン派に多く依拠している。したがって、次の臨床素材も治療関係の推移に重きを置いた症例提示の仕方になっていることをお断りしておきたい（なお、本論の主旨が損なわれない程度に、事実レベルでの改変が施されている）。

臨床素材

高校二年生のG子は、母親に連れられて総合病院精神科を受診した。初診医に語った母親の話はおおよそ以下の通りである。

G子は中流家庭で育ち、両親と兄の四人家族である。小さい頃からいわゆる「良い子」で、親からすると手のかからない子どもだった。中学生の頃は、大人しくて人見知りする方だが、友達もおり、学年上位の成績だった。しかし、高校一年の時に友達から『顔がぽっちゃりしているね』と言われてからダイエットに走り、一時は三〇kg台までやせた。その後、反動がきて、高校二年の現在は過食と自発嘔吐を繰り返すので連れて来た、というものであった。

このように、摂食障害者の親の語る本人像は、表面的な症状や状態像での話が中心で、本人のこころの様子が窺い知れないものであることが少なくない。このことは、患者たちの関心がやせることや身体の具合にあり、こころの話になりにくいことと、まさに符合している。すなわち、親も患者本人も表面の事象にとらわれ、こころの奥の問題に頓着しないのである。そういうわけで筆者は、G子が心理療法の舞台に乗るかどうかいささか危惧しながらも、初診医からの依頼を受け面接を行うことになった。次は、初回面接でのG子の陳述の印象的な断片である。

『思ったようにやせればさぁ、自信が持てるじゃない。脂肪が吸引か何かでいっぺんに取れればいいのにな。だって、私がやせてた時は、いつもハッピーな気分で元気だったし、「頑張るぞ」という気になれた。今はその頃に比べたら、一〇kgぐらい太ったから、やる気も起きないし、学校にも行きたくない。』

このように、摂食障害者にとっては「脂肪」だけが問題なのであり、自分のこころの内面に何か問題があるなどとは、当初は到底考えの及ばぬところである。とにかく、やせれば全て問題が片づく、と彼らは固く信じ込んでいる。したがって面接での話題は、体型・やせること・ダイエット・食べ物など、ほとんど即物的な事象で時間は「食い潰される」。こころの話題（人間関係や自分の性格についての悩みなど）は、全くと言ってよいほど表舞台には登場しない。それゆえ、セラピストは「虚しくてどうにもならない」という気持ちを抱かせられる。患者とこころが触れ合えないからだ。

筆者もG子との初回面接で、そうした気持ちに襲われた。しかし幸いだったのは、G子が面接の後半で『話を聴いてくれる人がいるのは、いいね』とポツリと漏らしたことだった。そのことばは、G子が筆者との関わりのなかで、即物的で表面的な事象だけではなく、関係性自体のなかに何かのありがたみを感受しようとしている証しのように思われた。筆者は心理療法の可能性を感じ、G子と、週一回五〇分の面接契約を交わした。

だが、その後の治療は、予想通り難航した。すなわち、G子は自分の脚やお腹の脂肪を「これさえ無ければ……」と敵視し、相変わらず家では過食・嘔吐を繰り返していた。しかも、面接にはよく遅刻してきて、彼女がただ求めるのは「どうすればやせられるか」という即物的問題だけだった。筆者には、面接自体が「食べて吐かれる食べ物」と同様に粗末に扱われているように感じられた。そして『過食が治らないから病院を変わりたい』と、彼女は数回通ってきたところであっさり切り出した。

《あなたは、あなた自身の問題が、過食が治れば事が済むという単純なものではないということに、どこかですでに気づいているのではないでしょうか。だから「早く治そう」と余計に焦ってしまうので、今も「病院を変わりたい」と持ち出したのでしょう。あなたには、過食や「やせたい」という気持ちの背後に隠れてしまっている、辛かったり悲しかったりするような本当の気持ちを、ここで見つめて話していくことが必要なのでしょう。》

筆者は、彼女との関わりのなかに何とか情緒を盛り込もうと腐心していた。情緒的な部分に触れないことには、G子のこころは、気持ちの伴った生きたことばを生成しない。これまでにG子の語ってきたことばは、身体や食べ物を巡る具象化したものに過ぎず、それは、人としての奥行きを伴った情緒性を帯びていなかった。すなわち、筆者には「G子のこころと会話している」という実感が持てなかった。

『じゃあ、私はここに通ってくる方がいいんだね。じゃあ、やっぱり通って来る。』

G子は筆者の問いかけに対して、あっさりと前言を翻し、通院する意思を示した。しかしそれは、筆者のことばが彼女のこころに届いたというよりは、彼女が筆者のことばを「ここに通って来なさい」という現実的メッセージとして受け止めたからのようであった。筆者は、G子の情緒に触れることばを何とか探り当てようと試みつづけた。そのため、G子の友達関係や、家族との関係、特に母親との関係を、折に触れて聞くようにした。G子はそれらの人間関係の話に何の意味があるのか怪訝そうな顔つきをし、自分が望んでいるのは「どうしたらやせられるか、過食を止められるか」だけで、他のことは関係ない、とにべもなかったが、それでも家族の話は少しずつ増えていった。

半年も過ぎる頃になると、ようやくG子の話に感情の色が少しずつ付き始めてきた。彼女が言うには、母親は気分屋で怒りっぽく、「自分のことは自分でしなさい」という教育方針だった。しかも母親は仕事で忙しく『迷惑かけないでよ。面倒臭いんだから、お母さんは』と、よく言った。さらに、過食が止められないことを訴えても、母親は『食べなきゃいいじゃない』で済ませてしまうので、相談する気にもなれない。また、父親は、母親以上に遠い存在で、遊んでもらった記憶もほとんどない。小学校の頃から「この家は早く出たい」と思っていたという。今ではG子は家庭の中で、過食・嘔吐したり学校を休んで夜遊びしたりする、厄介な子になってしまい、母親ともしょっちゅう言い争うようになっていた。また、友達と遊んでいても、いつも体型が気になるので、どこかで友達と張り合ってしまい、気が許せない、などとも語った。

『甘えるってどういうこと？　あんまりわからない。どういうのそれ？　「何か買って」って言うこと？　「遊んでほしい」「かまってほしい」というのなら、気持ちはわかるけど。』

《小さい頃から、甘えられなくて淋しい思いをしてきたんだね》と筆者が語りかけたのに対して、G子はそんな風に返事を返してきた。G子には〝甘える〟ということがよくわからないようだった。少なくとも、精神的に甘えるなどという感覚は、見当もつかないかのようだった。G子の家には、小さい頃から、食べ物だけはどっさりと買い込んであったという。そして、淋しい時にG子はそれらの菓子パンを食べて気を紛らしていた。G子の〝淋しさ〟は、こころの水準ではなく、食べ物という具象的レベルで補われていた。淋しさをやさしく包容するこころの空間が成立せず、淋しさは、埋められるべき空虚な穴として「食べ物」で詰め込まれていたのである。

そんなG子が筆者との面接のなかで、自分の感覚（気持ちや情緒と表現するにはあまりに未分化なレベル）に少しずつ目を向け始めた。特に、過食する時の自分の感覚を、G子はどうにかことばにできるようになっていった。その感覚はG子らしく、こころの感覚というよりまさに〝身体感覚〟に近いものであった。

『何かね、家にいてね、暇だったり、何かモヤモヤと不安になってきたりね、そんな時、このあたり（胸のあたり）がね、「からっぽ」になっていると感じるんだわ。それで過食したい欲が止められなくなるのね。でも、△△君（その頃できたボーイフレンド）に会うと、からっぽが満たされ、幸せな気分に浸れる。そういう時は、過食したいとぜんぜん思わないし、そういう気持ちがスーっと、おさまっていくのね。でも、親に対しては、気持ちはからっぽという感じ。親には期待外れがいつでも大き過ぎる。病院来るのも、私が泣いて頼んだからやっと連れて来てくれた。家には愛情が感じられないのね。』

「胸のあたりがからっぽになっていると感じる時に、過食したくなる」――過食の背後にある何かを、自分との関連のなかで初めて捉えようとしたG子のことばであった。しかも、そのからっぽは、幸せな気分の時にはスーっとおさまっていく代物であることにも、G子は気づいてきた。からっぽは「脂肪」以上に、G子には耐え難い難物のようだった。しかしG子自身は、「脂肪」という〝身体の水準〟からからっぽという〝身体感覚的な水準〟へと、その苦しみのレベルを止揚しつつあるように思われた。いわば〝こころの水準〟に近づいてきたのである。この頃にG子が見た夢にもそれが表れている。

『海の真ん中にボートが浮かんでいて、そこに芸能人や友達と一緒に乗っている。みんなで花火を打ち上げたり、大騒ぎして遊んでいる。それでボートはジャングルジムみたいになっていて、みんなで鬼ごっこをして騒いで遊んでいる。でも、ジャングルジムを伝って逃げる時に海に落っこちてしまう。そこは真っ暗で、とても恐かったけど、イルカが出て来て乗せてくれる。イルカに助けられた。そのヌルヌルした感覚は厭じゃなかった。』

G子を助けてくれるイルカが登場している。しかもイルカのヌルヌル感は、こころの水準ではないにしろ、G子が身体感覚レベルでの「依存」や「安心感」を求めだしている証しのように筆者には思われた。だが、この夢にはもう一つ別の意味も隠されていた。それに筆者が気づくことになったのは、さらに後になってからであった。

G子との面接も一年を過ぎようとしていた。この間にG子は時折、自分の感情や衝動や抑うつ感をもてあまし、友達との夜遊びに走ったり、学校をサボったりなどの軽い非行傾向を見せていた。その一方でG子は、自分の本当に求めているものが「やすらぎ」や「愛情」であることに面接のなかで気づくようになり、過食・嘔吐や問題行動を自制する努力を見せ始めた。そして、ことばが少しずつ増えていった。

『こころのやすらぎを求めているのは、自分でもわかるよ。△△君と会ってると、過食のこと忘れてる。こころがあったかくなれるのね。彼のいいところは、理解してくれる。失敗しても「しゃあない」と言ってくれる。』

G子の内的イメージの中で△△君と筆者が繋がっているのは明らかだった。G子は現実の世界の中で、筆者の延長線上の存在を求めていき、その彼との間でもいいところを感じていた。だがその一方でG子の語る彼氏像には、いかにも貧困なところがあった。「いい人だよ」――G子は彼の人柄についてこれ以上説明しきれなかった。「いい人」、そのことばには奥行がない。G子が小さい頃「いい子」と見られたのと同様に、「いい人」という表現は、ただ表面の印象をなぞっているだけのようにも思われた。「人の目の奥を見ることができるようになって、はじめてこころの空間は広がる」*(Meltzer, D. 1984)*――G子のこころの目は、彼の内奥にまではまだ届いていなかった。したがって、彼との別れは早晩訪れた。

『彼とは別れたよ〔G子は唐突に語りだした〕。電話が掛かってきて「バイクに乗りたいからあまり会えない」って言われて、私も「あっそう」とあっさり別れた。』G子はそれ以上あまり語ろうとはしなかった。話題はすぐに友達のことに移っていった。彼女は「吐いて捨てる食べ物」と同じように、彼から捨てられたようなものだった。そこには、どうしようもない悲しみがあるはずだったが、彼女が言ったのはただ『何も思わない』だけであった。G子は、ことばを失うことで、辛さもなくそうとした。自分のこころの〝悲しみ〟に触れられなかったのである。そして、G子のこころは何も感じないようなものと化した。

G子が〝辛さ〟を語れるようになったのは、この後しばらく経ってからのことである。『ショックはあんまり感じなかった。でもそのかわり、過食はすごくなった。私って、こころで思わないのかな？　からだで反応するのかな？　そういえば、小学校の時に転校して、友達ぜんぜん出来なかったときも、何も感じなかった。だから、小さい時のこと何も覚えていない。何も残っていない。でも、すごく惨めだったんだろうなと思う。いつも何か、泣いてばかりいたから。ずっと一人だったから。食べたくなるのは、たぶん淋しいから。でも、昔の惨めだった自分に戻りたくなくて、私って、やせようとしたんだろうね。』

G子は彼との別れをきっかけに、それまで排除してきたこころの中の〝惨めさ〟に少しずつ触れられるようになっていった。これまでこの耐え難い〝惨めさ〟は、「悪い脂肪」として具象的にG子の中に棲みついていたも同然だった。しかし今、G子は「悪い脂肪」の話ではなく、こころの〝惨めさ〟〝淋しさ〟について語ろうとしていた。筆者には、「悪い脂肪」が溶解しだし、こころの相貌に姿を変えてきているように思われた。筆者は、G子が小さい頃からとても孤独で淋しかったことへの理解を伝え、私たちの間には悲しい情感が通い合うようになっていた。

だが、この〝惨めさ〟への気づきは、G子のこころのもう一つの闇をくっきりと照らし出した。『私は、いじめた子をぜったい許さない。すごく惨めだった。向こうは覚えてないだろうけど、小学校の時、私が寄っていくと「おまえじゃない」って言われて、のけ者にされた。その頃、私はいつもおどおどしていて、人の顔もまともに見れないような子だったから。それで、中学になって「いじめた子を見返してやる」と思って、やせようと思った。私をいじめた性悪女には、スタイルよくなって逆に馬鹿にしてやろうと思ったし、男には私のことを好きにさせて、振ってやろうと思った。復讐だね。』

ここには、〝惨めさ〟への耐え難さから復讐に燃え、〝惨めさ〟を否認し自己愛的に自分を立て直そうとしたG子の姿が見て取れる。そのための手段がやせることであり、それがうまくいっている時には、G子は自信に満ち、友達との間で軽躁的に遊んで、自分のこころの奥深くの〝惨めさ〟を浮上させないようにしていた。先ほどの夢は、その二つのこころの世界を象徴していたのであった。芸能人や友達と騒いでいる世界が、〝惨めさ〟の防衛された軽躁的な自己愛世界で、もう一方のG子が転落する海の深淵が、恐ろしいほどの〝惨めさ〟に通じるようなG子の内的状況を表していた。

G子は自分のこころの奥にあるそうした暗い世界を「イルカ」に象徴されるセラピストの手を借りて、次第に見つめるようになっていった。おどおどしていて、友達もできず、いつも泣いてばかりいた小学生時代。それなのに母親は兄の方ばかり向いていて、彼女の初めての生理の時も『痔じゃないの』と簡単に片づけてしまったこと。そんな時、彼女を癒してくれたのは、いつもどっさりと買い込んであった「食べ物」だった。その後、思春期になり、彼女はそうした〝惨めな〟世界に別れを告げようと思い、勉強に励んだり、やせようとし始めたりした。すなわち、「ガリ勉」や「やせ」によって人に優越すれば〝惨めさ〟は無くなると信じ込んだのである。

『わかるよ。先生の言っていることはすごくよくわかるよ。やせて優越したって安らぎを得られないのは、わかるよ。本当は気が小さくておどおどしている惨めな私をわかってくれる友達が必要なんだし、そういう自分を受け入れられるのが必要なんでしょ。でも、今までの私がいてさ、そういう気持ちがすぐに消えちゃうんだよね。続かないんだよね。どうしても、自己満足が欲しくなっちゃうんだよね。』G子は淋しそうに、小さく笑った。筆者の前には以前のように明るく元気に振舞う少女ではなく、うつむいてか弱げな小さな女の子が座っているように見えた。

G子との面接は、二年間で終わりを迎えた。G子が家を出て、遠方へ働きに出たからである。食行動異常ややせへのこだわりは、完全になくなったわけではないが、ある程度コントロールされるようにはなっていた。そして、何より変わろうとしていたのは、彼女が自分の中の二つの自己を見つめるようになっていたことである。すなわち、「自己愛的に突っ張る自己」と「惨めでいたわるべき自己」である。とりわけG子には、自分自身が理想とするような元気で明るく活発な女の子とは、そもそも違うということがわかってきていた。もっと弱くて惨めで悲しい部分を内に抱えた少女なのであった。G子はそうした自己を以前ほどには否認しなくなったが、彼女の理想には反するので、こころの中でのせめぎ合いは続いていた。そして、か弱い自己の〝惨めさ〟が強く刺激されると、やせへのこだわりや過食が増悪した。しかし、弱さを以前ほどには否認しない分、病的状態から比較的速やかに抜け出ることも可能になっていた。この二年間で、G子はより人間的な〝弱さ〟や〝悲しみ〟をもった人間として、さらに成長していく途に着くことができたと言えるのだろう。

摂食障害の内的世界

物化したこころ

G子に見るように、摂食障害の患者の場合、治療初期での彼女たちとの会話の通路は、身体や、食事や、やせを巡って、という言ってみれば即物的なレベルでの関わりとなりやすい。彼女たちの関心の中心はやせることにある。すなわち、やせを理想化し、やせれば全てうまくゆくので、そのためには拒食するし、食べても自発嘔吐してしまう。したがって、彼女たちのこころは表舞台には登場しない。せいぜい登場しても、やせることに理解を示さない親やセラピストに対する怒り、思うようにやせないことによる抑うつ感や虚しさぐらいである。彼女たちのこころは、やせにまつわる表層的な感覚域を出ない。

こうした困難な出発点から心理療法は始められねばならない。言わば患者はこころを出して来ない。出して来るのは、やせること・食行動異常・行動化など、ほとんど具象的レベルの排出物ばかりである。換言すれば、こころは自己を語らないし、情緒的な物語など紡ぎ出さない。もっと非象徴的な原初的水準で機能しているのである。摂食障害者において、こころの代わりに身体や食べ物などの具体物が使用されている理由が、ここにある。こころが〈物化〉しているのである。そして、G子もその例外ではなかった。

では、彼女たちのこころはなぜ〈物化〉してしまったのだろうか。G子の治療経過を遡れば、理解の糸口が見えやすい。すなわち、治療終盤でG子が情緒的なことばや感覚を表現し始めた時、彼女が気づいたのは、自分のこころの中の〝惨めさ〟だった。彼女が言うには、小学校の頃には友達もいなくて、いつも泣いておどおどしていた「すごく惨め」な子どもだったのである。彼女はその〝惨めさ〟が耐え難くて、中学になっていじめた子を見返そうと決心した。その中心的な手段がやせることだったのである。それ以後、G子の〝惨めさ〟は、一人ぼっちの「淋しさ」や「甘えられなさ」というようなこころの問題ではなくて、「やせ」という身体の問題に置き換わっていった。

ここで見落としてはならないのは、G子のこころの機能水準がこの時点で質的に変わったことである。すなわち、G子はこころで感じることを辞めてしまったといってもよい。なぜなら、辛すぎたからである。一人ぼっちで甘えられず、しかも学校ではいじめられ、彼女のこころはこれ以上の〝痛み〟に耐えることができなかった。それゆえ彼女のこころは「身体レベル」という、より原始的な水準に退行したのだと考えられる。

フロイト *Freud, S. (1895 a)* 以来、人間のこころにとって辛くて悲しいことほど避けられ、そのために病的な状態へと陥ってしまうことも珍しくないのは周知のところだろう。フロイトが扱ったのは神経症レベルの患者だったが、ビオン *Bion, W.R. (1962 b, 1963, 1967)* は、統合失調症などの重い精神病の患者においても、耐えることのできない〝こころの痛み〟が自我装置を破壊してしまい、破壊された自我の断片が外界に投影され、幻覚・妄想などの奇怪な病的症状を生み出すことを臨床的に論じた。神経症や精神病において、それぞれこころの損傷の受け方に違いこそあれ共通して重要な要因を成しているのは、「こころが痛みに耐えられなくなる」という事態である。

筆者は、摂食障害などのパーソナリティ障害においては、統合失調症ほどのこころの不全はないものの、かといって神経症のような限局的な症状レベルにも留まらず、パーソナリティ全体を巻き込んだ重篤な病的状態に陥ると考えている。それがここで提唱した、こころの〈物化〉という事態である。G子はこころの痛みのために、もっぱら問題を「やせ」という即物的事柄に置き換えてしまった。

もっとも、こころの問題が身体の症状として出現する神経症的事態は、昔からそれほど珍しいことではない。いわゆる心身症といわれるような、ストレスが原因の一つとされる胃潰瘍や本態性高血圧などは、アレキシサイミア概念にみるように、怒りなどの攻撃的情動をこころでは感じなくなっている状態だ。その代わりに身体の病気が発症する。他にも、子どもが精神症状の代わりに身体症状を症候化することもよく知られている。子どもはこころの表現力が未発達だからだ。

このように、こころの問題やストレスが身体の症状化に繋がったりすることは、決して珍しいことではない。だが、摂食障害におけるこころの〈物化〉という事態は、それとは一線を画している。松木 (1997) の言うように、やはり人格の「精神病」なのである。それほどに、彼女たちは人格全体を巻き込んだ病理形成を行っている。例えば、彼女たちにはある意味で「病識」がない。心身症の患者なら、胃の痛みに耐え兼ねて医者の薬をきちんと服用しようとするが、摂食障害の患者は、これ以上やせれば死ぬとわかっていても、空虚な明るさで拒食し、やせを進行させ、実際に死んでしまう人も稀ならずある。彼女たちは死の実感のないままに、やせるためには死も辞さない。そこには常識的世界を踏み超えた、荒涼たる世界が口を広げている。

では、摂食障害のこころが〈物化〉した世界をどう理解すればよいのだろうか。そのためには筆者は、近年イギリスのクライン学派の間で注目されてきた「こころの次元論」が参考になると思う。その嚆矢となったのはビック *Bick, E. (1968)* とメルツァー *Meltzer, D. (1975 a)* であろう。彼らは自閉症の世界を共同研究していくなかで、極めて早期の破局的不安を伴った乳児の無統合な *disintegrated* こころの状態を記述した。自閉症者は、そうした脆弱な自己の状態が破局してしまわないように、「第二の皮膚」と命名された心的防衛機制を駆使するのである。ビックの症例においては、筋肉を発達させて身体を硬化させることによって、こころの解体を防衛している自閉症者のケースが記載されている。

すなわち、非常に原始的なレベルでのこころの解体を防ぐために、こころの機能ではなく、全身筋肉と化したような身体が使用されるわけである。

メルツァー（1975 b）はその後、ビックの研究を発展させ「こころの次元論」を提示した。そのなかで、自閉症者はこころの空間が欠如しており、対象の取り入れも投影もできない平面的な心的世界に生きているので、ひたすら模倣することしかできない、と論じた。すなわち、こころは意味を持たず、模倣という脆弱な防衛（付着同一化）によって解体を防いでいるのだ。その後、「こころの次元論」はメルツァーやビオン（1962 b, 1963）の影響を大きく受けながら、グロットシュタイン Grotstein, J.S.（1978, 1981）も論じた。彼は、自己と対象との分離が生じた時に、その経験を〈抑うつポジション〉のレベルで受け止められれば、こころの空間が、その深さや意味を内包した〈コンテイナー〉として働くようになると唱えた。

彼らに共通しているのは、こころが三次元的な空間や意味や内容を持てるためには、〈投影同一化〉による対象との交流ができることが必要だ、という論旨である。したがって、メルツァーは自閉症児の世界を、投影同一化より早期の防衛機制である「付着同一化」の概念を提唱して探究しようとした。

翻って摂食障害の世界に関して考えると、彼女たちは、自閉症者ほど原初的なこころの空間の不全を来しているわけではない。摂食障害は基本的には〈投影同一化〉が成立しているので、三次元世界での病理だと考えられるが、その投影同一化の様相が特異的なので、彼女たちの三次元世界は、人との情緒交流が困難なほど収縮してしまい、先に示したように、こころが〈物化〉した。すなわち、彼女たちの投影同一化の様相に問題があるので、豊かな「三次元的こころの空間」が成立しなくなっているのである。

ちなみに筆者は次章において摂食障害の病理を「食＝悪い乳房＝母親の排泄物」というパースペクティブから論じるが、そこで示すのは、彼らの母親との早期の対象関係が「食」を媒介として具象的レベルで交換されている、ということである。その観点は、G子にも当てはまる面が少なくない。

G子においても、幼い頃から、耐え難い〝淋しさ〟は「食べ物」を媒介にして即物的に埋められていた。そして、後年になってその耐え難い〝淋しさ〟〝惨めさ〟は「悪い脂肪」に置き換わった。すなわち、彼女たちは幼い頃から、情緒レベルでのこころの問題を、食べ物や身体という身近な具体物に置き換える術で防衛してきたのである。ことばを換えれば、「食べ物」や「身体」が耐え難いこころの痛みを受け取る〈投影同一化〉の対象と化している。彼女たちはこころの痛みを人との交流によって癒そうとしていない。ものとの関係でそれを行おうとする。

ここでは、スィーガル *Segal, H. (1957)* が統合失調症者の象徴不全の例として挙げた「象徴等価物」の概念が有用となる。過剰な〈投影同一化〉は、対象との分離を避け、象徴と原対象との区別をなくした象徴等価物を形成する。スィーガルの例で言えば、バイオリンを弾くことが公衆の面前でのマスターベーションと同じことになってしまう。象徴機能が働かないのである。摂食障害の場合も、「食べ物」や「身体」が象徴等価物と化しているきらいがある。なぜなら、彼女たちの心底にある〝惨めさ〟や〝淋しさ〟の感覚は、完全なまでに否認され、過剰な投影同一化によってものに投影され、同一化されている。その証拠に、筆者との治療関係でG子は、こころの交流を持てるようになるとともに、過剰な投影同一化は弱化し、「脂肪」は〝惨めさ〟や〝淋しさ〟という情緒的なテーマに変わっていった。すなわち、臨床素材にあるように、G子は過食する時の気持ちをからっぽという身体感覚的な空虚感で、まずは表現できるようになり、その後、さらにそれらは「イルカに助けられる」という身体感覚的な依存感へと繋がり、遂には、自分のこころの中の〝淋しさ〟〝辛さ〟の実感という情緒を回復するに至った。ここには、〈物化〉したこころが人間的な〝淋しさ〟〝辛さ〟を感じられる情緒性を回復していく過程が見て取れるのである。

以上より、摂食障害は、「三次元的なこころの空間」を不充分ながらも保持しているが、食べ物や身体などのものとの関係で過剰な〈投影同一化〉を用いるので、人との情緒交流が困難なほど、心的空間世界は収縮し〈物化〉したと考えられる。特に、自らの身体が彼女たちの全存在意義を賭けて使用されるので、ある面、自閉症者がこころの解体を防ぐために「筋肉皮膚」として身体を使用するのに似た、「頑なさ」や「不器用さ」や「固執性」が認められる。したがってこころの交流は、身体全てを賭けて阻まれるという圧倒的な壁にセラピストは突き当たりやすい。

そして、彼女たちがこれほどまでに防衛しようとしているこころの感覚が、G子との治療の後半で現れてきたような〝惨めさ〟や〝淋しさ〟だったことは注目に値する。彼女たちの基本的な内的不安は〈抑うつ不安〉なのだ。その防衛としての過剰な〈投影同一化〉により、それらの抑うつ不安を「身体」「食べ物」へと具象化した（象徴等価物）。そのため彼女たちはあれほどまでに脂肪や食べ物を排除しようとする。象徴等価物と化している〝惨めさ〟などのこころの痛みを、脂肪を排除することで即物的に排除したいわけである。その結果、彼女たちのこころは広がりや奥行きを乏しくし、他者との情緒的交流を持てるような〈コンテイナー〉としての機能を失っていった。

筆者はこれが摂食障害者に特有なこころの〈物化〉の機制だと考える。次項では、この物化の機制をさらに強化している彼女たちのパーソナリティ構造を論じてみたい。

パーソナリティの自己愛構造

前項では、摂食障害のこころが〝惨めさ〟や〝痛み〟に耐えられず、「食べ物」「身体」に対して過剰な〈投影同一化〉を行い〈物化〉していく、特異な様態に関して論じた。そのうえで、もう一つ彼女たちの病理性を強化しているのが、そのパーソナリティ構造にあると考えられる。そのことを、G子を例に論じてみたい。

G子がボーイフレンドとの別れとともに、こころの中のからっぽを感知できるようになり、その後それが幼少期の耐え難い〝惨めさ〟に連なって回想されていった時に、彼女のこころの闇をもう一つ照らし出したのは、いじめた子に対して復讐に燃え、その手段としてやせることに邁進した、G子の「高揚した姿」であった。G子は〝惨めさ〟を〈投影同一化〉によって〈物化〉していくばかりではなく、さらに、その〝惨めさ〟を完全に否認するために、惨めさの反対の極である高揚した〈自己愛〉性に自らの拠り所を求めていったのである。〈抑うつ不安〉を〈物化〉するばかりでなく、さらに、そのこころの諸部分を〈自己愛〉的なパーソナリティの鎧で固めようとしたのだ。

このパーソナリティの仕組みは、彼女の夢の中に端的に表現されていた。すなわち、海に浮かぶボートの上で芸能人たちと派手に騒ぐ高揚した世界と、その世界から転げ落ちてしまった真っ暗でとても怖い海の中の世界である。G子は、海（こころ）の深淵に潜む暗さ（惨めさ）をひたすら怖れ、それを忘れて躁的な気分に浸るために、芸能人と大騒ぎして遊んでいるのである。そこには、〈抑うつ不安〉を回避して、やせることで芸能人の仲間入りをし、いじめた子を見返すという、〈自己愛〉的な満足感や勝利感が窺える。夢にパーソナリティ構造が現れ出る例をスィーガル（1991）も挙げているが、G子の場合も、はっきりとパーソナリティの二層構造が夢の中に表現されている。そしてここで注目されることは、〝惨めさ〟（抑うつ不安）の防衛としてのパーソナリティの〈自己愛〉病理である。

〈自己愛〉病理に関しては、近年クライン派の間でパーソナリティの病理的組織化の観点から研究が進められた（*Meltzer, D., 1968 ; Rosenfeld, H., 1971 b ; Segal, H., 1972 ; O'Shaughnessy, E., 1981*）。その総括的研究を成し遂げたのがスタイナー *Steiner, J.*（*1993*）だろう。彼はそのなかで、先行研究を総括しながらも、パーソナリティの依存的な部分（自己の弱さや辛さを感じられる健康な部分）が、パーソナリティのもう一面の破壊的な部分によって支配される様を、「パーソナリティの自己愛的な病理組織化」と概念化した。結局のところ、こころの健康な部分が〝淋しさ〟〝惨めさ〟〝弱さ〟の感覚に伴う〈抑うつ不安〉に耐えられないがために、破壊的で羨望に満ちた病的部分が躍動し始め、嘘やごまかしに満ちた「自己愛的倒錯」手段に訴え、弱さを否認した強さの感覚を手に入れる、というわけである。

　さて、この病理的組織化論を摂食障害に応用して、彼らのこころの病理の解明と治療に向かったのが、日本の松木邦裕である。その集大成が『摂食障害の治療技法』（1997）として一冊の著書としてものされているが、そこで彼は摂食障害の本質を「自分の（抑うつ）不安や葛藤を直視し続けることを避け、食と身体に関した病的行動で解決しようとする行動の病である」と明言している。そして「自分の（抑うつ）不安や葛藤を直視し続けることを避け」るための手段が、やせることであり、やせることによって「理想化された母親対象との一体化」という空想的で万能的な自己愛状態を作り上げようとしているという。筆者は松木のこの摂食障害論によって、伝統的な「成熟拒否論」などとは全く違った新たな地平が開かれたと思うが、まさにG子の場合にも、松木の論は至極当てはまるように思われた（祖父江 2001 b）。松木の言う〈抑うつ不安〉が、G子の〝惨めさ〟であり、それを避けるためにG子は「やせ」という行動化を起こし、自らの身体の自己理想化（理想化された母親との幻想的一体化）に向かったのである。

　このように〈自己理想化〉や〈自己愛〉の病理は、重篤なパーソナリティ障害の理解を深めるうえで欠かせない視点となっているが、まさに摂食障害の病理解明にも有用である。さらに、ここで見逃せないのは、こうしたパーソナリティ病理において、臨床家が皆〈抑うつ不安〉に着目している点である。もちろん各臨床家とも、パーソナリティの病理的構造が急激に崩れるような時に一過的な〈迫害不安〉（妄想性不安）が出現する場合があることを、経験上熟知しているが、基本的には、抑うつ不安の重要性を強調しているところが興味深い。さらに治療としては、抑うつ不安を否認せず、直視し続け、こころの痛みを感じることこそが、病気からの回復であると考えられている。実際、G子に見られるように、臨床上もそのような経過を辿ることも少なくない。結局のところ、「こころの中に抑うつ不安を保持し続けることこそ〝こころの健康〟である」という、臨床から導き出された人間観がそこに見て取れる。

　最後に、〈抑うつ不安〉と〝こころの健康〟との関連について考察を深めたい。それは「こころの健康・成熟とは何か」という精神分析からの問題提起につながろう。

こころの成熟とは何か

　これまでG子を例に挙げながら、こころが病的状態から回復する過程で、〈物化〉していたこころの様態が惨めさ〈抑うつ不安〉というこころの〝痛み〟として感受されるまでを描き出し、その意義について論じてきた。さらに、この抑うつ不安をこころの中に保持できることこそが〝こころの健康〟であり成熟であるという論旨を展開してきた。

　ここで注目されるべきは、「こころの成熟や健康とは、こころに〝痛み〟を感じるようになることだ」という一見相矛盾するテーゼが含まれていることである。なぜなら、健康や成熟とは、一般に「元気さ」や「明るさ」というようなポジティブなイメージを喚起しやすい。その意味で〝痛み〟には、病気の痛みを連想させるようなネガティブなイメージが付きまとう。「身体が痛い」となったら、それはまさに「身体のどこかが病気だ」ということに他ならない。だが、こころの場合には、痛むことこそが成熟さの指標になり得るというパラドクスが、そこにある。すなわち、こころの成熟とは決して、悩みや痛みの無さとイコールではないのである。

　では、G子は〈抑うつ不安〉を自覚できるようになるにつれて、何を手に入れたのだろう？　それを自覚して、ただ惨めな気持ちに突き落とされただけなのだろうか？　いったい彼女はどう成熟したと言えるのだろう？　もちろん彼女はまだその成長途上にあるが、彼女の陳述自体のなかに、彼女の手に入れようとするものが見て取れる。『本当は気が小さくて、おどおどしているみじめな私をわかってくれる友達が必要なんだし、そういう自分を受け入れられるのが必要なんでしょ。』――ここには、自己理想化（松木の言では、理想化された母親との幻想的一体化）を諦め、自己の現実を受け入れていこうとするこころの営みが窺い知れる。G子はこころの中に〝惨めさ〟を感じることで、「本当は気が小さくて、おどおどしている」という自己のこころの中の現実を知り始めたのである。すなわち、彼女の手に入れようとしているものは、〝こころの現実〟である。それは、彼女の理想とするような自己像とは大きく異なり、決して幸せな気分に浸れるような代物ではなく、むしろ淋しさと落胆の伴うようなものである。だが、それでもそれは得難いことなのだ。なぜなら、自己の現実や弱さを知ることによって、理想的な自己でなくても「現実の（ありのままの）自己をいとおしみ、いたわる気持ち」が芽生えてくるかもしれないし、ひいてはそれは「他者の弱さへの共感やいたわり」にも繋がるかもしれないからである。

私たちは、自己の弱さを知り、それを自らいたわることができるようになってはじめて、他者に対してもやさしくなれるのではないだろうか。私たちは自らの理想通りの人間にはなれないし、他者もまた自らの理想通りの人ではないという、限界を持った人間同士なのである。そうした自己と他者との限界を知り、その限界からくる喪失感（失望や落胆）を受け入れられることによって、私たちは人間的なやさしさの成熟過程の途へと就くことができると言えよう。すなわち、これが大人になっていくための〝こころの中の喪の過程〟である（*Freud, S., 1917 a*）〔小此木 *1979*〕。

フロイトは自己分析の過程で、それまで尊敬してやまなかった父親に対して密かに敵意や殺意を抱いていたことを知り、人のこころの悲しさを知った〔小此木 *1973*〕。〈抑うつ不安〉を概念化したクライン（*1935, 1940*）は、息子の非業の死を契機に、悲哀・孤独感や罪悪感や勝利感さえも自らの中に生じるという現実を知り、辛い「モーニング・ワーク」（喪失感）を出をやり遂げた。精神分析に革命をもたらしたビオン（*1962 a, 1962 b, 1963, 1967, 1994*）は「母親の乳房の不在」を出発点に自らの精神分析理論を構築していった〔祖父江 *2003 b, 2004 a, 2004 d*〕。いずれも、自己と他者の現実を知り、その限界・不在・喪失を痛みとともに諦念し受け入れていくことを、〃こころの健康〃の原点と見なしている。そのようにして受け入れられた現実こそ、辛いながらも「こころの栄養」(Bion, W.R., 1963)になり得るのだ。

精神分析の創始者フロイトは、最初からそのことに気づいていた。彼はヒステリー患者の治療のなかで早くからそのことに触れている。それを最後に引用したい。そしてここにこそ、精神分析が、ある種の宗教とは違い、万能感や理想化を諦念した現実認識の科学として成り立っている根拠がある、と筆者は考えている——「あなたのヒステリーのみじめさをありふれた不幸に変えてしまうことにわたしたちが成功するのだったら、それだけでもずいぶんとくをしたということになる、とお気づきになりましょう。ありふれた不幸に対してなら、あなたも精神生活の回復によって、ずっとたくみに防衛をすることができましょうから」(Freud, S., 1895 a)。フロイトは、ヒステリーという病気の惨めさから、人生におけるありふれた不幸の惨めさを情緒的に経験できるようになることにこそ〃こころの成熟〃〃こころの健康〃がある、と考えたのである。

おわりに

本章では摂食障害の病理を、こころの〈物化〉、パーソナリティの〈自己愛〉構造という二つの視点から分析した。さらに、それらの病理的な心的機制の背後には、彼らの幼少期からの「耐え難い惨めさ」が息を潜め、摂食障害の病因形成にあずかっていることを論じた。この観点は、対象関係論特有の内的世界・内的対象関係・投影同一化などの概念や、筆者の提唱した切り口(「食べ物への具象的投影同一化」や「こころの物化」)をもとに、彼らの病理構造を明らかにしようとしたものである。

摂食障害の人間像を〃こころの健康〃観と繋げて考察し、さらには「こころの健康とは何か」という極めて原理的な問いにまで一石を投じることができたなら幸いである。

あと知恵

本章は、二〇〇二年『愛知県立大学社会福祉研究』第四巻が初出であり、それに加筆修正したものである。筆者が、病院臨床の現場から大学の教壇に活動の拠を移し、専任の大学教員となって初めて書いたペーパーである。言ってみれば、大学教員としての挨拶代わりのような意味合いを持つ。したがって、精神分析や心理臨床の専門家ばかりでなく、もう少し広い層に対して摂食障害の精神分析的理解を伝えたいという想いが、執筆動機の一つとしてもたらされた。

ここで強調されているのは、フロイト以来の人間観と言ってもよいかもしれない。「こころの健康とは、ありふれた不幸に持ちこたえることだ」という視点である。ありふれた不幸（抑うつ不安）への耐性にこそ〝こころの健康〟の根拠が存している。

現在の筆者からすると、〝ありふれた不幸〟は、単に耐えられるべき負荷が科せられるだけのものではなく、〈コンテイナー〉たる他者の存在により、「感謝」や「思いやり」を生成する醸造庫にもなり得る、という観点がもっと強調されてもよい。すなわち、ありふれた不幸には、自己や他者への「やさしさ」に繋がるような、積極的な意義も内包されているのだ。そこに、フロイト、クラインを経てビオンに至った筆者の、人間観に関する微妙な変化がある。

第四章　摂食障害 その二——食と排泄の病理

はじめに

古くはブルック *Bruch, H.* (1978) を持ち出すまでもなく、摂食障害に関する心理学的研究は数多ある。例えば拒食・過食・嘔吐という食行動特性に関して「成熟拒否」や「女性性の拒否」などの心理学的側面からの理解がなされ、治療が行われてきた。

日本における摂食障害の臨床研究は、下坂 (1961, 1963) が先駆的存在となり、その後、多くの臨床家が後を追った。精神分析の領域では、近年、菊地 (1994, 1995) が意欲的な論文を発表し、また松木 (1988, 1989 a, 1990, 1993, 1994, 1997, 2006) は、治療論まで含めた摂食障害への統合的理解を、クライン派の立場から見事に描き切っている。

このように、現在では摂食障害に関する力動的理解は相当に深まってきているので、徒らに屋上屋を架するような論述は避けたいところである。そこで本章では、摂食障害の心理面での理解を、今までとはやや違った角度から検討することにしたい。すなわち、論述の焦点を「食行動異常の心理学的意味」に絞り、対象関係論の知見を照射することにより、その意味の解明を目指そうと思う。

それでは、まず臨床素材を提示しよう〔本論の主旨が損なわれない程度に、事実レベルでの改変が施されている〕。

臨床素材

H子は、過食・嘔吐を主訴とする二十代前半の女性である。
家族は、亭主関白な父親、専業主婦の母親、大学生の弟。生育歴的に注目されるのは、両親が、H子の小さい頃から仲が悪く、母親は「父親が冷たい」という愚痴を長年にわたってH子に聞かせ続けてきたことである。だが母親自身も、H子に対して支配的、過干渉であり、H子が母親の愚痴を聞かないと途端に拒絶的になるような人であった。例えば、母親は小さい頃のH子に『小さいあんたがいたから、お母さんはお父さんと離婚できなかった』と言ったり、H子が母親の話を真剣に聞かないと『やっぱりあんたはお父さんの血を引いているから、お父さんに似ている』と言ったりして、H子を責めた。したがって、H子は「母親の気に入るように話相手をしていないと、母親から責められ、見捨てられる」という不安を密かに高めていたのではないかと推測された。いわば、H子は母親から侵入的に支配されていた――侵入的同一化 *(Meltzer, D., 1986)* ――のである。

このような母子関係に基づいて、H子は表面的には母親の言うことをよく聞く「良い子」として育っていった。しかしその内実は、学校でいじめにあっても母親には全く話すことができず、全て自分のこころの中に抑えてしまったり、友達関係においても、表面的で相手に合わすような関係しか持てなかったりした。H子のこころが通じる相手は誰もいなかったし、H子自身もそれを求めようとする気持ちすら育っていなかった。そのようにして、H子は、中学・高校と、表面的には何事もないように淡々と日々過ごしていった。

大学時代は、H子は英会話などの資格を取ることに熱中した。友達関係で遊びに行ったりカラオケに行ったりしても、全く楽しいと感じなかったので、資格を取ることで充実感を得ようとした。大学卒業後、事務職に就いたが、仕事も人付き合いも増え、苦痛になっていった。職場でニコニコ笑顔を作るのも、相手を騙しているようで厭だったし、同僚から遊びに誘われるのも苦痛になり、三年目で会社を辞めた。そして、これなら人付き合いしなくてもいいと思って、パソコン専門学校に通いだした。

H子の過食・嘔吐のエピソードが始まったのは、この頃からだった。H子は、夜は専門学校に通い、昼は、母親が体調が悪いと言うので家事に明け暮れ、それに併行して、母親は相変わらず父親に対する愚痴をこぼし、弟は我関せずと自由に遊び回っていた。そういう生活がしばらく続いたあと、H子は自分自身が「がんじがらめで身動きが取れない」ように感じ、服薬自殺を図った。それが筆者との心理療法が始まる契機となった。

H子は当院に運ばれ、主治医の診察と応急処置の後、心理療法の可能性を探るべく筆者に紹介されてきた。筆者の前に現れたH子は、どこか植物的な印象を受ける華奢な女性だった。H子は涙ぐみながら、まさに吐き出すように母親との関係の〝苦しさ〟を語った。すなわち「母親の言う通りにしないと、自分が悪く思えて仕方がない。それで母親の気に入るようにするのだが、それでも母親の機嫌が悪くなったりするので、自分ではどうしていいのかわからない」というような内容だった。H子の語り口は、今まで吐き出すところがなくて溜りに溜まったこころの未消化物を、筆者という対象を受皿に、まさに排泄しているかのごとくであった。

その後、診断面接を四回試みて、H子の病理がスキゾイド的人格障害を基底にした過食タイプの摂食障害であろうと見立てた。そして週二回の面接を提案し、別に主治医が管理医として母親面接をするという治療構造をとった。

面接開始後まもなく、H子は、家にいるのが苦しいということで、アルバイトをしながら独り暮らしを始めた。食行動異常の方は、ほぼ毎日、過食・嘔吐が繰り返されていた。さらに、H子の対人関係は全く制限されたもので、人が恐いと言って、アルバイト先での表面的な付き合い以外はすべて避けられていた。

面接では、筆者が口を挟む余地のないほどH子は一方的に話し、筆者はあたかもH子が吐き出す排泄物の受け皿のようだった。この関係が、部分対象関係で「排泄型陽性転移」〔本書「理論篇」第Ⅲ章参照〕から成り立っているのは明らかなように思われた。H子は筆者のことを『カウンセラーだから、先生は他の人とは違う。だから私は患者で、安心して喋っている』というように、万能的な受け手と見なしており、筆者への不安はまったく否認されていた。その一方、母親は、言いなりになっていないと途端に恐ろしい顔を覗かせる「悪い対象」として怖れられていた。ここには明白に、対象像のスプリッティングが働いていた。

当面はH子が筆者を「吐き出す相手」として「対象を使用すること」(*Winnicott, D.W., 1971*)も必要であろうと考えたが、それで充分とは思えなかった。したがって筆者は、機を見てH子が否認している気持ちに触れようとし続けた。すなわち、H子が「母親の言う通りにしないと見捨てられる」と思って、母親への怖れから、言いなりになっていることや、また筆者との関係においても、筆者の言動に時々は怖くなることがあっても、極力気づかないようにして、良い関係を崩さないようにしているのではないか、など解釈していった。治療初期には、このような解釈は、あからさまな反発も肯定もいずれも招かなかった。ただ、H子は、やや戸惑いながら『先生がそう言うのだから、そうかもしれない』と、何とかセラピストの解釈を鵜呑みにしようとした。

治療も一年も過ぎ、面接回数も七〇回を超える頃になって、ようやくH子のこころにも少しずつ変化が生まれてきた。筆者の解釈に対して、時に抵抗するようになってきたのである。さらに、抵抗を示しながらも、自分のこころの〝辛さ〟を語りだした。例えば、H子の筆者への不安をとりあげようとすると『「先生は先生だから……」と、違う次元に置いているから安心できる。先生の人間性とか考えると、「鬱陶しく思われたら厭だな」とか、すごく怖くなる』『考えたくないことを言われて、たまらなく腹立たしい。私は殻に閉じこもって安心していたいのに……』などと、初めて、筆者に対して苛立ちを表明した。ここに至ってH子は、セラピストに対する不安や苛立ちなど、今までは避けて通ってきた気持ちに少しずつ触れることができるようになってきたのである。

このことは、H子自身のこころの中に昔から潜んでいた〝怒り〟にも気づかせることになった。例えば、小学校でいじめられた体験を思い出し『いじめた子を助けるふりをして、最後の最後で裏切って突き落としてやりたい』など、激しい恨みの感情を語ったりもした。さらに筆者に対しても『本当はずっと「死にたい」と思ってきた。でもそれを言ったら、先生もどうしていいかわからなくて困ると思って、言えなかった』など、以前よりもH子は自分の中の取り扱い難い感情を面接場面に持ち出してきた。ここにおいてH子は、従順だが一方的に排泄する患者から、セラピストを時に困らせながらも、それを通じてコミュニケートできる患者になりつつあった。

さて、面接回数も百回を超える頃、家庭の事情によりH子は家に戻ることを余儀なくされた。以前よりは母親に自分の気持ちが言えそうな気がすると思い戻ってみたが、実際には相変わらず母親はH子に頼り、『最大限にやらないと、お母さんがブツブツ言う、弟みたいに私は厭と言えない』というように、以前と同じ母子関係が再現された。再びH子は、母親に対して無力感を強くした。だがその一方で、H子は全く昔のままというわけではなかった。

『昔、お母さんから「自分のことしか考えてない」と言われた時のことが怖かった。怖いというのが先に立ってしまう。食べ吐きしていることで復讐してる気がする。食べ吐きしている時に石をぶつけてる気がする。いろいろ我慢していることが辛いとか。夢中で吐いている。吐いている時に不満をぶつけてる、吐くのが苦しくても、激しく吐けば吐くほど、怒りを出している感じがする』――H子は食べ吐きの意味を〝怒り〟との関連で明確に自覚しだした。さらに、身勝手な弟に対しては「殺してやりたい」と思うほどの怒りを語るなど、復讐空想を露わにした。

だが、H子の中の〝怒り〟は母親には到底受け入れられ難く、H子が家に戻ってからの母子関係は、悪循環の坂道を転がるかのようだった。H子はその度に傷つき、母親に対する不信を募らせ、「言ったって、もう無駄だ。早く死んだ方がいい」という絶望的な気持ちを強くした。治療に対しても「もう無駄だ」という気持ちを高めたが、筆者がH子の中の絶望感や、絶望することによって筆者への依存を感じないようにしていることなどを解釈すると、『先生だって、いつまで居るかわからない。先生の方が先に死ぬ気がするし、そうすると、自分が置いていかれてしまう。そうなら、今死んだ方がいいと思ってしまう』など語り、絶望とセラピストへの依存感の入り混じった、アンビバレントなこころの様相をH子は体験するようになっていった。

このようにH子は、自分の中の〝怒り〟や〝依存心〟などを着実に実感できるようになっていき、それ自体はH子の成長と思われたが、それは同時に、H子のこころをより辛くさせる〈抑うつ不安〉に直面させることをも意味した。その表れとして、ゴールデンウィークで面接が一週間空いた後には、H子は、壁に頭を打ちつけ、ひどい瘤を作ってやって来た。面接が休みになり、H子がずいぶん心細い思いをしたこと、休みになったことでセラピストから見捨てられたような気持ちになったことなどをとりあげると、H子は、休みになったのは仕方がないこととして割り切ろうとしたが『先生に甘えたい、信じたい、という気持ちが湧きそうになると、そういう自分が卑屈でいやらしいと思ってしまい』壁に頭を打ちつけてしまったという。

H子は、自分の中にセラピストに対する健康な〝依存心〟を感じだしていたが、それを「貪欲さ」として醜く感じてしまい、受け入れ難いようだった。そして『ここのところずっと「死にたい」と思っていた。疲れてきた』と語った。そのうえ、母親に対する怒りや不信はより高まり、『お母さんに対する怒りが湧いてきた、お母さんは私のことを大切に育ててきたと言うけど、愛情は感じられない。「自分の愚痴を聞かせるために育ててきたんじゃないか、仕方がないから育ててきたんじゃないか」と、自分の中にお母さんに対する冷淡な気持ちしか湧かない。でもそう思うと、自分がひどい人間に思えて、余計苦しくなる』と、今までは否認されてきた苦しい胸の裡を語るようになった。家族に対する不信は、家族と一緒に食事をとらないという意思表示として現れた。

『前は、肥るのが厭で食べるのが厭かな、と思ってたけど、今は違う。みんなと食べていると、強制される感じがする。必然的にお母さん達が喋っている愚痴を聞かなきゃいけない。それが厭。何か、与えられるものを素直に貰っておかないと、怒られる感じがする。前は「食べても、あとから吐けばいい」と思ってたけど、今は、あとから吐くのをもう終わりにしたい。自由に食べれるなら、食べ吐きするよりも気分がいい。』

面接も一六〇回を数えると、H子はようやく自分の食べ吐きの意味を悟ったようだった。『カウンセリングのあと習い事に行く時は、一人でお店に入って、結構楽しく食べれる。「ジュースでも飲みたいな」とか「アイスクリームでも食べたいな」とか「これはおいしいな」とか、楽しんで食べれる。家だとぜんぶ強制されてる感じがして、食べたくないと言っていろいろもめるよりも「あとで吐いた方がいいな」という感じになる』と言い、H子は家庭では何もかも強制されており、それを呑み込み食べないと母親や家族全体がとても不機嫌になってしまうと語った。

これ以後、H子の食べ吐きは、母親や家族から愚痴や不快なものを強制的に食べさせられなければ、もはや起こらなくなっていった。H子は、自分のこころの中の辛さをずいぶんと自由に見つめられるようになった。『ずっとお母さんのためにやってきて、この世にないというぐらい母親想いの娘を演じてきた。でも、良い子をやっていた時に、「本心からそれをやっているの？」とか「そんな風にしていて辛くないの？」とか、誰も聞いてくれなかった。みんな私のことを「すごく良い子だね」と、私の嘘を信じていた。』

　確実にH子は、自分のこころの中の現実に気づき始めたようだった。そして筆者に対しては、自分の中の〝依存感情〟とそれに対する〝罪悪感〟というアンビバレンツを、次第に強く経験するようになっていた。

『自分が先生に頼りきっているというのを認めたくないというか、先生みたいに受け止めてもらえる心地よさがわかったら、先生が助けてくれないと、何か、生きていけない感じがするというか。そうやって思えば思うほど、先生の負担になるんじゃないかと思って、すごく悪い気がするし、そんなの許されないことだから、という気がするし……』などと語った。筆者は、頼ることが悪いことのように感じられてしまうH子の気持ちを、幼児期の母親との体験から来ていることなどを解釈し、頼れないH子の心細さに触れようとしたが、H子は『何か、人に頼るなんてもってのほかだと思ってしまう』と言い、依存への不安はその後も根強く続いた。

　その後、筆者は面接回数を週三回に増やし、H子が自分の中の怒りや淋しさを保持できるように、こころを抱えようとしたが、H子は母親から頼まれた用事が断れず、進退窮まって、服薬自殺を試みるという行動に出た。幸い生命に別状はなく、しばらく当院に入院となったが、この入院期間中に彼女はさまざまなこころの変化を経験した。すなわち、看護師や内科医がH子の世話をしてくれたり、同室の患者の家族から暖かく迎えられたり、H子は初めて人のやさしさを経験したと言う。

　H子は、入院してから食べ吐きをしたいという気持ちが全く湧かないこと、同室の人と話すのも苦痛ではなくなってきて、話しても、以前のように「馬鹿にされる」という感じがしないこと、「必ずしも怖いばかりの人間だけではない」と思えるようになってきたこと、初めて、他人と話していて楽しく感じられたこと、などを語った。

　ここにおいてH子は、もはや過食・嘔吐という病的な機制を使わずとも、こころの辛さや苦しさを、セラピストや周りの看護師・医師など「普通の人」とこころを通わすことによって解消できることを、身を持って体験し始めたようだった。さらに彼女は『私は今まで「お母さんのために生きているんだ」と思ってたけど、本当はそんなんじゃなくて、本当に欲しかったのは、自分が辛い時には辛いと言えて、そう言っても私が悪いという感じでなくて、頼ったり甘えたりすることが欲しかったんだ、と気づいた』と、自らの心的現実も直視できるようになっていった。

その後、主治医の母親面接の効果も及んで、母親も、徐々に自分の態度を受容的なものに変えていった。H子と母親との関係は、現実にも改善し、H子は母親だけには本当の気持ちを言えるようになったりもした。依然として紆余曲折があり、母親との間で絶望的な気持ちになることもあったりするが、H子はもはや、過食・嘔吐という病的機制で自分のこころを処理しようとはしなくなっていた。退院して三箇月の時点では、引き続き食行動異常はなく、その代わり中心の問題は、H子のこころの中の淋しさに絞られてきた。彼女は、母親には甘えられるようになったものの、「自分は普通の人とは違うのではないか、みんなみたいに遊んだり話したりすることで楽しめない」ことを嘆き、孤独感を訴えていた。「自分は何か人とは違う」という抑うつ的な色調の語りになり、H子は自分の内面に目を向けるようになった。こうしてH子はセラピストとともに、こころの中の孤独感を抱える課題に入っていった。

食と排泄の病理

摂食障害における食とは何か

従来、患者の示す拒食（あるいは過食）という行為は、肥ることを恐怖する結果もたらされる病的機制だと考えられてきた〔下坂 *1961, 1963*〕。すなわち、患者は肥ることを恐れるために、食物を摂取することを異常に制限（あるいは、その反動で過食）したりする。その結果、後で自発嘔吐することによって肥ることを避ける。その背景としては、「成熟拒否」や「女性性の拒否」などの心理的要因、あるいは、やせることに美的に高い価値が置かれるという社会的要因が考えられたりしてきた。それらの見解に関して、対象関係論的視点で彼女たちの食行動異常を捉え直すと、そこに新たな意味が発見できるのではないかと筆者は考えている。そこでまず、本節では、そもそも彼女たちにとっての「食」とはいったい何を意味しているのかということを、H子を素材にして見ていきたい。

臨床素材のなかで述べたように、小さい頃からH子にとって食べ物とは、自分の自由意志で食べるものというよりは、母親から押し込まれるものとして経験されてきた。H子は母親に『食欲がない』と言うと、『働きが悪いからお腹が空かないんだ』というように、H子の気持ちは非難とともに突き返された。したがってH子は、母親に怒られないように無理して食物を食べていたという。

H子の対象関係の基本パターンは、このような「食」に対する関わりが原型になっているのではないかと考えられる。すなわち、食べ物は、それを受け入れなければ途端に母親の怒りを買ってしまう母親の愚痴と同じように、侵入的にH子に押し込まれたのである。さらに、H子が母親の愚痴を聞かされた場面というのが食卓であったことは、注目されてよい。ここにおいて「食」というものが、彼女の中に押し込まれる愚痴（原型的には母親の悪い乳房）として無意識的に体験されたとしても不思議ではない。筆者はここで、摂食障害の内的世界においては「食＝悪い乳房」として無意識的に体験されている可能性について論じている。もとより、この観点は一つの推測に過ぎないが、H子の陳述や筆者の臨床的実感に即すると、そういう考えも浮かぶということだ。

菊地（1994）は摂食障害に関して筆者と似た臨床感覚を表現している。すなわち、彼女たちにとって「食物は無意識的には依存対象そのものとして体験されているように思われる」と。さらに菊地はスィーガル Segal, H. (1957) の「象徴等価物」の概念を援用し、食物が依存対象である母そのものとして体験されてしまう病理を論じている。筆者は菊地の観点におおよそ賛成するものだが、ただ実感としては、食物は「母親そのもの」というより、さらに退行して「母親が与えるミルクそのもの」という印象を持つ。すなわち、母親という全体対象ではなくて、より断片的で原初的な部分対象としての「乳房」である。しかもその乳房は、H子の場合に見るように、栄養素ではなく、実は母親の「愚痴」なので、H子は言わば母親からの排泄物（悪い乳房）を押し込まれ、はけ口にされてきたと言える。そして、そのような排泄物でも受け取らないと、母親の怒りを買い激しい拒絶にあってしまうと怖れ、排泄物ですら母親からの愛情だと倒錯的に錯覚してきたのが、H子の悲劇であった、といえるのかもしれない。

ただ、このように描写すると、筆者もH子の母親を一方的に「悪者」にしつらえているように見えるかもしれない。もし、そのような一面的な見方に臨床家が傾けば、治療的陥穽を招きかねない。なぜなら、H子の不安は当然、セラピストに対しても転移され、無意識的には、セラピストに対しても母親同様の怖れを抱いていると考えられるからである。したがって「食＝悪い乳房＝母親の排泄物」という無意識の空想が、治療関係のなかではどのように体験されたのか、その目線を外さないことが治療的には肝要となる。

いったいセラピストの「乳房」はH子にとってどのように体験されたのだろうか。それは、治療経過のなかに示されたように、初期には、母親の愚痴と同様、従順に呑み込まれていたのである。しかし、セラピストの解釈は母親の愚痴とは違い、H子が否認している「母親やセラピストへの怖れ」という痛ましい感情に触れようとするものなので、次には彼女の中のスプリット・オフされていた感情に働きかけ、軽い怒りが呼び覚まされた。それは、従順な患者から、ケチをつけることもできる患者になった成長であり、セラピストの解釈に対しても時には拒否し呑み込まないという態度に表れた。

ここにおいてH子と筆者との関係は、与えられた物を一方的に呑み込むという関係性から、彼女が真に欲しいものを求めるという自主的なこころの動きへと変化の兆しを見せていった。それは言ってみれば、お腹が空いた時に、乳児が本当に欲しいものを求め、乳房に吸いつこうとする態度に匹敵するものだろう。H子は、それまではセラピストに語ることができなかった「死にたい」という苦しい胸の内を打ち明けるようになり、同時に「先生に甘えたい」「先生を信じたい」という依存感も面接場面に持ち出してきた。それは、彼女が最も求めていたのに得られなかった「授乳乳房」への希求であった。『本当に欲しかったのは、自分が辛い時には辛いと言えて、頼ったり甘えたりすること』なのであった。ここに至ってH子は「良い乳房」の存在を認識し出したのである。

さて、ここで「食＝悪い乳房＝母親の排泄物」という先のテーゼに戻りたい。セラピストとの関係のなかで、自分が本当に求めているのは「良い乳房」だと気づくとともに、H子は「悪い乳房」の正体をはっきりと正視できるようにもなった。治療後半において盛んに述べられるようになったのは、家での食事が、食べたいものを好きに食べるという自由が与えられないものであったこと、食卓が最も母親の愚痴や家の険悪な雰囲気を押し付けられる体験の場になっていたこと、などであった。結局のところH子は、その「悪い乳房」を拒否するようになり、「厭なものを押し付けられない関係ならば、過食・嘔吐する気持ちが全く起きない」ということを実感するようになっていった。

H子は、面接が二〇〇回近くになった時にこう語っている――『食べる瞬間から、全て私は、お母さんの言うことに服従するという感じになっちゃう。私が好きなだけ食べるのを認めてほしい』。H子にとって「食」とはまさに、母親から押し込まれ服従させられる体験に他ならなかった。

身体排泄機能としての投影同一化

前項では、食が摂食障害者にとって無意識的には「悪い乳房」として体験されている可能性について論じてきた。次のテーマとしては、彼女たちは自己の中に押し込まれた「食＝悪い乳房」をどう処理しようとしてきたのかが、提起されてよいだろう。筆者はここに摂食障害という病態の特性があるのではないかと考える。H子は治療が進むなかで、過食・嘔吐の時の心境を次のように語っている――『食べ吐きしていることで復讐してる気がする。食べ吐きしている時に石をぶつけてる気がする。いろいろ我慢していることが辛いとか。夢中で吐いている。吐いている時に不満をぶつけてる。吐くのが苦しくても、激しく吐けば吐くほど、怒りを出している感じがする』。

ここには、かなり端的に過食症者の嘔吐の心境が表れている。彼女たちは、食べることよりもむしろ嘔吐することに「スッキリした」などと安堵と快感を得ていることも少なくない。なかには、嘔吐することが主な目的で、あえて過食しようとする患者もいる。H子の場合もそうだが、彼女たちにとって嘔吐は、心理的水準でも「吐き出している」行為を意味するのではないだろうか。H子はそれを『怒りを出している感じがする』と表現した。

先に述べたように、過食には「悪い乳房で満たされる」という意味があった。それによって、「見捨てられ不安」を防衛しようとしていた。すなわち、彼女たちの母子関係は、正常な〈コンテイナー／コンテインド〉の関係が成立しておらず、母親の愚痴という「侵害」(Winnicott, D.W. 1965 b) に曝されていた。そう見てくると筆者は、摂食障害にとっての嘔吐の意味というのは、母親から侵入的に押し込まれ、その結果自分の内部に一杯溜まった「悪い乳房の排泄」ではないかと考える。母子関係の正常な心理的交流として、気持ちの交換が行われないので、過食・嘔吐という具象的水準で病理的に機能するのではなかろうか。

ビオン Bion, W.R. (1962 a, b) の言うように、母親が、幼児の中から吐き出された不快な感覚印象を咀嚼して、耐えられる内容に変容させ、幼児に戻すことができるなら、幼児も欲求不満に持ち応えられるようになり、思考や象徴化の能力を発展させることもできるだろう。しかし摂食障害者は、このような心的能力を充全に発達させることができなかったので、過食・嘔吐というような具体的・身体的水準で機能している、と考えられないだろうか。すなわち、ころの水準で交わされるはずの〈コンテイナー／コンテインド〉という投影同一化の機能が、嘔吐というような身体的・具象的水準でしか働かないので、〈投影同一化〉の機能は、文字通り吐き出しという「受け手のない排泄」の役割を果たす他ない。

松木 (1995) は〈投影同一化〉の機能と作動水準にさまざまな下位分類があることを明らかにした。筆者も本書でスキゾイドにおける投影同一化について論じているが〔本書「臨床篇」第二章参照〕、摂食障害における投影同一化は、スキゾイドや統合失調症とはいささか質を異にするように思われる。統合失調症においても摂食障害者においても、投影同一化が「原始的な排泄機能」として作動していることにおいては違わないが、摂食障害の場合には、文字通り食物を吐き出すことによって、身体を通して排泄している。それに対して精神病は、その観念化の水準が低かったり断片化していたりするにせよ、ビオン (1963) が「ベータ要素」という用語で表現しているように、あくまでも「空想的」「幻覚的」水準で彼らの自我の細片は吐き出される。さらに、摂食障害者の吐き出す中身があくまでも、H子に見られるように悪い乳房という「対象の排泄」であるのに対して、統合失調症者は自我の細片すなわち「自己自身」を排泄している。特に、この後者の違いによって、摂食障害は統合失調症ほど病態水準をひどくしないのだろうと推測されるのである。

いずれにしろ、摂食障害者にとっての嘔吐とは、〈投影同一化〉の機能が具体的・身体的レベルで作動し、それによって悪い乳房（悪い対象）を排泄していると考えられるのである。

おわりに

本章では「食＝悪い乳房＝母親の排泄物」「身体排泄機能としての投影同一化」などの視点を提示することによって、彼女たちの食行動異常の心的意味の解明を試みた。すなわち、摂食障害の病理は、対象関係論的視点で照射した場合、食が「悪い乳房」と無意識的に等価と体験されており、その悪い乳房を呑み込むことで「見捨てられ不安」を防衛するが、結局その苦痛に耐えられず、嘔吐という身体排泄機能としての〈投影同一化〉の機制を使って、病的な心身の状態像を作り上げているところにある、と考えられる。彼女たちの病理をそう理解することで、彼女たちの人間像により共感的に理解できる視野を切り拓くことができるのではないだろうか。

参考文献

松木邦裕・鈴木智美編著『摂食障害の精神分析的アプローチ』〔金剛出版二〇〇六年〕。

あと知恵

本章は、一九九六年『精神分析研究』40巻第二号が初出であり、それに加筆訂正したものである。同誌上に掲載された筆者の二作目のペーパーとなる。一作目〔本書「理論篇」第Ⅲ章〕の論文と比べると、我ながら、対象関係論の理論・技法が板につき始めてきたように思われる時期のものだ。

なお、この小論には、筆者の師である松木邦裕先生の影響が如実に出ている。筆者は、松木先生のスーパーヴィジョンを受けながら『摂食障害における治療技法』を読んだ時、目から鱗が落ちる思いがした。クライン派特有の「病理的組織化論」によって摂食障害の内的世界の理解にメスが振るわれ、彼らの内的世界が初めて明快に解明された、といっても過言ではない。摂食障害のような「身体でもの言う」患者に、こころの世界をどう読み取るのかは、言うまでもなく、なかなかに至難な技だ。松木先生は、彼らの身体言語を「翻訳」してくださった。

さらに、本書の公刊と時機を違えず、松木邦裕著『摂食障害というこころ』という好著が、同じく新曜社から上梓された。摂食障害に関する松木先生の包括的な理論／技法書である。したがって、若い臨床家にとっても指針となるところ大だ。この本で松木先生は、摂食障害を「中核群」とそれ以外の「ひとまず摂食障害と診断される人たち」に分け、その見立て方・病気の本態・治療技法などについて、豊富な臨床経験に基づき、ことばを尽くしている。その語り口は、おそらく「中核群」の摂食障害の患者さんたちに対するのと同様、断固として揺るぎない。すなわち、〈自己愛構造体〔病理的組織化〕〉という患者のなかの〝病気の本態〟に対峙するには、その人格部分が表出するさまざまな憤懣・怒り、懐柔・ごまかし、危険な行動化などの攻撃を浴びようとも退かない〝プロ魂〟が必要なのだ。

筆者がこの第三・四章でとりあげた臨床例は、そこまで重症の「中核群」ではないが、松木〝摂食障害〟論の大船に乗って「食＝悪い乳房＝母親の排泄物」「身体排泄機能としての投影同一化」という味付けを施したに過ぎない。

第五章　心的外傷　その一
——ドラマタイゼーションの観点から

はじめに

フロイトが神経症理論を確立していくうえで「性的誘惑説」から「内的欲動論」へ転向したことは、よく知られているところである。彼は、「性的に誘惑された」という患者の幼児期記憶は、幼児性欲から生まれた空想だと唱えたのである。以後、精神分析は、フロイトの主張に添って、神経症の病因としては、現実での外傷的要因に重きを置かず、患者の内的欲動に焦点を当てる方向性に導かれた。

しかし近年、境界例や解離性障害などの重い人格障害において、幼児期の虐待が実際に看過できないほど存在し、それが病因として重大な影響を及ぼしていると主張されるに至った *(Herman, J.L. et al., 1989)*。さらに今日、外傷後ストレス障害（ＰＴＳＤ）がアメリカ精神医学界のＤＳＭ-Ⅳ-TRにも記載され、その診断的位置づけを確保するに至っている。日本においても近年、岡野 *(1995)* の成書が著され、心的外傷に関する理解は着実に進んでいる。このような時代の流れを見ると、現代においては、一旦はフロイトによって捨て去られた「外傷」理論がにわかに復権し、むしろ活況を呈するまでに至っていると言えなくもない。そして、外傷理論の主題は言うまでもなく、「外傷は患者の空想ではなく、れっきとした事実であり、重大な病因だ」という点にある。

このような歴史的経緯を見ても、これまで、現実での「外傷体験」と、フロイトの唱えた欲動の派生物である空想としての「心的外傷」は、互いを排除し合うようなかたちで、その存在意義を主張してきたように思われる。果たして、現実での外傷体験と内的不安に基づく心的外傷は、このように二律背反的なものなのだろうか、というのがこの小論のテーマである。

本章では、第一回面接から性にまつわる心的外傷体験を主要テーマとして語る症例を提示する。そして、治療過程を振り返りながら、現実での外傷エピソードと内的不安との関連について論じたい。最後に「ドラマタイゼーション」としての心的外傷」という視点を提示する。この観点によって、現実的な外傷事態と内的不安や空想との両方を含み込んだ複眼的視点を提唱したいと考える〔なお臨床素材には、本論の主旨が損なわれない程度に、事実レベルでの改変が施されている〕。

臨床素材

I男は、二十代後半の既婚男性である。自分がエイズに感染したのではないかという不安に苛まれ、投薬治療などを受けたが改善が思わしくないため、主治医より臨床心理士である筆者に心理療法が依頼された。

そもそもI男の「エイズ不安」が初まったのは、三、四年ほど前からであった。エイズ対策のキャンペーン報道を見ていて、自分もそれまでに仕事上の付き合いで風俗店に何回か行った経験があるので、不安を覚えた。それでHIV検査を何回か受けたが、不安はおさまらず、近医で安定剤を処方してもらうことを繰り返していた。

生育歴を振り返ると、幼少時には父方祖父が存命しており、家の中で絶対的権力を握る恐い存在だった。父親は祖父の影に隠れるように存在感が薄く、また母親は、祖父には服従していたが、感情の起伏が激しい人だった。小さい頃から家の中は暗い雰囲気だったという。

小・中・高校までは、取り立てて悩むようなこともなく、友達も結構いる方だった。しかし、小学校の通知表には

「妙に大人びた子」と書かれたように、友達付き合いも深いものではなく、麻雀やパチンコをして表面的に遊んでいる関わり方だった。高卒後、営業の仕事に就いた。ほぼ順調に昇進していき、入社して十年程で役職の肩書きを手にした。人を使う立場になり、気苦労は増えたが、自分ではそれほど疲れを感じることもなかった。そして、二年ほど付き合った現在の妻と結納を交わし、同時に、エイズ不安もこの頃から始まっていた。昇進や結婚に伴うストレスが何か発症に影響していそうだったが、それはI男にもよく自覚されていないことだった。

筆者は、上記のような診断面接を二回行い、I男の「エイズ不安」の背後に、人間関係の意識されざる不安があるかもしれないことを伝え、週一回の背面法による自由連想法を提案した。さらに二〇回目からは、筆者の提案で、よりインテンシブな治療を目標に、週二回の面接となった。なお、投薬はない。

治療経過

I男の話は、驚くことに、最初から母親との性的エピソードで占められた。I男は四、五歳頃から、父親が不在の時に、母親の胸や性器を何度か触っていた。なかでも、彼にとって強烈な衝撃として体験され、その感覚が今もこころの中に生々しい傷跡として残っている出来事として、次のエピソードが語られた。

ある日、母親の性器を触っていたら、母親がI男を父親と間違えて抱きついてきた。しかし、母親はそれがI男だとわかった途端、さっと背中を向けてしまった。その時、I男は「母親から衝撃的に拒絶された」という感覚に襲われた、というのであった。また、母親の性器を触った時に母親が呻き声を出したので、「母親の腹を破って母を殺したのではないか」という空想も同時に浮かんだと語った。他にも、性的な内容の話は、原光景の回想にまで及んだ。「性交中の両親がすごい形相で、妖怪のように感じた」というのであった。筆者は、それらの性的エピソードがI男に与えた恐怖感や罪悪感に思いを馳せながら話を聞くようにしていた。しかし、エキセントリックな話にも関わらず、筆者は、どこか気持ちの乗っていけない、漠とした退屈感も感じていた。

さて、その後の面接の流れは、性的な話が繰り返される一方、母親の恐いイメージが度々登場した。すなわち、小さい頃から夫婦喧嘩が絶えず、怒って母親が家出をしたり、母親の愚痴をしょっちゅう聞かされたりしてきたこと、などである。そして六〇回を過ぎた頃には、恐い母親イメージがドラマチックに語られた。すなわち、I男が風呂に入って頭に水をかけられるのが厭で逃げ出したところ、母親が腰にタオルを巻いたまま、乳など丸出しで追い掛けてきた。それが、まるで妖怪のように怖かった、というのである。I男は少しずつ、母親との関係に横たわる不安を見つめだしたようだった。

同時にこの頃、発症当初の妻との関係も回想されるようになった。妻は一度婚約を解消しようとしたのだという。理由は、I男の態度が、妻を好きなのかどうなのか、はっきりしないこと、I男の両親との同居に妻が不安を感じたこと、などであった。I男にとっては、いきなり妻が婚約解消を言いだしたように感じられたので、「妻の態度がいつ豹変するかわからない」と、今でもこころに引っ掛かっているという。

一方、治療関係において、I男は徐々に母親転移を発展させた。すなわち、『先生に頼りたい』『先生と繋がっていたい』と依存願望を強く向ける一方、『先生との間でも、いつ良い関係を引っくり返されるか、安心感がない』とアンビバレントな感情を表明した。筆者はこのような転移状況に対して、I男が小さい頃から、いつも母親の愛情を失わないかを心配しながら育ってきたこと、そして、今も筆者との関係にその不安を持ち込んできていることなどを解釈した。I男はそれを従順に呑みこむかのように肯定した。

I男の転移が最高潮に達したのは、内科的な持病で当院に入院することになってからである。入院は、筆者から全面的に抱えられる、という無意識的空想を発展させる格好の契機となった。『先生が何十人もの患者さんを診てるのは理屈ではわかるけど、ここではどっぷりと愛情に浸りたい』と言ったり、面接を始めるのがいつもより数分遅かったと言って、すねた調子でなじったりした。そしてとうとう『持病も神経症も、全部一緒に先生に面倒を見てもらいたい』と言い出した。筆者はI男のすがりつくような貪欲さにたじろぎながら、I男が筆者に神のような全能さを期待し、全面的に救われたい心境に陥っていることを解釈した。しかしその解釈は速やかに、筆者に対する失望感と恨みがましさをもたらした。『先生から「全ての面倒は見れない」と突き放された気がした』『先生が万能じゃないとわかってはいたけど、追求していた。がっかりきちゃった』『今まで、何か騙されていたような気がした』など。

この面接でのやりとりが一つの転機となり、その後I男はセラピストへの失望と恨みを、独特のひがんだような、すねたような調子で伝えてきた。たとえば、じっと黙り込んで座っているだけという態度や、『身を投げ出しても、自分と先生との関係がうまくいかない。先生に飽きられた気がしたから、不安になった』というような恨みの表明などであった。それはまさに、恨みを一杯溜めた受け身的な女性の姿を彷彿とさせた。筆者はそのようなI男の言動に内心少なからずたじろぎながら、筆者に対するI男の失望感の意味を理解しようとこころがけていた。そしてついに、筆者への失望感と母親への失望感を繋げて解釈した――《あなたが私に対して感じた失望感は、そもそも、母親との間で体験された性質のものではないでしょうか。母親に悪戯して拒絶された時に痛切に感じられた感覚ではないでしょうか》。

I男は次第に、自分が「愛されたいという感情を振り散らかしている状態」であり『先生のことを盲目的に美化しようとしてきた。そうすれば自分が救われる。理想の中でしか自分の出口がないような気がしていた』と語り、セラピストへの失望が理想化の裏返しの気持ちであることに気づいていった。同時に、母親との関係でも、『「悪戯さえなければ満足のいくように愛されたのに……」という未練がある。でも本当は、悪戯があろうがなかろうが、自分の思うような母親ではないと思うけど……』と語り、母親のことも理想化しようとしていた自分に目を向けていった。

I男がその後語るには、いつも自分が愛されていないような感覚に曝されていて、それが耐え難く不安だったこと、だから、小さい頃はよく小さい生き物を殺して、その気持ちを紛らせていたこと、そして、母親への悪戯も、その不安を紛らせるための行為であったこと、なぜなら、悪戯している時だけ「母親が受け入れてくれている」という感じを持てるので満足感があったこと、だが、すぐにまた不安になるのでまた悪戯を続けたが、ある時、母親に突然背を向けられ、「やっぱり自分は愛されていない」という不安が決定的になったこと、などが想起された。ここにおいてI男は、ついに自分の悪戯の心的意味を悟ったようだった。すなわち「母親から愛されていない」という感覚を糊塗するための試みだったのである。

こうしてI男は次第に、筆者へのしがみつきと「先生にしがみついていても、自分が救われるわけではない」という現実認識の間を揺れ動きながらも、徐々に筆者から距離をとれるようになっていった。面接一九〇回頃には、結婚六年目にして子どもも生まれた。それをきっかけに一時、子どもに妻を取られたように感じ、見捨てられ感も高まったが、それをワーク・スルーするなかで、I男にとっての「救われる」という意味も明確になっていった。すなわち、末っ子だったので、いつも兄や姉の影に隠れ存在感の薄い子どもであったこと、だから「リーダーシップをとる男らしい人間になれば、認めてもらえるのではないか」と思っていたこと、セラピストを理想化してすがったのも、セラピストの力でそういう男らしい人間に変身できると期待していたから、ということだった。すなわち、理想的な男になろうとする万能的願望が、I男のこころの中には存在していたのである。しかしその願望も、『自分はリーダーシップをとるような人間ではない。どう考えてもそういう人間にはなれない。臆病で女々しい自分がいる。でもそれを認めたら肩の荷が軽くなった』と、断念への道を辿り始め、ありのままの自分の現実受容に向かっていった。その話には、初期のエキセントリックな性的エピソードの話とは違い、自己の限界を受け入れようとする人間の、静かなる哀感が漂っていた。

この時点でI男の「エイズ不安」は完全になくなったわけではないが、すでに自己のコントロール下にあり、それによって振り回されることはなくなっていた。そして『男らしい男じゃないけど、繊細な自分だけど、自分で自分を認められるようになった』と語り、以前のように他者に卑屈に合わせたりしないので『人間関係が楽しい』と語った。あとは、セラピストとの別れがテーマとして残った。

I男はその後、次第に、現実での人間関係のなかに身を置くようになり、関心は、筆者との関係から、夫として、父親として、あるいは会社の人間としての自分に重心が移っていった。I男はすでに筆者を必要としなくなってきたが、筆者のことを『自分を理解してくれる代理母のような存在だった』と語り、セラピストとの別れを辛いものとして体験していた。その辛さを抱えていくことにしばらく時間はかかったが、結局I男は『現実の世界で生きていこうと思う』と決意し、セラピストとの別れを惜しみながらも、二〇〇回余りで治療は終結した。

心的外傷と内的世界

心的外傷と内的不安について

ここではまず、面接経過の中で明らかになっていったI男の内的体験様式を整理したい。

まず治療の当初、I男は幼児期の性的エピソードを痛切な心的外傷体験として語った。すなわち、四、五歳頃から、父親が不在の時に母親の胸や性器を触っていたが、ある日、母親から背中を向けられるという痛切な拒絶にあい、それ以来「母親との関係が壊れてしまった」と感じた。「その体験（性的悪戯と母親の拒絶）さえなければ、母親との関係は満足のいく愛すべきものだったのに……」というのが、幼少期から引きずっていたI男の悔いであり、こころの痛手であった。この性的エピソードから受けたI男のこころの傷を〝性にまつわる心的外傷体験〟として、ひとまず位置づけておくことにする。

さて、その後、治療が進むなかで明らかになっていったのは、この〝性にまつわる心的外傷体験〟の背後に潜む、さらに深いI男の「不安」であった。それは、彼が転移を発展させ、セラピストに対する失望を経験した後の、転移分析のなかで明らかとなっていった。すなわち、万能的な救い手ではないというセラピストへの失望は、母親に対する根底的な失望感を呼び醒ました。I男は母親との関係でいつも「愛されていないのではないか」と脅えていた幼い自分を想起したのであった。きょうだいのなかで存在感が薄く、母親の都合で子どもが親戚に預けられる時は決まってI男だった。しかも感情の起伏の激しかった母親。「愛されていない」というI男の感覚は、妖怪に象徴される恐ろしい母親像としても投影されていた。

この「愛されていない」という痛々しいこころの痛み（抑うつ不安）を、ここでは〝オリジナルな不安〟と位置づけたい。ちなみに、I男の発症契機には、婚約時に妻から別れ話が切り出され、無意識的な〝オリジナルな不安〟が賦活されたことも、影響していたものと思われる。しかもこの〝オリジナルな不安〟は、治療のなかで転移分析されるまでは、はっきりとは気づかれない性質のものだったのである。

このようにI男においては、幼児期の〝性にまつわる心的外傷体験〟と、その体験以前からこころの中に存在していた〝オリジナルな不安〟があったことをここで確認して、次に進みたい。

外傷エピソードと内的世界の関連

ここでは〝性にまつわる心的外傷体験〟と〝オリジナルな不安〟との関連について検討していきたい。

先にも述べたように、I男の治療は初回から性に関する外傷エピソードの話で満たされていた。それは「母親に性的悪戯を続けていた折に拒絶された」という内容で、その話自体はエキセントリックだったが、どこか筆者の気持ちが乗っていけないような、ぼんやりとした退屈感も感じられていた。その後、I男は持病で入院し、『先生の愛情にどっぷりと浸り、全部、面倒を見てもらいたい』と、転移神経症を強烈に発展させていった。それは筆者にとっては、懐にしがみつかれ離れないような粘着感であった。そこでセラピストに対する理想化を解釈したのだが、それがI男の失望感を速やかにもたらしたことは、面接経過に示した通りである。

さて、ここで注目されるのは、セラピストに対する「失望感」の分析過程においてI男の内的世界が露わになっていった、ということである。すなわち、I男はセラピストへの失望を通して、「母親に愛されていない」という〝オリジナルな不安〟に初めて気づいたのである。それは転移分析以前には意識し難かった苦痛な感覚だった。それゆえ、「愛されていない」というその感覚を消すために、母親に取り入ろうとして、悪戯していたのである。「悪戯しているときだけ、母親が受け入れてくれている」という満足感を味わうための悪戯だったのである。それによって「愛されていない」という苦痛な感覚を逃れ、束の間の安寧が得られていた。ここにおいてI男の性的エピソードは、母親に悪戯して拒絶されたという額面通りの意味ばかりではなく、オリジナルな不安を紛らせるための性的悪戯という裏面的な意味も内包されていたのである。

その後、面接では、〝オリジナルな不安〟と、それを打ち消そうとして万能的・防衛的に発展させていった性的悪戯の意味、さらにはI男の内的対象関係自体への分析に焦点は移った。すなわち、オリジナルな不安を紛らせるために、筆者にも母親にも、受け身的・女性的に気に入られようとする対象関係を発展させてきたこと、さらには「気に入られれば、セラピストの力によって理想的な男に変身できる」という万能的空想を抱いていたこと、などである。結局のところ、このような内的状況に関する理解を深めていった後、I男は、ありのままの自分に対する現実受容に向かっていった。自己の内的状況へのこのような理解の深まりこそが、I男の治療において深く意味のあった営みではないか、と筆者は考える。

このように見てくると、「愛されていない」という〝オリジナルな不安〟こそ、I男がひときわ避けたかった苦痛な感覚であり、当初語られていた〝性にまつわる心的外傷体験〟の方は、「それさえなければ母親から愛されたのに……」というように、オリジナルな不安を防衛的に隠蔽する役割を果たしていた、と考えることができる。その意味で、性にまつわる心的外傷体験の記憶は、オリジナルな不安を隠蔽するための「スクリーン・メモリー」*(Freud, S., 1899)* とも言えるのである。

フロイトの「黄色い花畑と黒パン」の幼児期記憶は、後の人生の（大学時代の）葛藤を隠蔽するために使われていたのだが、このケースの場合は、幼児期記憶が、さらに早期に形成された苦痛な感覚や不安を隠蔽するために利用されていた。しかし、どちらのスクリーン・メモリーも「その記憶としての価値を、それ自身の内容にではなく、他の抑圧された内容に対する関係に負っている」ことでは同じなのである。

また、このスクリーン・メモリーという観点から振り返ると、I男の面接当初に語られた性にまつわる心的外傷の話に、筆者の気持ちがどこか乗っていけないような退屈感を覚えたのも、あながち意味のなかったことではないのかもしれない。すなわち、その話は、性的に母親を愛撫した如く心理面接者としての筆者に気に入られるための愛撫の手段であったのではないだろうか。なぜなら、この時期のI男は、母親転移を強力に発展させていく途上にあり、「全面的に愛されれば救われる」という万能的期待を、まさに筆者に振り向けてくる局面にいたからである。それゆえ、性的エピソードには、筆者に気に入られんがためのお供え物という側面も含まれていた、と見ることもできる。それが筆者の退屈感として感知された、と考えることも可能であろう。

このように〝性にまつわる心的外傷体験〟のドラマは、治療関係のなかでも、セラピストとの万能的関係を築き上げるために利用され、その裏にあるセラピストへの真の不安を見ないようにするための「スクリーン」として使われていたと言えよう。

ドラマタイゼーションとしての心的外傷

前項では、心的外傷エピソードと内的世界の相補的な関連について述べてきた。ここではさらに一歩進めて、その両者を同時に視野におさめた複眼的視点を提唱したい。それは、セラピストが外傷ケースを見ていくうえで一つの視座となる観点である。

結論を先取りすれば、ここではその視点を〝ドラマタイゼーションとしての心的外傷〟として提起する。それは、現実での心的外傷体験（I男で言えば〝性にまつわる心的外傷体験〟）の背後に、その個人の内的不安や防衛から成る「内的世界のドラマ」を重層的に見ていく視点である。

I男が母親との関係で幼児期に性的エピソードを体験したことは、ことさら疑う必要のない出来事だ。だが、これまで論じてきたように、その体験によってただ額面通りの心的外傷が形成されたばかりではなく、同時に、I男の「内的世界のドラマ」も折り重ねられていった。すなわち、母親を愛撫して拒絶されたというエピソードには、そのエピソード以前から存在する〝オリジナルな不安〟も潜み、それを万能的に防衛しようとする願望（母親を愛撫して気に入られれば母親から理想的に愛される、という願望）も込められていた。したがってI男の心的外傷とは、その願望が現実に実行に移されたものの、母親の拒絶にあい、願望がカタストロフィックに崩壊した、という内的ドラマの実演として捉えることができる。

I男は単に母親に悪戯し拒絶されただけではないのである。「愛されていない」という内的不安を万能的に修復しようとする無意識的願望の実演ならびに崩壊という内的ドラマも、そこには同時に展開されていたのである。したがって、内的ドラマといっても単なる絵空事ではない。そこには実生活と重なったかたちでのリアルな内的感覚が伴っているものなのだ〔松木 1996〕。

このように外的事象のなかに内的ドラマの展開を見る視点は、取り立てて新しいものではない。そもそも〈転移〉概念自体からして、治療関係という現実的状況のなかに、その個人の内的ドラマの展開を見ようとしている。フロイト *(1914 b)* 自身、転移を「反復強迫をほとんど全く自由に展開させることのできる広場」と喩え、治療状況を反復強迫（内的ドラマ）の展開する広場（舞台）と見なしているのである。さらに、最近のジョゼフ *Joseph, B. (1985)* になると、もっと明確に、転移のドラマ性を言明している。すなわち、患者の内的世界は言語的・非言語的な表出によって、全体状況としてのセラピスト－患者関係という舞台上に実演される、というのである。日本においても北山 *(1985)* や岡田 *(1997)* は「転移の劇化」論を展開している。こうして「治療状況は内的世界のドラマタイズされた舞台である」という観点は、時代とともにコンセンサスが得られてきたと考えられる。

筆者は、この〈転移〉概念をさらに一歩拡げたい。そして、現実の外傷エピソードにおいても内的世界のドラマが折り重なっているという視座を、〝ドラマタイゼーションとしての心的外傷〟として提示したい。I男においては、〝オリジナルな不安〟とそれを万能的に修復しようとする内的ドラマが、現実の外傷エピソードの姿を借りて織り込まれていたのである。その万能のドラマが内部で崩壊したからこそ、性的エピソードが一層深い「こころの傷」を形成したわけである。

要約すれば〝ドラマタイゼーションとしての心的外傷〟とは、外傷エピソードによって、現実的で意識的なこころの傷が形成されるばかりではなくて、そのエピソード以前から存在する内的不安が重層的にドラマタイズされてしまう場合もあり、その際には、外傷エピソードは一層深いこころの傷を刻み込む、という視点である。

この視点を保持することによって、筆者は、ある種の心的外傷タイプの本質を看過する危険性を少なくできるのではないかと考える。すなわち、外傷体験を自ら何度も反復するかのように繰り返してしまうケースが時に見られる。

例えば、性的外傷体験を何度も繰り返してしまうようなケースである。そのようなケースには、あたかも自らそのような状況に身を投げ出し飛び込んでいくかの如き無防備さがある。そうした場合には、ガンザレイン *Ganzarain, R.* (1989, 1993) が強調するように、加害者 - 犠牲者という紋切型の見方だけでは理解できない複雑さも孕まれている。

ウィニコット *Winnicott, D.W.* (1971) の言い回しを借りるなら、子どもの「遊び」が「外的現実でもなく、内的世界のことでもない、その両者の中間領域に属する事象」の如く、心的外傷も「外的現実」と「内的世界」の「中間領域に属する事象」と見なすことも可能なのである。

おわりに

本章では、幼児期に性にまつわる心的外傷体験を被った症例を提示し、現実的外傷エピソードと、内的ドラマとが、いかに重層的に展開し、こころの傷を一層深くしているかを論じた。そこから筆者は、現実的外傷と内的世界との有機的で相補的な連関を明確にし、〝ドラマタイゼーションとしての心的外傷〟という視点を提示した。この視点によって、セラピスト側は、現実での外傷エピソードと内的世界の理解という双方を視座に含めた複眼的視点を手に入れることができ、患者の全体像をバランスよく把握しやすくなることを示そうとした。

あと知恵

本章は、一九九九年『精神分析学研究』43–1が初出であり、それに加筆訂正したものである。

時は、心的外傷という「トラウマ理論」が、アメリカのハーマン *Herman, J.L.* はじめ外傷論者によって唱えられるや、がぜん注目を浴びだし、日本においても影響力を大きくし始めた時期であった。なかでも、ボーダーラインですら過去の幼少期の性的トラウマによるものだ、という説まで登場するに及んでは、フロイトが性的誘惑説から内的抑動論に転向していったのと全く逆の道筋を時代は辿ろうとしていた。簡単に言ってしまえば、アメリカ直輸入の外傷理論は、現実に起きた外傷体験がこころの傷を形成し、ひいてはパーソナリティ障害にまで至る、という「わかりやすい物語」だった。だが筆者には、人のこころをあたかも刺激–反応の学習理論で片づけているように感じられ、逆に「人間不在」の理論のように思われた。

パーソナリティ障害ですら過去の性的外傷が主要因であるとしたなら、心理療法に「無意識」を想定する必要はない。あくまでも「現実の傷」こそをひたすら癒そうとする具体的手段が必要とされるだけである。果たして人のこころは、刺激–反応の学習理論みたいなもので片づいてしまうような単純なものなのだろうか、と筆者の疑問はむくむくと頭をもたげた。その一つの答えとして、この小論を書く動機がもたらされた。

二年後に書かれた小論〔次章〕において心的外傷に関する筆者の視点は〝内的ドラマ〟から〝悪い対象関係〟へと、事の詳細をつまびらかにし、対象関係論の装いも新たに再び登場させることとなる。

第六章　心的外傷　その二——背後に潜む倒錯的内的対象関係

はじめに

心的外傷に関する議論は、そもそもフロイトが性的誘惑説から内的欲動説に転向したように、「外的外傷によるものか、個人内部の空想か」という二律背反的な論争に陥りやすい。前章では、その両者の齟齬を克服する試みとして、外的外傷と個人内部の内的不安やファンタジーの相補性を描き出し、それらを有機的に統合するための複眼的視点を提示しようとした。すなわち「心的外傷は、現実的外傷が起こる以前から形成されていたその個人内部の対象関係の病理性が、性的誘惑などの現実的外傷を引き金としてドラマタイズされ、その結果、現実と内的世界が複雑に絡み合ったこころの傷が形成される」という観点であった。

今回筆者は、性的外傷を契機に精神病レベルまで心的機能がブレークダウンした青年期女性例を経験した。彼女にとって性的外傷体験が、こころを圧倒的に侵襲・破壊するほどの現実の外傷事態であったことは疑い得なかったが、同時に、精神分析的心理療法過程で明らかになっていったのは、彼女の特異な内的対象関係世界であった。彼女の内的世界では「良いもの」と「悪いもの」とが病的に混同され、本来は「良い自己」であったはずのものが「悪い自己」として価値を貶められ、内的迫害対象によって攻撃されるという、倒錯的な内的対象関係が営まれていた。それによって彼女は、性的外傷という迫害体験を消化するだけのこころの自浄作用を失い、幻覚のレベルでこころの未消化物を垂れ流すに至っていた。すなわち、現実での外傷体験の背後には深刻な内的対象関係の障害が介在しており、両者は相乗的に彼女のこころを破壊したものと考えられた。

小此木（1999）の言うように、外的現実としての外傷が、主体側のどのような条件と要因によって心的外傷にまで至るのか、という課題を解明するのが、フロイト以来の精神分析での伝統的役割と考えるなら、本章も、その伝統に則って心的外傷を考察しようと試みるものである。その際、準拠する理論的立場としては、対象関係論、なかでも現代クライン派の知見を多く参照する〔なお臨床素材には、本論の主旨が損なわれない程度に、事実レベルでの改変が施されている〕。

臨床素材

暗くてしかも表情の乏しい、二十代前半のJ子が心理面接者である筆者の前に現れたのは、自傷行為や多量服薬による数回にわたる入院治療などで、すでに主治医が何箇月も関わった後だった。彼女は筆者の前でも『生きていても仕方がない』と、暗い表情で訴えた。理由を聞くと、以下のような事情であった。

ある専門学校を卒業した後、飲食関係に勤めていたが、腕があがらずいつも怒られてビクビクしていた。その時にやさしくしてくれた先輩に接近すると、強姦まがいの肉体関係を強要された。しかし淋しさゆえに、その関係をしばらく続けた。『そんな自分が許せない。先輩との体験で自分がすごく汚れてしまったし、自分は生きている価値のない人間だ』とJ子は訴えた。この初回面接で筆者は、J子の傷ついたこころに対して控え目にいたわりのことばをかけたが、翌日、またしても服薬自殺を図り、再び入院となった。

J子の家族は両親・弟の四人である。父親は会社員。昔は子どもたちを殴ったり夜遊びしたりなど、身勝手な人だったが、うつ病になったのをきっかけに、ある宗教に入信し、それからは『神様みたいな人だね』と言われるほどやさしくなった。母親は情緒の硬さを感じさせる人。弟は昔の父親に似て、わがままなタイプ。

J子は、小さい頃は言いたいことを言う方で、友達とよく衝突した。小学校高学年の時に『お前の顔は汚い』などと言われていじめられ、それからは臆病になった。中学生になり父親の宗教に入信してからは、皆の嫌がることも率先して行い、クラスメートからも『明るい』と言われるようになった。高卒後、専門学校に進み、その後、飲食関係に就職した。しかし入社して二年ほど過ぎた頃から、一生懸命頑張っても人より技量が劣っていると劣等感を強くした。その頃、先輩と出会い、性的外傷体験を受けた。結局、仕事も挫折し、当院を受診した。

気分を落ち着けることを目的とした数週間の入院を終え、以後は外来通院となった。だがこれ以後、J子が再び入院することはなく、主治医が一般再来の管理医として機能し筆者が心理面接者という構造の枠組みで、通院治療を維持できた。したがって、以下に述べる治療経過は、筆者との精神分析的面接を中心に据えた、J子の内的世界の理解に焦点が当たっていることを、あらかじめお断わりしておきたい。

さて、当初のJ子の話は『先輩との関係をずるずるとやめられなかった自分が汚く醜い人間だ』と一方的に自分を責める一方で、『今にも刃物で先輩を襲いたくなる』と、攻撃性が生々しく短絡的な行動が危惧される状態であった。また、「ラップの歯を持った顔のない人が切り付けてくる」という幻視様体験、「生爪が剥がれたり眼球の拡大写真が思い浮かんだり」という不気味な部分対象イメージの視覚化、さらには毎夜の悪夢など、彼女の内的不安は消化されることなく、ほとんど精神病レベルで排泄されていた。このようにJ子のこころは、先輩との外傷体験からすでに一年ほど経過しているにも関わらず、未だ、攻撃的色彩の強い内的不安をコンテインする器としては機能し難い状態にあった。このことは、内的感覚をことばで扱おうとする精神分析的心理療法に特有の困難さをもたらした。例えば、先輩に対する「怒り」の言語化を促すことは、逆にJ子の怒りの統御を困難にし、幻覚症状を増悪させたり、自傷行為や行動化の危険性を高めたりした。また、転移の文脈でセラピストに対する「不信」や「疑惑」をとりあげても、目の前のセラピストは悪い先輩と混同され、逆にセラピストに対する不安を高める結果に陥った。ここにおいて、「攻撃性」をそのまま取り扱うにはとても危険すぎる事態が生じていた。

筆者はこの事態に対して、次のような解釈を選択していった——《先輩に接近したのは、職場で淋しく不安だったので、先輩に愛情を求めたのでしょう。でも逆にそれが裏切られてしまい、あなたの純粋な気持ちはとても悲しく傷ついてしまったのでしょう。そのうえあなた自身も、先輩と関係を続けたことばかり責めていて、自分のこころの傷つきに気づかないので、余計その傷は癒されることがないのでしょう》。また転移解釈においても《私にあなたの傷ついたこころへの理解やいたわりを求めているのでしょう》と、対象希求的で健康な側面に焦点を当てていった。こうした解釈の意味としては、今やスプリット・オフされてしまっているJ子の中の健康な対象希求性に触れること、それを通して、「怒り」や「恨み」や「自己嫌悪」しか意識されていないこころの中に、「そもそもは愛情を求めたもののそれが裏切られた悲しい自己（健康な抑うつ的自己）」が存在するのを、J子自身がいたわりをもって気づけること、などを意図していた。

J子は、筆者がそうした解釈を行っても、最初のうちは『先輩と関係を続けたことは、誉められたものではない』と自責の気持ちを述べるばかりだったが、次第に『私は行動ばかり見ていたのかも知れません。「どうしてあんなことをしたのかな」と少し考えるようになってきました』と語るようになり、自発的に日記に取り組みだすようにもなっていった。J子は、責められる行動の背後に、そうせざるを得なかった悲しいこころの存在があることに、少しずつ感づきだしていた。さらにこの頃、悪夢ではない夢が初めて報告された——『私が悪いことをしてひどく責められたけど、でも、証拠を出して「私は悪くない」と立証できた』。J子は連想のなかで、自分を守れたことは今までにはなかった、と語った。

これ以降、J子の夢は少しずつ増えていき、夢を通してこころの中の世界を見ていくという治療作業が、私たちの間に成立するようになっていった。夢の検討は、今までは気づかなかった自己のこころの一部を自覚させる材料を、彼女に提供した。面接開始一年半ほど立った頃には、夢も物語性を豊かにしていた——『テレビ番組で、売れない居酒屋のご主人と一緒にチャンコ料理店へ修業にいく。修業先のご主人は、前に働いていた飲食関係の先輩に似ていて、遊びまくっている人。私はイワシの漬けた物をお客さんに出した。私たち二人はそのご主人から「俺の方がうまいに決まってる」と叱られた』。J子は、男の人はやはり恐い気がする、と連想しながらも、一緒に料理の修業に取り組んだり、お互いいたわり合えたりするような男の人が登場してきたことは、素直に認めることができた。

この頃になると、J子の自傷行為や過食・嘔吐はほとんど影を潜め、刃物の幻覚も生々しさが消え、そのようなイメージが時々思い浮かぶという観念レベルになっていった。そして面接のなかでは、「良い対象」の系列の話と「悪い対象」の系列の話が次第に分化して語られるようになり、悪い対象関係一色で汚染されていたJ子の内的世界は、質的変化を見せ始めてきた。

例えば「悪い対象」の系列に入るものは、父親、昔の母親、先輩、肥った人、小学校の頃いじめてきた相手、掃除機の音などであった。父親に関しては、J子が小さい頃に部屋を散らかしたりおねしょをしたりすると竹刀で殴ったりしたし、今でも一方的に考えを押しつけてきたりする。掃除機が嫌いな理由については「ガーガーとがなりたてる父親みたいだから」。押しつけがましく一方的に侵入してくる父親のイメージは、いじめっ子や外傷体験の相手である先輩にも共通していた。そうした「悪い対象」をことばのレベルで距離を持って語れるようになってきたのは、「良い対象」への信頼が手応えを持って感じられるようになってきたからでもあった。その「良い対象」の系列としては、おいしいお茶、改心した母親、お気に入りのぬいぐるみといった、J子のこころをやさしく包んでくれる対象だった。おいしいお茶は、「生きていて良かったな」という実感をもたらしてくれた。その良さは、昔のひどい仕打ちを『ごめんね。お母さんも余裕がなかったから……』と詫びてくれた、母親のやさしさにも繋っていた。

さて、こうして面接は二年半ほど経過し、J子の最も扱いにくい主題に近づいていった。それは「性」の問題である。外傷体験を受けた当初は、自分の胸をナイフで切り取ろうと思ったほど、性は彼女には受け入れ難いものだった。というのは、悪い対象はすべて「悪しき性」と密接に結びついていたからである。外傷相手の先輩の性は言うに及ばず、昔いじめてきた肥った同級生はJ子に対して性的ないやがらせもした。また昔の母親は、おねしょをしたJ子の股間を『ここが曲がってるんだ』とぎゅっと握り、彼女の陰部に対する感覚を歪めていた。また、父親は宗教的倫理を重んじる一方、性的に下劣な冗談を好むという裏表の激しい人物であった。このように悪い対象は「悪しき性」と融合していた。そのうえさらに問題だったのは、J子自身が「悪しき性」と「愛情」を混同していたことであった。したがって、異性に関心が少しでも動くと、「あんなにひどい目にあってもまだ懲りないのは、自分がふしだらなせいではないか」と、J子の不安は増悪した。

だがもう一方で、J子の中で育まれつつあった愛情希求は、内的な性欲の高まりとして、この頃には夢の中に現われ出るようになっていた。例えば「知らない人に強姦されてセックスした夢」「お父さんに犯された夢」など。しかも、そうした夢を見ている時、J子は自分の性器をいじっていたと言い、そのことは、彼女をひどい自己嫌悪に陥らせた。J子は自分が性欲を持つ存在であることに気づきだしてはいたが、性欲は「悪い対象」と結びついていたので、ひどく迫害的な相貌として立ち現れた。こうして私たちは、「性」の問題に直面した。だがそれは一歩間違えば、セラピストが迫害対象に反転する危険性を孕む、緊迫した事態であることを意味していた。事実、面接のなかで、これまで誰にも言わなかった中学生頃からのマスターベーション体験を話した次の回には、セラピストに馬鹿にされたと思い、手首を切りそうになったと語った。

ここにおいても、セラピストが迫害対象と混同されない解釈が必要とされた。筆者は、J子が筆者への信頼感や好意を感じだしてきているけれども、もう一方では先輩との間でのように、性的に裏切られたりしないか、とても怖くなってしまうこと、また性欲がとても悪いものに感じられるので、性欲が入り込むと、J子の純粋な気持ちや筆者との関係も、何もかも汚染されて汚いものに変わってしまうように感じられていること、などを解釈していった。すなわち、彼女の中の健康な愛情希求性が、性に塗れた迫害不安で汚染されてしまう危険性を解釈していったのである。

J子はその後、『マスターベーション[1]も、自分の体を知るにはいい面もあるかもしれない』と語るようになり、また男性イメージも、二つに分割されるようになっていった。すなわち、父親や先輩に代表される性欲的人物と、やさしさやいたわりを帯びた男性イメージの出現である。J子は、口は悪いが半身不随の妻を看病している近所の男性のやさしさを認識できるようになり、そうした男性なら受け入れられるかもしれない、と語るようになっていった。さらに、セラピストに対する不安も少しずつ言語化できるようになり、先輩とセラピストとのイメージの重なりをことばにもした。すなわち、昔はセラピストからの質問がズバリと侵入して来るように感じられていたこと、今でも、振り返りたくない外傷体験を話す時には、先輩とセラピストのイメージが少しだけ重なって怖くなること、などを語った。そうした言語化は、セラピストと先輩との区別を意識にもたらし、J子の不安は低下したので、彼女は外傷体験を自ら詳細に振り返るようになっていった。その話は、先輩から傷つけられ裏切られたJ子の無念さ、悔しさ、怒りが滲むような思いで絞り出され、《さぞ無念だったでしょうね》というセラピストのことばが共感的に響くほどの、こころの物語として紡ぎ出されていた。

倒錯的内的対象関係

内的対象関係における倒錯

ここでは「倒錯」という概念を、性的な事柄に限定せず、内的対象と自己との関係性や、その関係性の歪められた性質を論じるうえでの、より広範な意味として使用したい。すなわちその観点は、現代クライン派において「内的対象関係の倒錯」としてパーソナリティの病理的組織化研究に繋がっていった議論を踏まえている。

さて、すでに述べたようにJ子の内的世界は「攻撃的な色彩の強い内的不安」によって圧倒され、良い対象も良い関係も存在せず、すべてが悪いものによって汚染されているかのような、混乱状態を呈していた。「攻撃性」は、自己に向かうか他者に向かうかの違いこそあれ、生々しくて統御し難く、その未消化物は幻覚や悪夢として垂れ流されていた。こうした凄惨な内的状況において、悪い内的対象関係が優位なのは言うまでもないが、J子の場合、治療過程を通して明らかになっていったのは、「悪いものと良いものがスプリットし、良い内的対象関係が排除されてしまった」という単純なこころの様相ではなかった。なぜなら、J子は治療当初から、性的な外傷体験を受けて傷ついたのは他ならぬ自分自身であるにもかかわらず、そうした自分を、汚れて悪い存在としてさらに手酷く自己非難していたからである。すなわち、本来ならいたわられるべき自己が逆に責められるという逆転が、そこに生じていたのである。しかも、その自己とは、そもそも先輩に愛情を求めていった対象希求的で「健康な自己」なのであった。

こうしてJ子の内的対象関係では、「本来は良いものであった対象希求的な自己が、傷ついているにもかかわらず、さらに苛酷に責められる」という倒錯的な関係性が構築されていた。そして、その病理性が最も端的に表れたのが「性」の問題に関してであった。治療が進むなかで、彼女の中の対象希求性は再び復活し始め、まずは性的な夢として出現するに至った。しかしそれは恐ろしくプリミティブな内容を伴っていたのである。すなわち、そこでは性と暴力が結びつき、夢の中でJ子は常に性的凌辱を受けていた。対象に向かう性欲を伴った愛情希求は、本来「健康な対象関係」に属するもののはずだったが、彼女の性は、悪い対象から凌辱されるような、汚らわしくて卑劣なものへと価値を貶められていた。こうして「性」は、悪い対象から支配される、悪い自己の一部として、その意味の転換が行われた。しかも夢の中でJ子は、性器をいじり性的快感を覚えるという性的倒錯も付け加わっていた。それは彼女をひどい自己嫌悪に陥らせた。悪い対象からの支配は、倒錯的な性的快感も伴って行使されていたのである。

ここにおいてJ子の内的対象関係は、「良い自己が、悪い対象によって意味を変えられて悪い自己となり、その悪い自己を悪い対象が支配する」という関係性の倒錯と、さらには「その支配を性の快感で強化する」という性的倒錯も加味されていた。そうしてJ子の内界は、悪い対象によってがんじがらめに絡み取られ、こころの中の善と悪との健康な分割は成り立たなくなっていたのである。

このようなJ子の倒錯的な内的対象世界は、近年クライン派が病理的組織化として描き出してきた患者群の内的世界と共通する部分が多く認められるように思われる。病理的組織化の研究を最も体系立てて検討した一人であるスタイナー *Steiner, J. (1993)* は、パーソナリティの病理的組織化が生み出されるのは、自己の良い部分と悪い部分との正常なスプリッティングが成立せず、それらが断片化されたあと集塊化し、倒錯的に結びついているためである、と唱えた。このようにクライン派におけるパーソナリティ病理の研究は、良い内的対象関係と悪い内的対象関係の単なるスプリッティングだけではなく、その二つの関係性の性質や歪み、すなわち倒錯的絡みを研究していくことに焦点が当たっていったのである。

では、なぜその倒錯的な関係性がそもそも成り立つのかという点に関して、その先鞭となり簡潔明瞭な説明を行ったのは、フェアバーン *Fairbairn, W.R.D.* (1952) であろう。子どもにとっては、悪い親でも存在しないと生きていけないから、親の悪さを否認するために、子どもはそれを取り入れ、自己の悪さとする、というものである。その後、内的な悪い対象への病的依存の病理に関しては、さらに探索が進められた。ロゼンフェルド *Rosenfeld, H.* (1971 b, 1978, 1983) は、空腹感に満ちたリビディナルな自己の怒りが原始的超自我によって逆に責められた結果、愛と憎しみの混乱した内的対象関係が出来上がる、と述べ、メルツァー *Meltzer, D.* (1968, 1973) はさらに一歩進め、悪い対象への嗜癖的服従によって、妄想性不安への保護が得られることを挙げている。すなわち、そうした悪い対象との倒錯的で嗜癖的な関係が崩れてしまうと、防衛されていた迫害不安が露呈し、より大きな解体がもたらされてしまう、というのである。倒錯的な内的対象関係の背後に、精神病的な不安や解体への恐れを見ていく視点は、現代クライン派においてかなり共通した認識のようである (*Money-Kyrle, R.*, 1969 ; *Segal, H.*, 1972 ; *O'Shaughnessy, E.*, 1981 ; *Brenman, E.*, 1985)。

J子に戻れば、そもそも対象希求的で健康な自己が、価値を貶められ、意味の変換が行われ、迫害的内的対象から苛酷に責められた結果、悪い自己に化すという、倒錯的な支配関係が生まれていた。ロゼンフェルド (1978) の言うように、幼児期に良いものと悪いものとの正常なスプリッティング・プロセスを経過できなかったので、自己の良い面と悪い面が混同され、全てが悪い自己に変えられる、という病理的対象関係を発展させたのであろう。

その原型は、早期の対象関係のなかにあると考えられる。それはJ子の幼児期の回想によってある程度まで追認された。すなわち、おねしょをして心細かった時に、母親がJ子の陰部を「曲がっているもの」として辱めたり、父親が理不尽な暴力を振るったりなど、両親共に、彼女に対して侵入的・暴力的であり、彼女のリビディナルな自己に対して苛酷な超自我対象であった。そしてJ子の場合、その倒錯的関係性がおそらくは組織的・病理的に堅固な構造までには至らなかったので、外傷体験の苦しみの苛烈さによって破綻し、精神病的な機能水準に陥ったのではないか、と推測される。すなわち、メルツァー (1968) の言うように、防衛されていた妄想性不安が露呈し、精神病的解体を来したゆえんがそこにあると考えられるのである。

破壊的攻撃性の取り扱いと健康な分割

J子の治療において困窮したのは、すでに述べたように、攻撃性が生々しくて扱い難いという点にあった。攻撃性は未消化なまま幻覚となり、行動として垂れ流されていた。そして攻撃性にまつわる内的不安の転移解釈は、ことばの象徴的水準で機能せず、セラピストそのものが悪い対象と化す水準に陥りやすかった。週一回程度の日常臨床における精神分析的心理療法のなかで、破壊的攻撃性をどのように取り扱うかが、筆者にまず課せられた問題であった。

J子の内的対象関係の理解に基づくものであるが、結局のところ筆者は、「破壊的攻撃性」自体の取り扱いよりも、その背後にスプリット・オフされていると推測された、J子の「傷つき悲しむ、抑うつ的かつ対象希求的な自己」を解釈していくことを重視した。すでに述べたように、J子の場合スプリット・オフされていたのは、むしろ対象希求的な自己であり、しかもその自己は、悪い対象によって倒錯的にその意味や価値を貶められていた。したがって意識化されるべきは「攻撃性」よりもむしろ「純粋な対象希求的な自己」の方だ、という認識である。

スピリウス *Spillius, E. (1988, 1994)* も論じているように、現代クライン派の技法的進展の一つに、「破壊性」の解釈の変化がある。今日、クライン派においては、パーソナリティの他の要素（潜在的に良い関わりや交流を求めている自己部分）も含めて、「破壊性」はバランスよく解釈される必要性が強調されてきている。この潮流は、パーソナリティの病理的組織化における治療のなかに確実に受け継がれてきている。すなわち、そうした研究者たちは、「破壊的で倒錯的な関係」の背後には「救いを求めている健康な自己」が常に存在していることを強調しているのである。

筆者の取り組みにおいても、J子の「破壊性」の背後に存在する「傷つき悲しむ抑うつ的自己」を解釈していく方法が、倒錯的関係性に絡め取られた彼女のこころに、健全な対象関係をもたらす一助となった、と見ることができる。臨床素材に示したように、良いものと悪いものとの分割は、男性像の分化にまで進展し、善と悪との混乱は減弱していった。したがって筆者の技法は、病理的組織化の治療論の境域内にあると考えられる。

また、J子が「抑うつ的自己」の存在や「スプリットされていた良い対象関係」に気づいていくにあたって、夢が果たした役割も見逃せない。彼女は、自己の抑うつ的な感覚に触れることができるようになるとともに、悪夢から物語化された夢を見るようになっていった。そして夢を検討していくなかで、J子と筆者との関わりは、それまで以上に協同的なものになった。というのは、こころを理解しようとするセラピストの機能がJ子の健康な部分と手を結び、それによって彼女のスプリットされた病理的対象関係が現れ出ている夢を共に検討していく、という治療同盟が成立しやすくなったためである。

このことは見方を変えれば、治療関係における健康な分割の成立と言えるのではないだろうか。J子の健康な自己部分とセラピスト機能との治療同盟は、転移においても、良いものと悪いものが混乱していた関係性から、良いものが分割されて抽出され、協同的に機能し出した、良い対象関係の証に他ならない。夢の作業を通じてJ子は、自分のこころの中に、徒らに自分を貶める内的対象が存在することを確認できるようになっていったのである。

こうして、良い対象関係を基盤にしてJ子は、筆者との関係性に内在する不安（悪い対象関係的側面）をも少しずつことばに替えていけるに至った。その不安は、以前にはJ子の中では「考える人のいない考え」(*Bion, W.R., 1967*)に他ならず、筆者は潜在的には悪い先輩そのものと化し、彼女はその未消化物をひどい行動化や幻覚として激しく排出する他なかった。それが今や、その不安は「先輩と先生との重なり」として少しずつことばによって吟味され、筆者そのものと先輩との区別が意識的にもたらされるに至った。このことは、ストレイチー *Strachey, J. (1934)* が解釈の真の効用を論じたなかで指摘しているように、転移解釈を通してセラピスト像が、現実の対象 *real object* と投影された空想上の対象 *phantasy object* とに仕分けされていく過程に相当するものではないかと考えられる。

ただし、分割から統合化への道は、今後残された困難な課題である。すなわち、悪いものと良いものとのアンビバレンツに耐えることや、その共存である。先輩や父親の下劣さや侵入的な攻撃性は、J子自身のある面投影物でもあろう。しかしそれはまだ外部にあり、彼女はそうした醜さを、まだ自己の一部として引き受け難いのである。

また、誤解のないように付言すれば、こうした技法は、例えばセラピストが実際に保証や慰めを与えて、良い対象として振舞い、患者のこころに外部から「良い対象関係」を提供しようとするような技法とは異なる。筆者の技法の特徴は、患者のこころの中にすでに「良い対象関係」の原型が存在しているのものの、それが「悪い対象関係」によって倒錯的に絡め取られスプリット・オフされてしまっているので、それを解釈や夢の作業を通して意識にもたらそうとするところにある。すなわち、面接治療によって叶えられるのは、良い対象関係の新たな「構築」ではなく、スプリット・オフされていた良い対象関係の「再発見」だ、という観点である。

おわりに

J子のこころを破綻させ、精神病レベルの機能不全に陥らせた契機として、暴力的な性的外傷がそこにあったのは疑い得ない。その外的外傷がJ子の精神的破綻に直接手を下したとすれば、治療過程を通して浮上してきた背後の黒幕はJ子の倒錯的内的対象関係だった、と表現できるのではなかろうか。すなわち、J子の内的対象関係が素因として潜み、その上に現実的な外傷が加わって、J子は精神病レベルにまで陥った。こうしてJ子の倒錯的内的対象関係は、外的外傷を引き金にその病理を開花させ、現実と内界の複雑に入り混じった心的外傷というこころのドラマを形成していった、と考えられるのである。

心的外傷の考え方に内的対象関係の視座を含めることは、心理臨床の実践に深みをもたらす新たな視点を提供するものではないか、と筆者は考える。

（1）ここで「分割」という用語を採用したのは、クラインの使用法に準じたものである。すなわち、クライン *Klein (1957)* は 'Envy and Gratitude' のなかで、妄想分裂ポジションにおいて、良い対象を守るために悪い対象を最初の数箇月間引き離していくプロセスに関して、正常な splitting という意味で、特別に division という用語を採用している。そして、自我や対象を断片化するような病理的なスプリッティングに関しては splitting という用語を使用し、その二つを一応区別している。ただし、その後クラインは、この division という用語を意図的に用いることはなかったようだが、筆者はそれを有用なものと考え、本章では、正常なスプリッティングに関しては「分割」という用語を特別に使うことにした。

あと知恵

本章は、二〇〇一年『精神分析研究』45巻第四号が初出であり、それに加筆訂正したものである。ありがたくも怖れ多いことに、この小論によって、平成十五年度「日本精神分析学会奨励賞（山村賞）」受賞の栄誉に浴することができた。外的外傷の背後に内的世界のドラマが織り込まれているという視点は、二年前の論文（前章）から引き継がれている、外傷に関する筆者の重要なモチーフである。この小論では、前論文において示された外傷における内的世界のドラマという観点が、「病理的組織化論」という対象関係論の知見を通して、いっそう事の詳細がつまびらかにされたことが評価されたのかもしれない。

また、今から読み返すとこの小論には「未消化な体験をいかに消化するか」という、ビオンの〈コンテイナー／コンテインド〉論に繋がる重要な論議が含まれている。すなわち、「問題なのは不在の体験をいかに消化するかなのだ」というビオン精神分析の核心のテーマである（祖父江 *2004 d*）。

「負の体験をいかに消化するか」――筆者はこの難題に関して、ベータ要素の背後に「抑うつ的次元」を見出す視点を、それとは気づかずに提出していたようだ。"負"の背後に「断裂」「喪失」「不在」「痛み」などの抑うつの"影"を見ようとするその目線は、我ながら極めてビオン的なものだと思う。これも、本章のもう一つの重要なモチーフとなっている。

第七章　虐待・いじめ——世代間連鎖の再考

はじめに

昨今、児童虐待やいじめなどによる惨たらしい事件が、連日連夜のごとくマスコミにとりあげられるようになってから幾久しい。それらの事件に関しては、私たちの感性もある意味、麻痺させられるほど、日常的な出来事に変容してきている。それにしても、そこに垣間見える私たち現代人の人間性は、昔と違って、大きく損なわれ、歪んでしまったのだろうか。その答えは性急に導き出されるものではないだろう。昔からそうした事件はあるにはあったが、今ほど脚光を浴びなかっただけ、という時代背景もあったのかもしれないのだから。

衣食住に事欠かなくなってきたこの現代において、いわゆる「普通の母親」や「普通の子ども」が、わが子や同年代を攻撃する裏には、どんなこころの闇が潜んでいるのだろうか。最近マスコミや一部専門家の間では「虐待の連鎖」といった概念がしきりに登場し、そうした事象を説明するキーワードとして使用されたりしている。なかでも母子間における世代間伝達としての「連鎖」に、この用語が冠せられる場合も少なくない。すなわち、親がなぜ子どもを虐待するのかという問いへの答えとして、それは親自身も自らが虐待を受けた経験があるからだ、というような説明概念として用意されている。たしかに、それは事実の一端を言い表している。自らが虐待体験を持つ児童虐待の親は、決して珍しくない。

だが、こうした世代間連鎖概念によって事は詳らかにされたと言えるのだろうか。それは「世代間で伝達してしまう」という事実の現象面を素描するに留まる憾みはないだろうか。確かに「虐待の連鎖」という現象への注目により、その問題の根の深さに世間の耳目を集める効果はあった。しかし筆者が思うに、それは「なぜ連鎖するのか」という、連鎖概念自体がもたらす謎を解明しきれているとは言えないのである。

本論の主旨はそこにある。なぜ連鎖するのかという「連鎖の中身」の解明である。それには対象関係論の知見が有用となろう。なかでもクライン派精神分析は、私たちの世界には外的世界とは別にもう一つのこころの世界（内的世界）が存在することをラディカルに主張し、その内的世界が外の世界である現実に対して、認知・感覚・思考・情動などにわたって広く影響を及ぼし、外的現実に対する私たちの認識をさまざまに「脚色」していくことを、〈投影同一化〉概念をもとに説き明かしていった。筆者は、連鎖の中身を検討するには、こうした内的世界への視点が欠かせないものだと考える。トゥウェムロー *Twemlow, S.W. (2002)* も言うように、精神分析のメタサイコロジーは、虐待やいじめなどの福祉や社会問題を理解するのにも非常に適しているのである。

また、クライン派以外にも、乳幼児精神保健、さらには家族療法の知見なども参考にしながら、連鎖概念を再考したい。このことは、「児童虐待」などの世代間連鎖の謎を解明するばかりではなく、近年同様に注目を集めている「いじめ問題」の心理学的な探求にも貢献するのではないかと考えられる。なぜなら、どちらの臨床事象も、人間関係における、表面からは窺い知れないこころの闇が介在し、そこにおいては、虐待もいじめも同型の内的対象関係が営まれているからである。

臨床素材

筆者の臨床の場であった総合病院精神科外来においては、虐待やいじめなどの問題を直接的な主訴として受診して来る人は少なかった。これは、平島（1995）の言うように、そうした問題が「心理的な要因」を内包した事象として理解されるというよりは「具体的な解決策」が求められるような社会的問題として世間一般では捉えられているせいもあろう。しかし、そうではあっても、さまざまな神経症症状や人間関係の悩みの背後に、実は虐待やいじめの問題が潜んでいたという事例は意外に少なくない。彼らは、精神的な症状や主訴の改善を求めて来院するものの、その背後に虐待などの問題を人知れず抱えているのである。

次に報告するのも、そのような患者の一人である。彼女は、強迫症状を主訴に来院したが、背後に「自分の子どもを虐待してしまう」という問題を秘めていた（匿名性を期すため、以下の二症例は論旨に差し障りがない部分は事実を改変してある）。

児童虐待のケース

K子は、三十代の主婦である。不潔恐怖という強迫症状のため、精神科医による投薬治療を二年あまり受けていたが、症状が思うように改善しないのと、子どもに対するつねる叩くなどの虐待がひどくなってきたために、臨床心理士である筆者に心理療法を依頼された。彼女は一見おっとりしていたが、その表情からは、どこか感情を押し殺しているような「気詰まり」を感じさせる人であった。

K子の不潔恐怖は結婚前から始まっていた。ドア・ノブや吊革などを触ると何か悪い病気が感染するのではないかと不安で、人よりも入念に手洗いなどしないと気が済まなかった。それは時には二十分程度に及ぶこともあった。しかしその当時は、それ以上社会生活に支障をきたすことはなく、仕事も続け、温和な男性と二十代後半で職場結婚した。症状が増悪したのは、長女が産まれてからである。子どもの誕生に関しては、K子はとても喜んだが、運の悪いことに、子どもは細菌に対する抵抗力が弱い体質で、頻繁に発熱し、時には入院する事態にも至った。そのためK子は、不潔なことを過度に怖れるようになり、外出から帰ると、自分の服も子どもの服も全て着替えて清潔にしないと気が済まないようになった。

虐待が始まったのは、子どもが二歳近くになってからのことである。子どもの行動範囲が広がり、少し目を離すだけでも物を舐めたりするので、K子は苛々して、長女をつねったり叩いたりするようになった。トイレット・トレーニングが始まってからは一層、育児に疲れを感じ、その傾向が強まった。この当時は、まだ不潔恐怖などの強迫行為の方が大変で、子どもに対しては「多少きつく当ってしまう」程度の認識だった。だが、この二年間、強迫症状は充分に改善しないし、子どもに対する態度は、時に自分でも「虐待」と思える程にエスカレートし、自己嫌悪に陥るようになっていた。

筆者との精神分析的心理療法が始まると、K子はにこやかに順を追ってわかりやすく話をした。だが、その笑顔とは裏腹に、内容はかなりショッキングなものであった。それにも関わらずK子はニコニコと話した。彼女の感情は、おそらくは笑顔の裏でブロックされていたので、話の内容のショッキングさに比して、伝わってくる情感は、どこか「血の通っていない」という印象さえ受けた。

K子は両親と兄との四人家族だった。小さい頃は貧乏で、さらに母親が病弱だったせいもあり、生活全般に余裕がない家庭だった。しかも父親は、体の弱い母親を庇うどころかいじめるかの如く、少しでも気に入らないことがあると、ちゃぶ台をひっくり返したりした。K子はそうした暗い家庭の雰囲気のなか、母親を困らせないように「何でも自分でする」良い子として育った。そして、わがままを言うこともなく本を読むのが好きな子どもだった。

小学校・中学校とも、学級委員などをよく任され、成績も優秀で、先生のお気に入りだった。さらに、K子がいつもニコニコしていたところから「ニコちゃん」というあだ名がつけられた。

その一方で、K子には影の歴史があった。家庭は暗く陰うつだったので、K子は家から距離をとるために本の世界に埋没するか、近所の優しい叔父の家によく遊びに行くようになった。二、三歳頃からよく出入りするようになったのだが、その叔父が、K子を可愛がって抱いている時に彼女の性器をいじるようになった。最初K子は事態がよく呑み込めなかったが、次第に叔父の悪戯は頻繁になり、遂には快感を覚えるまでに至った。だが、そうしたことは、病弱な母親や乱暴な父親には到底言うことができず、K子は小学校に入ると、叔父の家に行くのを辞めることでその関係から遠ざかるのがやっとだった。

しかし、それで事は終わらなかった。K子はすでに性的快感を覚えてしまい、小学校二、三年の頃から頻繁にマスターベーションをするようになり、それはとても彼女を苦しめた。K子は途方もない自己嫌悪と叔父への憎しみに悩まされたが、表の顔としてはいつもニコニコし、優秀な子どもで通した。

ここまでが、最初の数回の面接で語られたことである。性的悪戯のことなど、かなり衝撃的だったが、K子は丁寧にわかりやすく穏やかに話した。そして生々しい感情は表出されなかった。筆者の前でも「よい子」だったのである。一方で、子どもに対する虐待や強迫行為は、K子の手に負えないほどの事態に陥っていた。幼稚園から子どもが帰って来ると、服を全て着替えさせ、手洗いを何回も強要した。子どもがぐずぐずしたり言うことを聞かなかったりすると、『カーっとなると自制できない』くらいつねったり、叩いたりした。それは筆者の前の穏やかな様子からは想像がつき難いものであった。

強迫・虐待・優等生――この三つは、こころの闇の中で解き難く絡まり合っている縺れのように思われた。以後二年間にわたった心理療法の経過は、その縺れの謎を解き、K子のこころが真の姿を立ち現してくるプロセスと言ってもよかった。

K子は次第に面接のなかで『子どもに対して自制がきかなくなる自分がとても怖ろしく、今に自分が子どもを殺しかねないのではないか』と、不安気に語るようになっていた。そうした時の彼女はさすがに、いつもの冷静な表情ではなく、苦渋の色が滲み出ていた。それは理性ではどうにもコントロールできない事態だった。『自分ってこんなに狂暴なのかと思うほど、暴力を振るっちゃう、突き飛ばしたり、ほっぺたをつねっていっぱい痣できたり……』『自分は親になる資格がない』と、ひたすら自分を責め、うつ状態に陥っていった。

筆者はK子の苦悩を受け止めながらも、この厄介な事態が今現在だけに原因があるわけではなく、過去からの歴史を引きずりながらマグマのように溜りに溜り、病的に噴出してきている事態として理解していた。したがって、彼女には以下のことを伝えた。自分を責めたり、あるいは優しくなろうと努力したりしても、問題は自分の意識的な努力の域を超えているので、どうにもならない面があること。素直に過去や現在の自分を振り返っていくことこそ、問題の解明につながるだろう、と。そして、現実的には優しい夫に協力してもらい、K子の家事や育児の負担を減らし、子どもとの距離をとるように図った。

K子が次第に語るようになったのは、彼女が子どもらしくない子どもだったことである――『小さい頃から、自分の本心を隠してきた。家族と距離をとり、自分で何でもしてきた』。彼女は陰うつな家庭の雰囲気のなか、子どもらしくわがままに振舞ったり甘えたりすることができなかったのだ。筆者はK子がむしろ、子どもらしく振舞うことを許されず、否応なく優等生で来てしまったことへの、こころの裏側にある「悲しさ」を解釈していった。K子は、今ではそれはわかるが、小さい頃には悲しく孤独なことさえ意識できなかったことを回想した。そして、その孤独感を唯一和らげてくれたのが叔父さんの存在だった、と語った。しかしその叔父からは、K子の愛情希求は裏切られ、性的搾取という結果に終わった。彼女はそれに対して、どうしようもない怒りを感じるようになっていた。だが、さらにK子を苦しめたのは、その後、彼女自身が早すぎる性的快感を覚えてしまったことだった。K子は「自分がとても醜く汚い存在に思える」と、叔父への怒りばかりでなく自己嫌悪感を強めた。たとえ《それは叔父さんが悪いのであって、あなたは被害者でしかなく、悪くはないのだよ》と慰めたところで、とても和らぐものではない、強い自己嫌悪感だった。その強烈さの前に、筆者はしばしばことばを失った。だが、せめて、そのことで今までK子が随分苦しんできたことに対しては、理解のことばを送るように努めた。

面接も数箇月経つ頃になると、筆者の中では「強迫」と「虐待」と「優等生」の内的連関に関して、その謎はかなり理解されるようになっていた。それをまとめれば、こういうことになろう。

K子が「汚いもの」と怖れていた〝ばい菌〟は、彼女の排除したい〝子どもの部分〟の具象的なレベルでの象徴化である。彼女は幼少期からひたすら、わがままな〝子どもの部分〟を抑え、ニコニコしたよい子として親を困らせぬよう振舞ってきた。もし彼女のわがままで甘えたい部分が親との関係のなかで表出されてしまえば、ただでさえ乱暴な夫に虐げられてきた病気がちの母親は、とてもK子の依存願望は受け止めきれず、さらに病弱さを悪化させてしまったに相違ない。K子としては、とても母親に甘えられるような家庭環境ではなかったのである。それを子ども心にも無意識裏に察知し「偽りの大人びた子」として育っていった。K子の甘えたかったり、わがままを言いたかったりする、普通の子としての〝子どもの部分〟は、彼女の意識から、あたかも悪いもの〝ばい菌〟のごとく排除される他なかったのである。K子は無意識裏に、自分の〝子どもの部分〟を〝ばい菌〟と同一化していた可能性が強い。

さらにK子の「偽りの大人性」を強化してしまったのが、叔父との性的外傷である。彼女は自らの〝子どもの部分〟を親には向けられず、叔父の方に振り向けた。あくまで叔父に期待したのは、子どもとしての依存や甘えである。しかしそれは叔父によって意味を変換させられ、性的な快楽に置き換えられた。これがK子の第二の悲劇であろう。すなわち、依存や甘えなどの〝子どもの部分〟は、性という、子どもにとってはとても自我違和的な、早すぎる快感として意味を変容させられてしまったのだ。もはや〝子どもの部分〟は、とても受け入れ難く、みだらで汚れた性的快感と等価なものに化してしまったのである。K子の中の〝子どもの部分〟はますます怖れられ、汚い〝ばい菌〟のごとく見なされる傾向に拍車がかかったとしても不思議ではない。彼女は一層「優等生の仮面」をつけて生きていく他なくなった。小学校以後「ニコちゃん」仮面をつけ自分の中身を隠したことには、そうした背景がある。

K子が子どもを虐待するのは、幼少期から排除してきた自分自身の〝子どもの部分〟を、現実の自分の子どもの中に見てしまうからであろう。虐待は、わが子のトイレット・トレーニングの頃からひどくなった。粗相をしたり言うことを聞かなかったりする娘を前にして、K子は自らが排除してきた「わがまま」を目の当たりにしたことだろうし、ウンチの汚さは〝ばい菌〟のごとく、排除された自分の中の〝子どもの部分〟と重なったことだろう。彼女は自分の長女の中に見た自らの〝子どもの部分〟を、〝ばい菌〟と同一化し嫌悪するあまり、長女を叩くのである。それが、長女を虐待せずにはおられないK子の「内的衝迫の正体」だろうと考えられた。

筆者は上記のような理解を、機を見て面接の中で伝えていった。K子は一瞬驚いたように息を呑んだ。彼女にも、排除された〝子どもの部分〟のことは薄々気づかれていたようだった。さらに、それが〝ばい菌〟に姿を変えて怖られ、自分の娘の中に〝子どもの部分〟（ばい菌）を見てしまう恐怖についても、K子はかなり合点がいった様子だった。彼女は沈黙したまま、しばらく思いに沈んでいた。

〝ばい菌〟の起源や、抑え込まれてきた〝子どもの部分〟の存在を知ることにより、K子は自らの中の「依存感情」により自覚的になっていった。しかし、それはもう一つの困難をもたらした。排除されていた依存感情の回帰は、K子には取り扱い難い代物だったからである。筆者や他の医療関係者に対して、K子は二面的な顔を見せるようになった。筆者に対しては子どものように『先生、不安だから手を握ってもらっていいですか』などと依存願望を振り向けたが、主治医や看護師に対しては『薬を変えてくれと言っても、変えてくれない』『あの看護婦は、精神科の患者だからといって馬鹿にした態度をとる』などと怒りを露わにした。依存するとなると理想的な依存を求めてしまい、それが叶わぬと強烈な怒りに変わるというように、K子は、依存願望と現実とのアンビバレンツに耐えられなかった。そして、夫に対しては支配的・命令的になり、アンビバレンツを避けていた。

このようにK子は、夫を支配し、医療者に対しては二面的態度を向けることで、依存願望に由来する葛藤を避けようとしていた。だが、それも彼女の目論見通りにはいかず、夫や医療者との関係はギクシャクしたものになった。K子は次第に落ち込むようになり、憂うつで無力な自分を語るようになった――『自分には何も褒めるところがない。昔から優等生で、誰からも好かれるようにしてきた』『でも優等生だった頃でも、いつもニコニコしていたから、逆に「変な子」と言われたこともある。勉強ができて、何人もの男の人からプロポーズされたことが誇りだった。でも今の自分には何もない』。低い自己評価が姿を見せるようになり、K子はその感覚に打ちのめされた。そして、自らを本当は「何もなくて空っぽの人間」だと卑下し続けた。

ここに、優等生であることによってしか自己を立て直すことのできなかった人間の悲劇がある。その裏には、K子の〝子どもの部分〟が「醜いもの」「汚らわしいもの」「悪いもの」として捨て置かれ、呻き声を上げていた。その部分をどう弔い、穏やかな悲しみに変えられるかが、治療の鍵を握っているように思われた。筆者はK子の〝子どもの部分〟の問題に焦点を当て、そのワーク・スルーに腐心した。

K子の内的世界の構造は、外的世界での親との関係性を十二分に取り入れ、それに同一化したことによって成り立っている部分が少なくなかった。すなわち、K子の〝子どもの部分〟を顧みず世話しなかった親の部分は、彼女の内的世界に取り入れられ、内的対象として棲みついていたのである。これが意味することは、〝子どもの部分〟（ばい菌）を世話せずいたわることのない内的な親対象が、外的な状況とは無関係に、それ自身で独立してK子のこころの中で機能している、ということであった。換言すれば、マゾヒスティックな内的対象関係〟が、外的人間関係とは別に、K子のこころの中で拵えられてしまっている、ということを意味する。

虐待やいじめなどのこころの問題の真の難しさは、彼らの中にすでに強固な内的対象関係が、マゾヒスティックで自責的な傾向として構築されてしまっているところにある、と筆者は考える。したがって、他者がいくら慰めたりいたわったりしても、その程度の介入で彼らの内的構造を変えることは困難なのである。それどころか場合によっては、松木（2000a）の言うように、語気強く彼らの正当性を説き虐待者への非難を口にするセラピストに対しても、逆に患者は脅えてしまい、「怖い内的対象像」をセラピストに投影してしまうことにもなりかねない。援助しているはずのセラピスト自身が、いつのまにか虐待者と同じように怖い人と見なされてしまう反転がそこに生じてしまうのである。

K子もまさに、強固でマゾヒスティックな内的対象関係を構築していた。それに対してどうアプローチするかが、治療の要だと考えられた。そのためには、まずはK子自身が自らの内的世界の構造を知ることが必要だった。

筆者はK子に語りかけた――《あなた自身が今まで自分の中の〝子どもの部分〟をとても受け入れ難い、厭なものとして退けてきました。それはちょうど、あなたの親があなたにしてきたことと同じではないでしょうか。あなた自身もいつのまにか、〝子どもの部分〟をいたわるどころか、〝ばい菌〟みたいに「悪いもの」「排除したいもの」と見なしてきてしまったようです。それであなたの中の〝子どもの部分〟は、誰からもやさしさやいたわりを受けてこなかった悲しい人生になってしまいました』。K子がニコちゃん仮面や優等生で認められてきた裏には、悲しく捨て去られてきた大事なこころの部分が潜んでいたのである。K子は次第に、「捨て子」である〝子どもの部分〟にいたわりの目を向けるようになるが、それは平坦な道のりではなかった。なぜなら、K子の中で価値のあるものは、あくまでも、ニコニコとして誰からも好かれ、優等生で秀でていることだったからである。その習性はK子の骨身に染みついていた。依存的で甘えたい部分というのは、劣ったものと見なされがちだったのである。

また、幼少期の早すぎる性的快感の問題も、執拗に尾を引いていた。叔父によって「甘えたい欲求」を性的快感に変えられてしまったことは、幼児的部分に対するK子の嫌悪感を複雑にした。マスターベーションの快感は、素直な依存欲求を歪んだものに変えてしまったのである。したがって、マスターベーションの快感の奥にも、幼児的で依存的な〝子どもの部分〟が捨て置かれ、悲しんでいることも理解される必要があった。

運命としかいいようのない、自らの幼少期からの生い立ちを、いかに責めることなくいたわれるようになるかが課題と言えよう。そのためには、こころの中の内的対象関係が変化する必要がある。〝子どもの部分〟を拒絶し排除する迫害的親対象ではなく、その捨て置かれた「悲しさ」をいたわれる保護的親対象が、K子のこころの中で強化される必要があるのだ。それによって、わが子をもいたわりをもって世話できる関係性が育まれる。

『本当は小さい頃から、人は信じられなかった。どんなに親しくなっても、友達に全面的にこころを許すことはなかった。本当は冷たい人間なんです。子どもを叩いてしまって後悔している時に、子どもの冷やかな視線を感じると、その頃の本当の自分を見ている気がするんですよね。そうすると、かーっとなってしまって自制がきかなくなるんです』――K子の見ている「冷たい視線」の奥には、K子自身が子どもの頃に感じていたはずの「孤独感」や「淋しさ」があることを、筆者は解釈していった。またK子自身も、冷たかったのではなく、本来は淋しく悲しかったのだが、それが辛いのでこころを閉ざし、あたかも冷たいかのような人間に化していただけなのである。K子は筆者のことばに、『小さい頃からすごく淋しかった。でもそれを見せられなくて、いつも「誰かに気づいてほしい」と、ずっと思ってきたんです』と、辛そうに涙を浮かべて語った。

K子は面接場面で、自分の中の「悲しさ」に触れられるようになるにつれ、子どもに対する虐待も見られなくなっていった――『今さら親を怨んでも仕方がないでしょうし、これも運命だったんでしょうね。今は無理せず、自分が思っていたほど出来る人間でもないですし、夫にも甘えるようにしています。娘からも「最近、お母さんが怒らなくなった」と言われるようになりました』。

K子のこころの闘いはこれで終わったわけではない。こころの中のK子をいじめる迫害対象とK子をいたわる保護対象の闘いは、終生終わることのないテーマだろう。だが、K子が自らのこころの奥の「淋しさ」「悲しさ」に触れ続けることができれば、その闘いは実りあるものとなろう。

いじめのケース

次に提示するのは、いじめの問題を抱え受診してきた中学二年の男児L男である。筆者は、いじめの問題に関しても、先に示した虐待の問題と同様のこころの構造を指摘できるのではないか、と考えている。すなわち、内的世界・内的対象関係は、いじめも虐待も同型なのである。もっとも、いじめる側の人間が精神科を受診することはない。被害者であるいじめられた側の子どもの面接を通して、いじめ問題の深層を探求したい。

L男は母親に連れられて総合病院の精神科外来を受診した。中学二年だが、小柄で幼い顔立ちだった。おそらく小学生といっても通用しただろう。いかにも不安げで、視線はあちこち落ち着きなくさまよった。筆者の問いかけに対しても、首だけはせわしなくうなずくも、どこか上の空で、筆者のことばが少年のこころに届いていないことは明らかだった。「早くこの場を切り抜けて、部屋から出たいだけ」というような印象さえ受けた。

母親が筆者に語ったのはおおよそ以下のことであった。

最近『お腹が痛い』と言って学校へ行きたがらない。普段も元気がなく、食欲がない。どうしたのか聞いても、あまり語ろうとしない。ひょっとしていじめでもあるのではないかと思い、問い質してみたところ、最初は否定していたが、最近になってようやく、同級生数人に学校の裏庭に呼び出されて蹴られたりしていることを、少しだけ語った。自転車のタイヤも何度もパンクさせられた、と。学校の先生に相談したところ、いじめっ子には学校側で対応するが、身体症状が続くようなら、病院を受診したらどうかと勧められ、来院したとのことだった。

母親は少年L男とは対照的に、とてもテキパキと、ハキハキした声で話した。そして、母親はL男のはっきりしない態度がもどかしいようで、何度も横から『先生にちゃんと話しなさいよ』と、いささかきつい口調で急き立てた。それを聞くと、ますますL男はせわしなくうんうんとうなずき、おどおどしてしまったので、筆者はL男がいかにも気の毒に思えた。

だが、確かに母親がやきもきするように、L男の言動が煮え切らなかったのも事実だった。《困っていることはある？》と問い掛けても、『今はもう大丈夫』と表面的に答えるのみで、問題の核心に近づこうとはしなかった。ただ彼が訴えたのは『頭がちょっと痛い時もあるけど、でももう大丈夫』ということだけだった。

いじめの問題で、直接精神科を受診してくるケースは少ない。ただL男の場合のように、最初は不登校と見なされていた問題の背後に、実はいじめという事態が潜んでいる場合も案外少なくない。そしてその場合、彼ら自身がいじめられていることを、自ら進んで切り出すことはほとんどない。彼らは、いじめられていることを隠したがる。特に男の子の場合はそうである。L男の場合も同様だった。L男からは事態をよく把握できないので、彼の了解のもと母親から生育歴を聞いた。

両親、妹の四人家族。L男は小さい頃から、妹とは違って不器用だった。妹はテキパキ、ハキハキしていたが、L男は保育園でも、給食を食べるのが遅かったり、何をやるにも最後になったりした。それで母親としては、何とか人並みにできるようにと思い、急かしたり叱ったりすることが多くなった。

小学校に入ってもL男は不器用で、宿題などもなかなか出来なかったので、母親としては叱ることが多くなった。

そのうちL男は、出来てもいないのに『出来た』と嘘をつくようになった。母親としては腹が立ち、「この子は自閉症や発達障害ではないか」と思うに至った。またL男は、学校のことも母親にはあまり話さなかった。学校の先生からは「積極的に友達と関わる方ではなかったが、人の後からついて行き、友達の輪の中に入っている」というように聞いていた。成績は中の下だった。それでも、特別嫌がることもなく、六年間学校に通った。

中学に入り、支度の遅いことや不器用さもそれほど目立たなくなり、部活も運動部に入り、「人並み」になってきたかと安心していたところに、今回のことが起き、母親としてはとても動揺して病院を受診した、と語った。母親は途中で『どうしてこの子だけ、こんなことになるのでしょうか。やはり自閉症とかの病気なんでしょうか』と、筆者に何度も意見を求めてきた。筆者は、母親のわが子を見る眼差しがまるで第三者的で医者の如く客観的なことに、内心いささか憤りを感じながらも、母親に対して努めて冷静に、今はL男が脅えており、こころを開くまでは時間がかかることを丁寧に説明した。母親は『そんなもんですかね』と、ピンと来ない様子だった。

L男と筆者との面接が始まってからも、彼のおどおどして不安そうな態度は変わらなかった。聞かれたことにはきちんと答えようとするが、自分からはほとんど話さなかった。そして『今はもう、いじめもなくなって大丈夫だけど、思い出すと怖くなって、まだ学校へ行けない。お腹が痛くなる』と語った。《ずいぶん怖かったんだね》とことばをかけても、黙ってうなずくのみで、それ以上話題は広がらなかった。こちらが黙っていれば沈黙も多くなり、まるで筆者に対しても「本当のことを言うと、いじめられる」と恐れているかのようだった。

それでも何回か面接を重ねるうちに、次第に、家でのことも少しずつ語るようになっていった。小さい頃から母親には、早くしなさい、しっかりやりなさいと、よく叱られたこと。『でも、今はあまり言わなくなったから、もういい』と必ずことばを付け足した。それ以上、筆者から母親とのことを追求されないように、話のけりをつけたいかのようだった。そうした話のなかでL男が自らわずかに主張してきたのは、またいじめられないように『強くなりたい』ということだった。『だから空手ジムに行こうと思ってる』『この前は見学してきた。今度入ろうと思う』と語った。L男にしては思い切った決断だな、と筆者がいささか驚いていると、L男はまたもその決意を繰り返した。筆者は控え目に、彼の頑張ろうとする姿勢を評価するに留めた。

筆者がこの時危惧したのは、強くなりたいという一見もっともらしい動機が、結局のところL男の中の弱さを否認し、強いものに同一化することによって一層自らの弱さを防衛しようとしているように思えたことである。もちろん、このくらいの年齢の少年が男らしさを獲得し強くなりたいと思うのは、至極普通のことでもあり、発達上必要とされることでもあろう。「だが、それにしても……」と筆者は危惧した。その強さをL男が本当に望んでいるというよりは、弱いのは駄目で強くてこそ誉められるという世俗的価値観に脅かされてしまっている結果のように思われたからである。もしそうなら、L男の中の本当の彼らしさが押し殺されてしまうことにもなりかねない。

筆者の懸念は案の定、的中した。空手ジムに通っているというL男の話は、学校に通えなくなったこととまるで同じ成り行きを辿った。空手ジムへの登校拒否が起こったのである。L男にとって、そうした強さを手に入れるには空手ジムはあまりにもハードルが高かった。筆者はL男の努力をねぎらいながらも、彼の中の弱さへの恐怖や自分らしさをとりあげていった。「弱さを怖れるあまり、君が君らしさを見失っている面がありはしないだろうか。身体的強さということではない、君らしいよさがあるのではないか」と。この問いが彼の中で意味を持つには、まだ時機が早すぎたようだった。L男は、首だけは何度かうなずくものの、そのうなずきには重みがなかった。

結局その後、L男は学校へ復帰した。が、彼は最後まで自分の中の弱さや悩みを語ろうとはしなかった。彼の価値観は、弱いこと・劣っていること・不器用なことは全て駄目で、それから逃れるためには、強さや優秀さを手に入れ、強い側に回ること、それが全てだった。おそらくL男にとって、病院の中でインタビューする筆者は社会の中の強い側の人間に映ったことだろう。それは、質的な違いこそあれ、いじめっ子と同じ類の強い人間であり、彼からすると、とても弱音を吐けるような相手ではなかったのかもしれない。そして、L男にとって強い側の人間の最初の人が母親だったことは、想像に難くない。彼の不器用さを口やかましく矯正しようとした母親。その母親から認められるには、首尾よく、器用で優秀な人間になる他なかったのである。その母親との関係性が内在化されて、L男の中では、自身が自身の中の劣った部分を責めこそすれ、決していたわることのない内的対象関係を構築してきていた。すなわち、こころの中ではL男も、自分自身の弱さに対する「いじめっ子」だったのである。こうして彼の中の弱さは、他者からも、そして自分自身からも、いたわられることなく捨て置かれてしまった。

L男はある意味で「いじめっ子＝強者」と同一化することで、自らの弱さを防衛しようとした。そしてその延長上で、筆者のもとを離れ、学校にとりあえずの復帰を果たした。L男は最後の面接でこう言った――『だんだん強くなりたい。病院に来ていると、いつまでも弱いみたいで厭なんだ』。

世代間連鎖の再考

家族療法の影響

そもそも「世代間連鎖」という概念の出処がどこにあるのか、筆者は寡聞にして知らない。いつの間にかマスコミなどで盛んに報道されるようになり、育児や教育、心理学の専門家の間でも広く使われるようになっていった印象を持つ。例えば一九九三年六月の『イマーゴ』誌「幼児虐待」特集号を見ても、虐待の「連鎖」概念でこの問題を論じているペーパーは見当たらない。おそらくは、ここ十年足らずの間に急速に普及してきた考え方なのだろう。

この概念には家族療法からの影響が強く窺える。家族療法家は、患者（家族療法ではIPと言うが）に表れた問題の本質を、患者本人の病理というよりは、家族全体の力動やホメオスターシスから見ていこうとする。フォーリー *Foley, V.D. (1974)* によると、家族療法におけるコミュニケーション論者ら *(Jackson, D.; Haley, J.; Satir, V.)* は、親子間における認知面・感情面さらには力関係の影響がどのように子の世代にコミュニケートされるかを研究した理論家だという。すなわち、親と子という二世代間の伝達（連鎖）過程の研究者と言える。さらにその考え方を先鋭化させたのがボーウェン *Bowen, M. (1978)* だろう。彼は、家族の病理は何世代にもわたって潜伏的に伝達され、最後にIPに病理開花していくものだ、という理論展開を提示した。それが「多世代伝達過程」という家族療法家ならではの概念である。ボーウェンが言うには、両親同士が融合した密着関係にあると、一方では不安の軽減がもたらされるとともに、もう一方では不安発生の土壌ともなる。不安が発生した場合、それは子どもを巻き込みやすく、子は片方の親との融合度が強くなり、分化し自立した人間形成が困難になる。そうした問題は、さらにその下の世代に伝達され、例えば統合失調症などは八～十世代にわたった伝達過程の所産だ、という。

ここで注目されるのは、家族間に伝達されるにあたって、その橋渡しをするのが親から子への「家族投影過程」だ、という心的概念が用いられていることである。言うまでもなく「投影」というのは精神分析概念であり、無意識的な心理機制を指す。多世代伝達や連鎖を説明するためには、家族療法家でさえ、親から子への無意識的な感情の伝達〈投影〉という、目に見えない心的メカニズムを想定せざるを得なかった。

さらに次世代の家族療法家、例えばマックゴールドリックら *Mcgoldrick, M. et.al. (1985)* は、世代間伝達の客観的事実を明らかにするために家系図の手法を用い、虐待やアルコール依存などの病理が何世代にもわたって伝達される家系があることを明確にした。そしてその際にも「投影」や「同一化」などの精神分析概念が援用され、世代間の伝達メカニズムの説明概念として使われている。

このように家族療法家のなかには、家族成員の精神病理が世代間にわたって伝達していく事象に早くから注目し、検討を加えようとしていた理論家たちがいた。その際、そうした伝達メカニズムを探求するには、どうしても投影などの無意識的心的メカニズムの精神分析的知見が要請される必要があった。彼らは精神分析の専門家ではないので、それ以上、投影や同一化メカニズムについて詳しく探求してはいないが、筆者はそこにこそ、虐待の連鎖や世代間伝達の謎を解く重要な鍵があると考えるのである。それにはまず、投影や同一化概念自体の検討が必要とされる。

投影同一化という概念

周知のように〈投影〉というのは、フロイト *Freud, S. (1911)* がパラノイア患者（シュレーバー症例）の精神病理を論じた際に詳細に説明した概念である。投影においては、まさに妄想がそうであるように、自己の中の耐えられない感覚や観念などが自己から排出され、他者の中に投げ込まれ、それらの感覚が自己ではなく他者に帰属するものと見なされる。フロイトによると、シュレーバー症例の抱いた被害妄想は、同性愛願望の逆転した感覚が対象に投影された結果として理解された。このように、そもそも〈投影〉概念は、精神病などの妄想形成における中心的な心的メカニズムという位置づけから出発した。その後、フロイトの娘であるアンナ・フロイト *Anna Freud (1936)* によって『自我と防衛機制』が著され、〈投影〉や〈同一化〉などの無意識的な心的メカニズムは、抑圧や置き換えなどとともに、心的防衛機制の名のもとに整理された。またこの書では「攻撃者への同一化」という新たな概念が提出されている。虐待の心理的メカニズムを考えるうえでも貴重なヒントを含んだものであるが、ここではひとまず置いておく。

さて、〈投影〉概念をラディカルに書き換え展開させたのがクラインだろう。「分裂的機制についての覚書」*(Klein, M., 1946)* はまさにその後の精神分析の発展に革新的影響をもたらしたと言っても過言ではない。クラインは従来の投影ではなく〈投影同一化〉という用語を採用し、人生最早期の〈妄想分裂ポジション〉と命名した時期での、迫害不安やその防衛機制としての投影同一化やスプリッティングを論じた。彼女の功績は、人生最早期での原初的不安、対象関係、防衛機制を明らかにしたことで、重篤な精神病やパーソナリティ障害の病理の解明や治療への道を切り拓いたところにある。ただし、彼女の明らかにした投影同一化の機能は、自己の「悪い部分」が対象に排泄され対象が「悪い対象」と化すというような論理展開に見られるように、投影同一化の排泄的な側面に力点があった。

その後、クラインの弟子たちがさらに〈投影同一化〉概念を洗練させ、治療的に有用な道具にまで精巧化していったが、なかでもビオン *Bion, W.R. (1959, 1962 a, b)* の貢献は見逃せない。ビオンは母子関係モデルを導入し、二者間での無意識的な交流に関して、投影同一化の概念を用いて論述した。すなわち、乳児は自己の中の不快な感覚（不安）を泣き叫びなどを通して母親に伝達（投影）するが、母親はその泣き叫びから乳児が伝達（投影）したい意味内容（不安）を「もの想い *reverie*」によって直観的に読み取り、その不安を和らげて乳児に返していく。それによって乳児は、自らの不安をこころの中に抱えられるようになり、心的成長がもたらされる、というのである。このモデルは、母子関係だけでなく、セラピスト―患者間の基本的な治療モデルとしても重要な位置づけを担うまでに至った。ビオンがここで発展させたのは、〈投影同一化〉のコミュニケーションとしての側面である。自己の「悪い部分」は単に投影されるだけではなく、投影されることによって対象との間で無意識的な交流がもたらされ、コミュニケーションの性質を帯びるに至る。したがって母親やセラピストは、自らの感覚に鋭敏になることによって、乳児や患者が伝えてきた不安や感覚を察知することもできる、というのである。ビオンによって投影同一化は、無意識的な対人コミュニケーションの力動的な概念としての地歩を着実なものとした。

松木（2002b）によると〈投影同一化〉は今日、大まかに言って三種類ほどの機能を持つという。すなわち「排泄」「コントロール」「正常なコミュニケーション」である。正常なコミュニケーションのなかで最も健康的で上質なものが〝共感〟だろう。私たちが他者のこころの痛みを知る際に必要不可欠な機能である。コントロールは、とりわけ重篤なパーソナリティ障害や病理的組織化と呼ばれる患者群に頻繁に見られる機制であり、他者を支配したり、利用したりするために使われるものである。本章で論じる虐待やいじめなどにおいても、投影同一化の「コントロール」側面が著しく利用されているので、後に詳しく論じたい。

なお〈投影〉と〈投影同一化〉の概念の異同であるが、今日まだはっきりした定説はないようである〔藤山 2002〕。ただ、先にも触れたように、単に「投影」ということばだけでなく「同一化」という用語も付加されたことにより、二者間におけるこころの交流の局面に、よりダイナミックな構図が描き出されたように思われる。クラインによって、古ぼけた〈投影〉概念が〈投影同一化〉と書き換えられたことによって、〈投影〉概念は新たな命脈とともに甦ったといえるだろう。

それでは次に、この〈投影同一化〉概念の知見をもとに、先に挙げた虐待やいじめの症例の分析に入りたい。

執行役としての投影同一化

まずは、虐待のケースから考えてみよう。

一言で虐待といってもいろいろなタイプがある。筆者が経験しただけでも三種類ほど考えられる。K子のように、罪悪感や自己嫌悪を伴う虐待。全くあっけらかんとして罪意識もなく養育拒否状態にあった母親。最近の傾向である、いじめること自体に快感を伴う快楽型虐待。それぞれの病理性にはそれぞれ異なった側面が孕まれているが、端的に言えば、快楽的虐待ほど病理性は重くなっているといえるだろう。なぜなら、罪悪感は否認されるばかりでなく、快楽によって倒錯的に絡め取られているからである。最近マスコミ報道などで見られるいじめ事件なども、いじめること自体に快感が伴う快楽殺人的なニュアンスが色濃く窺える。そこには、いわゆる「サディズム」の問題がある。

このように虐待やいじめ問題には、罪悪感を強く持ち自らを過酷に責めてしまうようなタイプから、罪悪感を否認し、むしろいじめに快感を覚えるようなタイプまで、幅がある。しかしその幅は、内的連続性のあるスペクトラムであり、「罪悪感」型から「快楽」型への移行もあり得ないわけではない、と筆者は考えている。〈投影同一化〉の性質が変われば、そうした移行も起こり得るのである。

症例K子の場合は、一方でわが子を理不尽に叩いたりしながらも、それに対して痛切な罪悪感を抱き、その罪悪感のあまり一層わが子に対して制御できない暴力を振るってしまうという悪循環を繰り返していた。むろんそこに快楽はない。さらに、その罪悪感や暴力は、K子の意識的努力を超えた手に負えない代物と化していた。なぜK子は、罪悪感を抱きながらも、暴力を振るわざるを得なくなってしまったのだろうか。罪悪感を覚えるなら暴力を止められる、というのがいわゆる正常心理であろう。そこに、常識では計り知れない虐待やいじめ問題の謎がある。

臨床素材のところで述べたように、K子自身も、二つの意味での虐待を受けていた。親子関係は、母親の病弱さや父親の乱暴により、彼女がとても安心して依存できるような関係性にはなかった。K子の〝子どもの部分〟は抑圧され、「ニコちゃん」のような仮面をつけ、優等生的な偽適応を図る他なくなった。ここに、養育関係における密かな心的外傷（虐待）が認められる。さらに、親に向けられない依存願望を振り向けた叔父からは逆に、性的に搾取された。これが第二の虐待である。K子の〝子どもの部分〟は単に抑圧されるだけでなく、汚らわしいものへと質的変化を被った。なぜなら、依存と性的快楽が混同され、早すぎる性的快楽は一層K子の依存心を歪んだ感覚に変質させたからである。もはや彼女にとって、素直に依存したり甘えたりすることは、危険なことでもあるし、性的快感に繋がる汚らわしい代物でもあった。それが後年の〝ばい菌〟恐怖（不潔恐怖）への伏線となった。すなわち、K子の〝子どもの部分〟は、潜在的にはもはや、ばい菌のごとく汚らわしいものと「等価」と化したのである。

ここまでが、K子の症状形成への道筋であるが、それが虐待とどう繋がったかが、次に問題となろう。K子の虐待が始まったのが、第一子である長女を産んでからであり、それが激しくなったのがトイレット・トレーニングの始まりと重複していることは、注目されてよい。K子は長女を産むことによって、文字通り、子どもと向き合うことになった。それは同時に、それまで汚いものとして意識化されずにいた、自らの中の〝子どもの部分〟に直面させられることをも意味していた。特にトイレット・トレーニングのなかで、汚いことを平気で行い、言うことを聞かぬわがままなわが子を前にして、K子は一番見たくない、自らの中の〝子どもの部分〟を目の当たりにしたとしても不思議ではない。K子はそこから「かーっとなると自制できない」ほどの身体的虐待に突入していった。

母親の虐待の制御の利かなさに関しては、乳幼児精神保健の専門家たちも興味深い見解を示している。

フライバーグら *Fraiberg, S. et.al. (1983)* は、不幸な養育体験を持つ親は、子を持つことによって自らの幼児期の葛藤を再活性化させられ、それが幼児に投影され、まるで「育児室の幽霊 *ghosts in the nursery*」に出会ったかのように、わが子を怖れ、結果的に発作的な虐待行為に走ってしまう、と論じた。「幽霊」とは過去の不幸な自分であり、それを目の前のわが子に重ねてしまうのである。K子の場合も然りだろう。またレボヴィシ *Lebovici, S. (1984, 1988)* によると、母親は一人のわが子に対して、事実上、三人の異なった赤ん坊を持つことになるという。すなわち、母親自身の幼児期の無意識的葛藤から生み出される「幻想の子 *fantasmatic baby*」、次に家族代々の期待を背負わされた「想像上の子ども *imaginary baby*」、最後に「現実の子ども *actual baby*」である。前二者が、妊娠中から母親の空想生活のなかでさまざまに、現実の子どもに色どりを添えるというのである。これも〈投影〉過程の一つの実際的なバージョンであろう。そして、フライバーグ *Fraiberg, S. (1983)* やクレイマー *Cramer, B.G. (1989)* がレボヴィシの考えを取り入れたことによって「親－乳幼児心理療法」が発展させられていったが、治療に関しては後に改めて論じたい。

このように乳幼児精神保健の専門家たちも〈投影〉概念を巧みに取り入れ、観察された事象とその背後のこころのあり様を繋ぐキーワードとして役立てている。彼らの特徴は、実際の母子を観察したうえでの理論構成なので、「育児室の幽霊」にしろ「幻想の子」にしろ、臨場感を伴った説得力を持っている。

こうして母親側に「幼児期の葛藤」や「幻想の子」やK子のような「汚らわしい子どもの部分」が存在し、それがわが子に〈投影〉され映し出されることは理解できた。だが、それにしてもなぜ、それらの無意識的空想は投影されてしまうのだろうか。それらはなぜ、母親のこころの中だけの問題として保持されないのだろうか。それに答えるには、〈投影同一化〉という防衛機制の性質を吟味しなければならないし、彼らのこころの中に巣食っている「マゾヒズム」の心的構造について考えねばならない。

そもそも、先の項で述べたように〈投影同一化〉には三つの性質があった。その原始的タイプは「排泄」を目的としており、自己の中の不快な部分・悪い自己部分、さらには現実を知覚する自我機能までが、自己からスプリット・オフされ対象へと投影される。特に精神病などの重篤な障害においては、それらの諸部分が自己の中に留まってしまうと、強烈な破滅不安に襲われるので、自我はそれに耐えられない。耐えられないどころか、実際に自我が断片化し、解体してしまうほどの事態にも陥る。松木(2000b)によると、統合失調症の昏迷状態やカタトニーは、投影同一化さえも機能不全に陥り(自己の悪い部分を投影できなくなり)、自己の崩壊といってよいほどの危険に晒されている「生き地獄」のような状態だという。したがって投影同一化とは、原始的な機能レベルでは、まず自己の中の悪い部分を排除することで、自らの安全を図る方策だと言える。

虐待する母親からよく聞かれる『つい、カーっとなって自制がきかなくなる』というような表現は、この間の事情をよく表している。すなわち、具象的な言い方をすれば、「カーっとなって」自己の悪い部分を衝動的にわが子に投げ込んでいるのである。暴力とは、心理的次元では、自分の中の不快な部分を相手めがけてぶつける行為であろう。虐待する母親は、自己の中の厭な部分を、衝動的な暴力によってわが子に押し込んでいる。これは〈投影同一化〉による「排泄」目的を、暴力という手段によって具象的に叶えようとした行為として、まずは理解できるだろう。ちなみに本書の先の章〔「臨床篇」第三・四章〕において、投影同一化の具象化した病理として「摂食障害」をとりあげた。そこで摂食障害者は、自己の中の悲哀感を食べ物に対して具象的に投影同一化していると考えられたが、虐待やいじめも、自己の中の耐え難い部分を暴力によって具象的に投影同一化している事態として捉えられるのではないか。精神病ほどには原初的ではないが、虐待の投影同一化にもこのように具象的な性質がある。

次に、いじめのケースについて考えてみよう。

いじめの場合には、いじめる側が自ら来院する場合はまずもってないので、L男のようにいじめられる側の分析から窺い知るのみである。L男が念願したのは、つまるところ「強くなりたい」ということだった。そうなれば、いじめられることもないし、自らの弱さや劣等さを恥じることもない。これは一見もっともらしい心情のようだが、「強さ」や「力」に比重が置かれている点で、いじめる側と価値観においてほとんど差はない。強さに重きを置くという価値観を、いじめっ子とL男は共有しているといっても過言ではないのである。

想像するに、いじめっ子は自分より弱い相手を見つけ、そしてL男が弱さを恥じていることまで敏感に嗅ぎつけた。それは暴力的な〈投影同一化〉の格好のターゲットとなろう。なぜなら、いじめる側はL男の「弱さ」を思い知らせるかたちでいじめれば、L男はいじめっ子と基本的には価値観を共有しているので、自らの「弱さ」を恥じ、彼らの暴力を自らの「弱さ」のせいに帰してしまうからである。そして、いじめればいじめるほど、いじめっ子は「強さ」という感覚を手に入れ、L男は「弱くて駄目だ」という劣等感を強くする。ここに、「弱さ」を排除しようとするいじめの構図が窺える。いじめっ子は、いじめることで自らの「弱さ」を排除できる快感を手に入れるのだ。

「なぜ、いじめられる側は、いじめっ子に怒りを覚えたり、それを表現したりしないのか?」という疑問の声を時に耳にする。確かに、いじめられた子が「怒りの声」を表明することはさほど多くはないのかもしれない。その理由は、単にいじめっ子の「力」に脅えているせいばかりではないだろう。先に述べたように、いじめられる側も「強さ」「力」に価値を見出す以上、どうしても「弱い自分が駄目」という自責の念に傾きやすくなるからだ。その心性が変化するには、後に治療論のなかで述べるように、「弱さ」を「悲しみ」として自らいたわることが必要となる。その時初めて、自己の正当さがこころの中で確認でき、相手への怒りが「否認」の呪縛から逃れ出で、実感を伴った「怒り」として意識に強く浮上してくることだろう。

さて、いじめる側の問題に戻ろう。虐待と違うのは、むしろそれに快感を覚えるところである。例えばK子の場合、わが子を虐待することに対して罪悪感を強く抱いたが、L男のいじめの相手は、罪悪感をそれほど覚えずに、むしろそれを面白がっている節があった。すなわち「サディスティック」なのである。最近の一部の虐待やいじめのなかにはサディスティックな快感を伴うタイプが増えてきている、という印象を筆者は持つ。おそらくはL男のいじめの相手も、L男をいじめればいじめるほど、自分に弱い部分がないかのような気の晴れた万能感を手に入れたかもしれない。彼らは決してL男に申し訳なさや後悔の念を表明したことはなかった。むしろいじめは、L男の自転車をパンクさせたり、面白半分の度を強めていったようだった。問題は、もしそうだとしたら、なぜそのようなことが面白く感じるのか、である。

いじめの〈投影同一化〉には「弱さ」の排泄があることはすでに述べた。いじめる側もいじめられる側も、自己の中の「弱さ」を恐れている点では、おそらく変わりはないのである。例えば、いじめっ子の側にも自分の中に見たくない「情けなさ」や「弱さ」や「無力さ」が存在したとしよう。それは、家庭環境により惨めな幼少期を過ごしたり、親から充分な愛情を得られなかったりという、いずれにしろ排除したい惨めさや無力さや悲しさの潜在である。いじめっ子はそれらを自分のこころの中に置いておくのが耐え難く、絶えずそれらを〈投影〉する相手を捜し求めている。そして、いじめる相手を見つけ、暴力的に〈投影同一化〉する。その後、「弱さ」「惨めさ」を押し込まれたいじめられる側は、ますます自分が弱く感じられ、いじめる側の「強さ」を怖れるという、悪循環が形成されていく。

この悪循環は、エスカレートすればするほど、〈投影同一化〉は単なる排泄のみの目的ではなく、もう一つの側面であるコントロール機能の度合いを強めていく。なぜなら、いじめられて怖がる相手を支配できるからである。相手が怖がり支配できるほどさらに、いじめる側のこころの中の「弱さ」や「惨めさ」の否認は強化される。弱くて駄目なものは、相手の内部にあり、自分は強者で惨めなものは何もない、という万能的な自己感を強くする。さらにその感覚は、倒錯的快感にも変質する。ここまでいくと、ほとんど「快楽サディズム」の世界と変わりない。

虐待の場合には、K子のように罪悪感を伴うことが多いので、ここまで万能的で倒錯的な〈投影同一化〉には至らない。ただ、「汚らわしい〝子どもの部分〟」はわが子に排泄され、外在化によるコントロールが試みられるばかりである。

さてここまでは、虐待の場合もいじめの場合も〈投影同一化〉の排泄機能やコントロール機能が強く介在し、結局のところは自己の中の不快で耐え難い部分を外在化し、コントロールしようとすることだ、と精神分析の観点から論じてきた。ここで他の精神分析家たちの見解も参照してみたい。

古くはアンナ・フロイト(1936)の「攻撃者との同一化」概念が、L男が強いものへと同一化していこうとする心理の一端をよく表している。強い側に回ることによって、自己の弱さを排除できたように感じられるし「弱さは自分にはない」という万能的否認を強化できるからだ。菊地(2002)もほぼ同様の観点から「かつての虐げられた自己を対象の中に投影する」ことで横暴な父親へと同一化していった症例に関して論じている。高橋(2002)はいじめや虐待の心理について「投影は迫害感を増すことで憎しみを再強化し、同一化は自らが受けたその同じ苦しみを、他の人や社会に味わわせて自らを癒そう(快感の回復)とするサディスティックな残酷さ」と断じ、やはり〈投影同一化〉の機制を重視している。一方、暴力や虐待における「自己愛」性に注目している臨床家もいる。川谷(2002)は、暴力の持つ自己愛性や強迫性について着目している。すなわち、暴力によって対象との分離を避け、自己愛的に「対象と世界を万能的に支配する幻想の中で生活している」というのである。成田(1999a)も家庭内暴力における自己愛性に言及している。そういったケースにおいては、自己愛が中核にあり、それが傷つくと、対象との自他未分化の自己愛的関係を維持しようとして暴力に走るというのである。

ここには、「罪悪感を持つ虐待の場合などに、なぜ暴力をやめられないか」を解くヒントが隠されている。すなわち、子どもを暴力によって万能的に支配することで、自己の無力さや惨めさを防衛でき、子どもとの自己愛的一体化にしがみつけるからである。ただし筆者の見方で言えば、その万能的支配の裏には、過剰な〈投影同一化〉によるコントロールが働いているので、自己愛的対象関係と投影同一化は表裏一体の関係をなしている。

このように、虐待やいじめの心性には〈投影同一化〉による自己の厭な部分の排泄とコントロールが大いに関与している。さらに、こうした〝病理的投影同一化〟を生み出す土壌になっているのが、虐待やいじめに共通して見られる内的精神構造としての「マゾヒズム」なのである。

土壌としてのマゾヒズム

すでに臨床素材などのなかで描写したので、ここでは多くを繰り返さないが、K子においてもL男においても、かれらの内的世界には「マゾヒスティックな対象関係」が構築されていた。

K子がわが子を虐待するのは、K子のこころの中の世界において、内的対象（取り入れられた超自我的親像）が彼女自身の〝子どもの部分〟を虐待しているからである。それが苦しいのでK子は、自らの〝子どもの部分〟をわが子に投影し、虐待を外在化させていった。ここで大事なのは、「マゾヒスティックな内的対象関係」が耐え難いので、それを〝病理的投影同一化〟によって外在化して、K子は虐待という暴力に及んだこと、それを根本的に解決するには、そもそもK子自身のマゾヒスティックな内的対象関係が変化する必要がある、という視点である。

この視点はL男においても変わりない。彼は自らの「弱さ」を恥じ、ある意味でいじめっ子と同様の力を獲得しようと、空手ジムへ通おうとした。この一見もっともらしい動機の背景になっているのは、L男のこころの中の「マゾヒズム」である。すなわち、L男においても内的対象（多分にL男の不器用さや優柔不断さをきつく叱った母親を取り入れた像）が、こころの内部に棲みついており、その内的対象が彼のことを「弱い」と責め苛んでいた。したがってL男自身も、自らを決していたわることなく「弱さ」を排除し、強くなろうと志向したのである。虐待された子どもが後年成長するにつれ、マゾヒスティックなパーソナリティ構造を形成していくことを、幾人かの臨床家はすでに指摘している〔例えば、館直彦1992・松木2000a〕。

筆者は、いじめられた子のみならず、実はいじめっ子の側にも同様の「マゾヒスティックなこころの構造」があるのではないかと考えている。彼らは虐待する母親と同じように、自らのこころの中では、いじめられている子同様のこころの「弱さ」や「暗さ」や「惨めさ」を本来抱えているはずである。そして、いじめっ子になる前には、それらの暗さを自ら責め、無力で自信のない子どもであったとしても不思議ではない。だが、ある時から彼らは、自らの弱さを「排除」する術を覚え、それを弱く映る子に〈投影〉していった。そこからは、自らの弱さを排除するためにいじめはエスカレートし、〈投影同一化〉は具象的になり、さらにそれが倒錯的な快感にまで昇り詰めていくという「サディズム」の心性に突入していった。虐待された子が虐待する親になることが珍しくないように、本来いじめっ子も、こころの中に暗くて惨めで弱い部分を抱えた、無力な少年なのではないだろうか。それがある時から、具象的で過剰な〈投影同一化〉の使用によって「マゾヒズムからサディズムへの逆転」が行われた。それによって、自らのこころの暗い部分は強力にスプリットされ、外在化されてしまったのである。

このように筆者は、虐待やいじめを行使する側と行使される側には、基本的には同型の「マゾヒスティックな内的世界」が構築されているものと考えている。ただ、前者はそれを〈投影同一化〉によって外在化し、場合によっては「サディズム」の世界にまで突入するのに反して、後者は暴力的な〈投影同一化〉の受け手にさせられて、一層「マゾヒズム」の世界に押し込まれてしまうという、その帰結するところを異にするだけだ。ただし、よく言われるように、いじめられた子がいじめる側に回ってしまう可能性も、この構図の中には自ずと含まれている。

このように、〝病理的投影同一化〟によって虐待やいじめが生み出される裏には、パーソナリティ構造としての「マゾヒズム」が真犯人の如く息を潜めていることになるのである。そこにこそ、こうした問題の根の深さが横たわっているのだ。

では、この観点からもう一度「世代間連鎖」を見直し、それが治療論にまでどう結びつくのかを論じたい。

世代間連鎖とその治療

虐待している母親と面接していると、セラピストの中に、どうしても母親を咎めたくなる気持ちが禁じ得なくなる場合がある。常識的に考えれば、幼い子どもを理不尽に叩いたりつねったりする母親を前にして「なんてひどい人なのだろう」という非難の念が正直に湧いてくるのも、無理からぬことである。なかには、その感情に駆り立てられて、援助を求めてきたはずの母親に対して批判の刃を向けてしまうセラピストもいるかもしれない。すなわち、セラピストの側も、母親を咎め、いわば「虐待」しかねないのである。ましてや、いじめっ子を前にすれば、その気持ちはさらに強いものとなろう。これを仮に「セラピスト側への虐待の連鎖」と呼びたい。それだけ虐待やいじめのような問題は、関わる人間を情動的に巻き込む力が強い。

だが見方を換えれば、ここに、虐待・いじめ問題の本質が潜んでいるとも考えられる。そこに関わる誰もが、誰かを非難し、咎め、糾弾したくなるのだ。親は子が思い通りにならぬといって暴力的に糾弾し、その親自身の親もまた、わが子を無視や拒絶のような態度によって責め苛んできた。いじめっ子はいじめられっ子をいじめ、いじめっ子は社会や教師から指弾される。さらに、セラピストもまた、虐待する親やいじめっ子を咎めたくなるのである。ここには皆、同型の人間関係の反復が窺える。なぜ、そうなってしまうのだろうか。

いじめや虐待が〈投影同一化〉の心的機制や「マゾヒスティック」なパーソナリティ構造に基づくことは先に述べた。セラピストが糾弾したくなる心性にも、それらが関与している可能性が大いに考えられる。誰しも、糾弾されて然るべき悪い部分は、自己の中ではなくて他者の中にこそあってほしいものである。したがって「悪いもの」「弱いもの」「惨めなもの」は絶えず〈投影同一化〉によって、自己の中ではなくて他者の中にこそ見出されやすい。すなわち、「マゾヒズム」の耐え難さから「サディズム」への転換が起きやすくなる。だからこそ、セラピストであっても、虐待する親やいじめっ子の悪い部分を過剰に批判したい気持ちに駆り立てられてしまうのだ。

そうした意味で（もちろん程度の差は相当にあれども）、皆、自己の中の耐え難い部分を他者の中に押し込めたい心性に駆り立てられやすい時代と言えよう。現代はフロイトの二十世紀前半の抑圧中心の心性ではなく、悪い部分は投影・排除される、より原始的な心性に傾いた時代になってきたのかもしれない〔松木1998b〕。こうして忌み嫌われ排除されたものが、〔まるで中世における魔女狩りや精神障害者の迫害のように〕親から子へ、あるいはいじめっ子からいじめられっ子へ、強者から弱者へと、暴力的で具象的に受け渡されていくのである。すなわち「世代間連鎖」の中身とは、「マゾヒスティックなパーソナリティ構造」に基づく、自己の中の耐え難い部分や厭な部分の排除伝達が、〈投影同一化〉という無意識的な心理機制を媒介に次々に行われることだ、と認識されよう。しかもその投影同一化の性質は、象徴化の水準が低く、むしろ暴力や攻撃というような具象的な行動によって遂行されている。スィーガル *Segal, H.* *(1957)* の言う「象徴等価レベルでの投影同一化」であり、「部分精神病」的と断ぜざるを得ない。虐待やいじめの心性は、具象的なレベルで、部分精神病的な世界に突入しているのである。これが筆者の考える「連鎖の正体」である。

さて、そうした心性をもった人たちにどう援助し治療していくかが、次の課題であり、最大の難題でもあろう。ここでも〈投影同一化〉や「マゾヒズム」の概念が重要な鍵を握っている。

先に、虐待やいじめの〈投影同一化〉の質が、排泄的でコントロール的であり、なおかつ具象的な水準でもあることを述べた。そして、投影同一化が健康な水準に近づけば近づくほど、それは他者との情緒的なコミュニケーションに使用され、その良質な水準においては〝共感〟にまで至ることにも触れておいた。すなわち、共感という水準においては、母親がわが子の泣き声を聞いてお腹が減っているのか、おむつが濡れているのかを直観的に悟ることに見られるように、母親の中の〝子どもの部分〟がわが子の中に重ね合わされるように投影され、それによってわが子の心情に同一化し直観的な理解が生まれている。したがって、虐待やいじめにおいても、本来、このように投影同一化の機能が上質の共感的コミュニケーションとして用いられるようになることが治療的だと言えよう。だが、そこに行きつくのは容易ではない。それには彼らの内的世界の構造を変える必要があるからだ。すなわち、いかに「マゾヒスティックな内的構造」を変化させるか、である。それを先にK子の臨床素材のなかで描写した。

K子のこころの中では、内的親対象が〝子どもの部分〟を虐待するマゾヒスティックな精神構造が構築されていた。

だが、そもそもここで彼女が攻撃している〝子どもの部分〟は、その出自を辿れば、実は、子どもらしい甘えや依存や心細さに他ならない。K子はそれをひたすら我慢し、ニコちゃん仮面で蔽ってきた。したがってK子の中の〝子どもの部分〟は、本来、充分な愛情を享受してこなかった、痛々しく、とても悲しい部分なのだが、K子はその悲しさに耐え難く、しかも、その悲しさを受け取ってくれる対象も見出せなかったので、〝悪いもの〟としてこころの中から追い出そうとした。〝悪いもの〟として排除することによって、こころの中の「悲しさ」も消そうとしたのである。それが〈投影同一化〉による虐待への転帰を辿ってしまったのは、すでに述べた通りである。したがって、姿かたちを変えてしまった〝悪いもの〟は、その本来の姿に戻す必要がある。すなわち「悲しい姿」に、である。それが、こころの中のマゾヒズムの構造を変える要となる。

筆者はことさら、K子のこころの背後に隠れてしまっている「悲しさ」に触れようとした。ニコちゃん仮面や優等生の陰に隠れている「悲しさ」にである。K子は次第に、幼少期の辛かった心情や、現在においても優等生的たろうとして背伸びしてしまう自分の「無力さ」「悲しさ」について語るようになっていった。もはや〝悪いもの〟として排除しようとした〝子どもの部分〟は、「悲しむことすらできなかった悲しい自分」として、K子のこころの中に回帰するようになっていった。K子は排除されてきた〝子どもの部分〟を、悲しみいとおしむことによって、こころの中に受け入れられるようになっていったと言える。K子はもはや自らの依存性や弱さをいたずらに忌み嫌うことがなくなり、それはひいてはわが子に対する「いたわり」にも繋がっていった。

一方、L男の場合は「弱い自分」の「悲しみ」への転帰にまでは至らなかった。彼はまだ超自我的母親対象との同一化が強く（攻撃者との同一化）、自分の不器用さや優柔不断さを母親同様に排除しようとしており、不器用さのあまり母親から責め立てられたこころの裏側の「悲しさ」に触れることはできなかった。彼の「マゾヒズムの構造」は基本的に変わらなかった。本来L男は、自分ではどうにもならない不器用さを母親から責められて、その時とても悲しかったはずなのである。しかし受け取り手の見出せない「悲しみ」は、幼いL男のこころだけでは耐えられず、母親の考え方に同一化していくことにより、「弱いもの」「駄目なもの」として排除の対象と化していった。L男の場合も、その時の辛かった自分や、強くなりたい自分の裏にある辛さを、充分に悲しみいたわられる必要がある。だが彼は、まだその途につくことができなかった。それにはもう少し年齢を重ねることが必要だったのかもしれない。

いじめっ子がもし受診したとするとどうだろう。筆者は、基本的に上記の治療論と変わりはないように思う。いじめっ子の中にも同様の「マゾヒスティックなパーソナリティ構造」は存在する。最初に取り掛かることとしては、サディスティックな心性からマゾヒスティックなものへと戻すことになろう。彼らのこころの中にも、忌み嫌う「弱くて駄目な部分」があり、それを怖れるがためにことさらいじめに走った、ということに気づいていく必要がある。そこまで辿り着いたら、後は、いじめられた子と課題は変わりない。自らの忌み嫌う部分をいかに悲しめるようになるか、である。

虐待の治療に関しては、系統的に論じられたものは少ないが、乳幼児精神保健から精力的な仕事が報告されている(*Fraiberg, S., 1983 ; Cramer, B.G., 1989 ; Fonagy, P. et al., 1991*)。フライバーグは「親－乳幼児心理療法」を創始し、母親の過去がどのように子どもに投影されている(「育児室の幽霊」)かについて母親自身が理解を深めていくことの重要性を強調している。その際に、母親が自分自身の辛かった幼児期を、セラピスト相手にしみじみと悲しみをもって語れることが、虐待の根本的解決につながることを述べている。虐待の親自身が自らの隠されたこころを悲しむことの重要性を説いた点では、筆者の観点と同じくする。さらにフォナギーらは、そのように自らの幼児期を悲しむことのできる力を「内省的自己」と呼び、虐待する親自身のその力を育むことこそ肝要であると強調している。決して、親の行動や過ちを非難するのではなく、あくまでも彼らが自身の隠された過去やこころの部分を内省し、悲しめることに治療のポイントを置いているのである。

行動科学的な手法も取り入れている「親－乳幼児心理療法」と精神分析的手法とでは、方法論における違いはあるにしろ、その治療のポイントを「内省する力」「悲しむ力」に置いている点では共通であり、そこに健康な人間の本質を見ているようで興味深い。すなわち、他者に対する思いやりが持てるようになるためには、まずは自らのこころの中の「悲しさ」「辛さ」に気づき、それを慈しみいたわれるようになってこそ、他者に〝共感〟の目が向くというものである。

マゾヒスティックな精神構造では〝共感〟の入り込む余地は少ない。そして、その構造が改善され、育まれるようになった共感とは、今もって古今東西を問わず、最も人間らしいコミュニケーションの手段なのであり、上質な〈投影同一化〉の産物なのである。そこにこそ、虐待・いじめ問題の光明は見出されねばならない、と筆者は考える。

おわりに

本章では、虐待・いじめの社会的事象に関して、対象関係論の知見やそれを応用した視点を提出し、病理の解明を試みた。そのなかで筆者は、〈投影同一化〉が「虐待・いじめの執行役」になっていることや、さらにその背景には「マゾヒズム」の問題が潜み、虐待が世代間伝達されやすい土壌を醸成していることを提示した。

虐待・いじめ問題というものは、そうした非難を浴びるような行動を起こす人だけに見られる一部の問題ではない。この現代という社会においては、まるで中世の魔女狩りの時代に舞い戻ったかのように、私たち現代人の心性は「厭なものは排除し、それを押し込めるスケープゴートを見つけようとする」原始的心性に近づいている。その証拠に、誰もが、清潔で、きれいで、明るく、という価値観に縛られている。そして、暗くて耐え難く厭な部分は、美容整形のように切り取って排除され、私たちの目の前からは消えていく。だが、それらは決して消えているのではない。それはいじめ・虐待・偏見などに姿を変え、スケープゴートの上に押し付けられているだけである。虐待やいじめは、私たち誰しものこころの中に潜む、現代の「マゾヒズムという魔女」なのである。

あと知恵

本章は、二〇〇三年『愛知県立大学文学部論集』第51号が初出であり、それに加筆訂正したものである。筆者が臨床現場から離れ、社会福祉の学科で教鞭をとるようになったことが契機になり、執筆の動機がもたらされた。すなわち、社会事象に関して、精神分析の知見を応用し、事象理解に深みをもたらす視点を提供しようとしたものである。

本論の要となっているのは、フロイトに始まり対象関係論によって継承されてきた、「悲しむこと」の臨床的意義である。すなわち、対象関係論においては「悲しむこと」の「健康さ」は、〈抑うつポジション〉のワーク・スルーとして、治療の眼目に据えられている。

それにしても「悲しむこと」が難しくなった時代だと、この頃つくづく思わされる。「悲しむこと」は、現代においては、どこか「負け組み」に繋がってしまうような、価値の低いこととして受け取られてしまうきらいがあるようだ。すなわち、悲しみは、自己愛的な文脈で「惨めさ」と等価だと見なされやすい。「悲しむこと」はますます難しくなっている。

自己愛的な時代——こうした現代の風潮は、臨床の世界にも、悲しむことを一筋縄ではいかなくする「自己愛的な壁」を拵えた。いわゆる「薄皮の自己愛」世代の増加である。いずれ、この壁を乗り越え、悲しむことへの道筋を提示したいものだ。

第八章　抑うつ性障害
——早期エディプス・コンプレックス論の観点から

はじめに

フロイトの古典的なエディプス・コンプレックス概念は、境界例や人格障害などのいわゆるプレ・エディパールな病理を背負った患者群の登場によって、今日の精神分析臨床のなかで次第にその輝きを褪せさせた。だが、その概念を受け継ぎ、新たな息吹を吹き込み、現代の精神分析のなかに独自のポジションを獲得してきているのが、クライン *Klein, M. (1928, 1932, 1945)* の〈早期エディプス・コンプレックス〉論であろう。

クラインは、〇歳児のこころの世界には、乳房の中に存在するペニスや結合両親像などの幻想が脈々と息づいており、両親との間に「早期対象関係」が営まれていると唱えた。さらに彼女は、フロイトの概念における性愛的意味合いを希釈し、愛と憎しみのサド・マゾヒスティックな幻想から成る「エディプス・コンフィギュレーション」の構図を明瞭に打ち出していった。こうしてエディプス・コンプレックス概念は新たな命脈とともに甦り、その後、ビオン *Bion, W.R. (1959, 1962 a, b)* の「コンテイナー／コンテインド」概念やブリトン *Britton, R. (1992)* の「三角空間 *triangular space*」概念などを経るなかで、さらに洗練され、治療的にも有用な視点として着実に進展してきている。

本章では、壮年期女性の治療を報告し、それを通して次の二点を論述したいと考える。すなわち、一つは、従来

「二者関係の病理」として捉えられがちだったパーソナリティ病理を抱えた患者群に対して、〈早期エディプス・コンプレックス〉概念を視座に入れることにより、患者の理解や治療にどのように生かされ得るのか。もう一つは、早期エディプス・コンプレックスはどのようにワーク・スルーされ、いかなる帰結を迎えるのか、ということである。後者においては特に、モーニング・ワークを通過した早期エディプス・コンプレックスの出会う、一つの運命が照らし出されよう。では、以下に臨床素材を提示し、本論に進みたい〔臨床素材には、本論の主旨が損なわれない程度に、事実レベルでの改変が施されている〕。

臨床素材

四十代の患者C子は、約八年に及ぶ前セラピストとの心理療法が中断となった後、主治医から筆者を紹介されて来院した。中断理由は、C子の話によると、前セラピストから『いつまでも面接が続けられるわけではない』と言われ、自分が拒否されたと思い、面接の終了に合意したのだという。話を聞くと、C子は貪欲な母親転移を前セラピストに向け、それに対して前セラピストは少なからずセラピストとして機能し難くなり、中断を招いているように見受けられた。C子は、見かけは地味で大人しく、話し方も決して強引さはなく控え目だったが、しかしどこかしら、面接を受けることへの悠揚迫らぬ思い入れが伝わってくるような人であった。

C子は八年ほど前に、身体のだるさや抑うつを訴え、前治療を受け始めていた。家庭は、夫、子ども二人の四人家族で、自営業を営んでいた。そもそも発病の経緯は、子どもが小さい頃に自営の手伝いに来てもらっていた親戚の叔母にしばしば小言を言われ、抑うつ的になったことから始まっていた。

生育歴としては、母方祖父・両親・三人の兄姉のなかで、C子は末っ子として育った。両親の関係は悪くはなかったが、祖父の実権が強いので父親は影が薄く、存在感に乏しかった。すでに父は他界していたが、父の印象はあまりないという。C子自身は、小さい頃から積極的なタイプではなかったが、大人しく良い子で育ち、ほとんど親に反抗することもなかった。ただ、成績はそれほど良くなく、それが劣等感だった。高卒後、しばらく勤めた後、親の勧めのまま見合い結婚したとのことだった。

次に、C子と筆者の五年間の治療経過を述べるが、本論の主旨に関わる「転移神経症」が最高潮になって以後のことを中心にまとめたい。

面接開始当初、C子がことばを多く費やしたのは、主に夫のことであった。夫に認められたいという一心で、結婚以来、一生懸命夫の言うなりに自営の手伝いをしてきたが、夫はC子に対してあまり関心を向けず、叔母の小言のことでも味方になってくれなかった。夫は、仕事や従業員の相談には熱心で、世間の評判はよかったが、自分に対しては親身になってくれない。今ではもう疲れてしまって仕事の手伝いもできない、というような心情が溢れた話であった。前セラピストに対する言及も『先生に母親を求めていた。求めすぎて嫌われた』など、「嫌われるか、好かれるか」という二律背反的な感覚主導の発言が目立った。筆者には、C子が主観的感覚の世界に埋没しており、自己や他者との関係を一歩離れたところから俯瞰するような視座が欠けているように思われた。

筆者はC子の話を聞くなかで、彼女が夫や前セラピストに対して、まるで相異なくわかってもらえる万能的な理想カップルを希求していたらしいことや、それが叶わぬととても落胆が大きくなり、まるで一人ぼっちに取り残されたような気持ちになったであろうことなどを、解釈していった。C子はそうした自分の姿を、今までほとんど意識したことがなかったようで、夫に合わせていれば必ずわかってもらえるものと思っていたと、半ば驚きとともに語り、C子の内的世界では、「わかってもらえないこともある」という現実は、今まで「考えたこともない考え」であることが明白になっていった。そして昔から、他人から批判されると、相手と同じ気持ちになって自分を責めてしまったり、また逆に、同情するような相手に出会うと、自分が辛くてたまらなくなったりしてしまうなど、C子の内的世界は、活発な〈投影〉と〈取り入れ〉が対象関係の首座を占め、自己と他者の分離は未然に終わっていた。C子には

「対象喪失の経験」*(Steiner, J., 1993)*が困難だったのである。

さて治療的には、C子の内的状況は次第に彼女の目の向くところともなり、自分を見つめ出してはいたが、一方では、それとは異なった水準で治療関係は動かされていった。すなわち、筆者に対する理想化が強まったのである。C子は『夫にも前セラピストにも叶わなかったのはわかりましたけど、先生にだけは母親を求めたい』と語った。筆者はC子の理想化やその裏にある孤独感などを解釈したが、そのようなことばには彼女はほとんど手応えがなく、ただ求めているのは筆者の原初的な愛情だけのように見えた。治療二年目に差し掛かる頃には、面接空間は息苦しくなるほどのC子の思いで充満し、筆者は圧倒的に押し寄せる波のようなその想いに、どんどんと追い詰められていった。まるでC子が体内に強引に潜り込んでくるような強烈な圧迫感を感じながら、筆者はこう解釈した――《まるであなたは、理想の場所が私の体内や子宮の中にあるような気持ちにとらわれて、私の中に侵入し、寄生し、安住したがっているようですね。そうなれば私との分離のない理想世界が手に入ると思っているのではないでしょうか》。

C子は、筆者が寄生ということばを使ったことに対して感情的に反応し、「先生が自分のことを気持ち悪く思っている」「前セラピストと同じように、自分のことを見捨てたがっている」と、筆者を訝った。C子の不信感はその後のセッションを通して何度も登場し、彼女は筆者の本心を何とか聞き出そうとした。筆者はそれには直接答えず、C子が筆者のことをただ一体化しようとするだけではなく、懐疑の目を向ける対象として見定めようとしてきていること、そしてこれまで理想化し、一体化しようとしてきた時も、内心ではいつも筆者の本心や愛情が不安だったのではないか、と解釈していった。

C子の懐疑心によって、逆に、筆者と彼女の間には距離が出来るようになり、息詰まる圧迫感はもはや減少した。そして、懐疑心を意識的に自覚したことにより、今まで封印されていた記憶が初めてまざまざと甦り始めた。

そもそも出生にあたっては、C子は産婆さんが来ないうちに生れてしまい、死の危機に瀕した瀬戸際から始まっていた。また、母親は畑仕事で忙しかったので、彼女を産もうかどうかとても迷ったと、以前に母親から聞かされていた。さらに母親自身、祖父の言いつけに絶対服従の人で、C子よりも祖父の顔色をいつも窺っていた。C子はそれらのことを思い出すようになり、「自分はいらない子だったのか」という苦痛な感覚を募らせた。母親は、C子から見るといつも畑仕事や祖父の顔色に気を取られ娘のことは目に入っていないかのようだった。C子は「母の中に自分の存在がない」と小さい頃からいつも感じていたのである。そのため彼女は「真面目に一生懸命母親の言いつけを守っていれば、母親に振り向いてもらえる」と信じてやってきたのだった。また、夫との関係でいえば、夫も仕事には熱心な評判の良い人で通っており、C子をそっちのけで従業員の面倒はよくみた。さらに筆者も、自分との関係にのめり込んでくれない、別の現実を持った人間であった。C子はこの頃、筆者との関係で、治療の枠を超えたプライベートな関係を持つ願望をおずおずと報告し、そうした空想を持つ自分を恥じた。

筆者はそこで、以下の内容を解釈した。すなわち、C子には「母の中に自分の存在がない」という苦痛な感覚が小さい頃から存在していたこと。その後、母親と同様に夫や前セラピストや筆者も、いつもC子以外の何かに気を取られ、自分を充分には見てくれないように感じてきたこと。それゆえ、彼らとの間で感じる「自分の存在がない」という苦痛な感覚を消そうとして、躍起になって一体化した関係を求めてきたこと。しかし今ではその一体化の努力が報われないこともわかってきていること、などである。C子は次第に『自分がそこまでしつこく相手に求めてきたとは思わなかった。それって、異様な姿だったんでしょうね』と語るようになった。そして『先生との関係では、先生の中に入り込んで、中から巻き込もうとしていたみたい。なにか、先生を破壊しようと思っていたみたい。すごく恥ずかしい』と言い、セラピストに「寄生」と言われたことが逆に自分を見ていくきっかけになった、と振り返った。そして、やみくもに理想の他者を求める以前の自分を『魔法にかかっていたみたい』と、冷静に自己観察するようになったのである。

さて、筆者との面接開始から五年目に差し掛かる頃になると、C子は日常生活をほぼ支障なく送れるようになり、投薬も大幅に減り、夜一回の軽い眠剤程度になっていた。夫との関係では、一体化を求めることが少なくなり『逆に距離がとれて楽になった』と語った。筆者との関係では、距離ができたことによる淋しさを次第に受け入れ始めていた。そして、この後間もなくして、筆者の退職が訪れた。この現実上の別れは、C子の「二者関係への埋没」の病理を再度モーニング・ワークしていく契機となった。

C子は筆者から退職を告げられた時、即座に、幼少期の体験を想起した。就学前に肺炎で入院した時、母親は付き添ってくれたが、いつも、どこか近づけない感じがしたこと。また小学二年生の時に父親が入院した折には、母は父の方にずっと付いていたのですごく淋しかったこと。でもその頃から「甘えちゃいけない」という思いが強く刻み込まれた気がすること。ただ、C子にとって父の印象は薄く、むしろ祖父と母の繋がりが強く意識されていた。「甘えちゃいけない」という指図も、祖父からの伝達であった。そしてC子は、その「甘えちゃいけない」という状況は、セラピストから終わりを告げられた今と似ている、と結びつけていった。いつも親の都合で遠ざけられ、今はセラピストの都合で一方的に終わりになり、『私の都合ってどうなっちゃうの』とC子は嘆いた。筆者は、C子の憤りが正当に思えること、しかし同時に、C子には、筆者も母親もC子の理想通りではない、C子以外の現実を持った人間であることも理解できるのではないか、と解釈した。C子はそれに対して『それで納得できるわけじゃない、母の都合もわかるけど、「そんなんで母親なのか」と言いたい。でもそれが私の運命としか言いようがないんでしょうか。たまたまそういう星の下に生れてしまったというか……。でも先生には、ここまでして頂いたし、私にとっての第二の母だから、最後にお願いを聞いてほしい』と言い、二枚の色紙を筆者に託した。

白一色の二枚の色紙は、筆者には二つの乳房のように思われた。C子はそこに筆者のことばを残しておきたい、と言うのであった。別れは象徴化された乳房によって埋め合わされようとしていた。筆者はそう解釈し、色紙にことば（ミルク）を残すことを約束した。

C子には最後まで、母親がどうして自分を遠ざけたかが疑問として残った。しかし、そこには母親自身の問題が含まれているし、その問題は母親自身にもわからない類かもしれないことにも、彼女は薄々気づいていた。ただC子には、母親が肝心な時にはいつも逃げてしまうある種の弱さを持った人であり、子どもを充分にケアできない人のように思われたことが悲しかった。『私ってずっと、答えのない答えを一生懸命捜そうとしてきたんですね』と、C子は母への疑問を最後に淋しそうに振り返った。しかしまた、母親をそう対象化することで母から離れることができ、自分の問いが少しずつ解けていくので楽になる、とも語った。彼女は、自己も他者も、第三の視点から対象化して見ることができるようになっていた。こうして、母親や筆者との関係での喪失感は、「知ること」やことばという象徴化された「ミルク」で埋められ、五年間にわたるC子との面接は終結した。

早期エディプス・コンプレックス

クライン (1928, 1932, 1945) がそもそも二、三歳の幼児の中に見出した〈早期エディプス・コンプレックス〉の世界とは、ペニスを内包した母親や結合両親像に代表されるような、サド・マゾヒズムとエロティシズムがおどろおどろしく混在化した、破壊的な両親の関係性であった。そして、幼児はそれらのエディプス両親像から激しく攻撃・排斥されるので、幼児のこころの中には生々しい攻撃性や原始的な罪悪感が巣食い、結果的に、貪欲さや憎悪に満ちた「エディプス・コンフィギュレーション」が構築された。その後クラインは〈抑うつポジション〉の概念化とともに、早期エディプスの世界にも、憎しみの対象が同時に愛する対象でもあるというアンビバレンツの局面を提示し、抑うつ的な色合いを滲ませるに至ったが、基本的に彼女のエディプス・コンプレックスに関する功績のポイントは、破壊的で報復的な〈妄想分裂ポジション〉における「エディプス三角」を描き出したことだろう（日本においては、この水準での重症例を描き出した論述に、衣笠 (1994) によるものがある）。

ビオン (1959, 1962 a, b) は、クラインにより示唆されていた、早期対象関係と〈早期エディプス・コンプレックス〉との関連を、〈コンテイナー〉概念によって統合しようとした。すなわち、乳房と口が二つの対象を結ぶ最初の創造的な「連結」となるが、乳房側のコンテイニング機能が失調したり、幼児側の羨望が強かったりすると、「連結することへの攻撃」が生み出され、乳房と口の関係性は破壊的になる。そして、その攻撃性はヴァギナとペニスとの連結にも向かうことになり、早期の両親像との関係も、破壊的なイメージで満たされる。ビオンによって、早期エディプスを残酷にも創造的にもするのは、その前段階としての早期対象関係に要因があるという視点が明確にされ、この後、早期エディプス・コンプレックス論は、コンテイナー概念を抜きにしては語ることができないほどのものとなった(*Britton, R., 1989 ; Feldman, M., 1989 ; Segal, H., 1989*)。

〈早期エディプス・コンプレックス〉論をその後、最も展開させ、新たな視点を追加したのは、ブリトン(*1989, 1992, 1998*)だろう。彼の功績の一つは、〈抑うつポジション〉と早期エディプスとの関連を臨床的に充全に描き出したところにある。特に、「連結する両親像から排除される」という意味での抑うつ不安に焦点を当てたことにより、抑うつポジションにおける病理を持つ患者の治療可能性を拡大した。同様にオーショウネスィ *O'Shaughnessy, E. (1989)* も、早期エディプスの構造が患者の視野の中に入るに至ってはじめて抑うつ不安の悲哀や孤独感のワーク・スルーに進んだ症例を報告している。

このように〈早期エディプス・コンプレックス〉論を概観してくると、一つの流れとして、〈妄想分裂ポジション〉寄りの早期エディプスから、〈抑うつポジション〉寄りのそれに、各研究者の注目は移行してきているということだ。スタイナー *Steiner, J. (1993)* が病理的組織化論のなかで提示した「病理の深層に潜む抑うつ不安をいかにワーク・スルーしていくか」という視点は、早期エディプスの研究者にも共有された今日的テーマなのである。ここでとりあげるのもその視点である。C子は病理的組織化ほどの複雑な病理は持っていないが、「二者関係への埋没」からなる、特有の分離不安(対象喪失の恐怖)の問題を抱えていた。

では次に、〈早期エディプス・コンプレックス〉の観点を保持することで、抑うつ不安のワーク・スルーの困難さがどのように進捗可能となるかについて、論を進めたい。

早期エディプス・コンプレックス概念の治療的意義

C子において〝早期エディプス・コンプレックス〟の問題が治療のなかで扱われるようになったのは、筆者の寄生ということばを含んだ解釈からであった。彼女はその解釈に感情的に反応し、筆者に対する懐疑心が浮上した。そして、それは「母の中に自分の存在がない」という早期の苦痛な感覚を想起させた。

筆者の観点では、ここでC子が出会った懐疑心こそ、〝早期エディプス〟状況への入口に彼女が立った証ではないかと考えられる。このターニングポイントでC子は、愛情の影に埋没していた自己の中の「不安」を感知したのである。それによって、「愛情が満たされるか、どうか」だけのシングルラインで繋がっていた筆者との関係に、「懐疑心」という、もう一つのベクトルがもたらされた。その後、C子はこの新たなベクトルを軸に、自分を振り向いてくれない母親や夫、またC子以外の現実を持つセラピストの姿を、痛みとともに見ていくことになった。C子の懐疑心は、対象が自分との関係のみに埋没しない（できない）別の現実を持ち、しかも自分が対象との関係で参加者ではなく、（排除された）観察者の立場になることもある、という現実をも覚知していく契機となった（*Britton, R. 1989*）。さらに、筆者の退職を機にこの現実は、「先生や母親の都合」によって自分が置き去りにされるという現実として、もう一度再演化され、さらにワーク・スルーされることとなった。その結果C子は、その現実を「運命」として、抑うつ的な悲しみとともに受け入れようとしたのである。

ここに、早期エディプスの布置と、そのモーニング・ワークのプロセスが見て取れる。C子は、オーショウネスィ（*1989*）の症例に見られるように、母親や夫やセラピストが他の対象（現実）と結合していることを「見えないまま」にしておき、そうすることで自らが排除される可能性を防衛して、「対象との分離ができない」という〈抑うつポジション〉での暗礁に乗り上げていたのだ。そして寄生という筆者のことばは、「見えない現実」に対するC子の正当な怒りを眠りから呼び覚まし、怒りによって、「見えない現実」は目に見えるものへと同定されていった。そして目に見えるようになった現実に、C子は孤独感や淋しさを感じ、抑うつポジションのワーク・スルーへと進んでいったのである。(1)

もっとも、C子に早期エディプスの布置が「見えないまま」だったことにには、おそらく父の存在感の薄さもずいぶん影響があったに相違ない。母親は自分の父親の方と結びついてしまい、母自身が母になれない子どもの位置にあった。それと相俟っての父の弱力さは、C子の家庭における正当な「エディプス三角」を形成する力を、かなりひ弱なものとしたことだろう。家庭内におけるこのいびつなエディプス構造は、健全な第三者の認知を困難にし、母親機能の不全な母との「二者関係性」に埋没させる誘因になったとしても不思議ではない。

さて、C子のように一見二者関係の病理が表立った症例に、「三者関係」という文脈でのエディプス布置を見ていこうとすることの意義とは何であろうか。筆者は主に三点あると考える。まず患者理解において違った視点がもたらされる。すなわち、セラピストは早期エディプスの着眼を持つことによって、貪欲な愛情希求の背後に「欠けている連結」(*Britton, R., 1989*)によって否認されているC子の喪失感や孤独感を汲みやすくなり、患者理解が広がる。それに関連して第二点として、セラピスト側の〈逆転移〉が違ってくる。松木(*1992*)の言うように、セラピストは〈抑うつポジション〉の心的態勢で機能してはじめて、患者との間に、共感に基づく意味ある交流が保てるとするなら、C子の「貪欲さ」の背後にエディプス・ペアからの排除による「孤独感」や「淋しさ」を読み取ることは、分離に基因する患者のこころの痛みに、セラピストも共感的に機能しやすくなる。すなわち、セラピストの目には、患者は「貪欲な人」から「排除された悲しい人」へと色合いを変える。最後にそれらを総合して、早期エディプスの文脈で患者のこころの布置を読み取ることにより、患者・セラピスト双方にとって、「対象との分離」「対象喪失」のテーマへの視界が開け、抑うつ不安のワーク・スルーが目に見えて遂行しやすくなる、ということである。

こうしてC子は、抑うつ不安での悲しみを「運命」として受け入れるテーブルの緒に着いた。そこでC子が知り、見たものは何だったのか。エディプス王が自らの目を潰してまで見たくなかった抑うつ不安の痛みに、C子はどのようにして耐え、直視することができたのか。〈早期エディプス・コンプレックス〉の運命についてさらに論じたい。

早期エディプス・コンプレックスの運命

運命とはC子自身が使ったことばである。母親がC子よりも自分の都合を優先する親であり「そんなんで母親か」という怒りを覚えるなか、『それが私の運命としか言いようがないんでしょうか』と諦念したように、C子はふとそのことばを漏らした。そして言うまでもなく、そのことばの矛先は、筆者の都合で別れが訪れたことにも向けられていた。

筆者はそれを聞いた時、こころ痛む哀感を覚えた。そもそもこの頃のC子は、それまで否認されてきた母親像を直視することが可能になっていた。さらに、セラピストの現実や都合に気づいていく過程と重なって、彼女は、こころの中の「自分を遠ざける母親」像にも気づいていった。母親やセラピストが自分以外の別の現実と結合しているという認識に、痛みとともに耐えられることにより、こころの中には、自らを第三の地点から客観的に振り返る視点が強化され、その結果、思索や現実認識が深まっていた。そして、回復した思考機能によってC子は、一方では、母親が肝心な時にはいつも逃げてしまう、ある種の弱さを持った人であることに気づき、もう一方では、母親側の事情をそれ以上知りようがないという「答えのない答え」にも辿り着いた。母親の弱さの背後に潜む謎に対して『私ってずっと、答えのない答えを捜してきたんですね』と言うほかない、「知ることへの限界」にも気づいていったのである。運命ということばには、「知ったことによる現実」と「知りようのない現実」からくる、二重の意味での慨嘆が込められていた。内的な母親の姿を知ったことによる現実も悲しければ、知ることのできない、自己の万能感の外側にある現実も同時に悲しい。〈早期エディプス・コンプレックス〉の知ることの果てには、知ることへの万能感の放棄も待ち受けていたのである。

こうして二つの意味での「喪失」がC子に体験された。理想化された母親の喪失と、自己の万能感の喪失である。だが、その二つの喪失を体験できたのは、喪失の代わりとなる新たな結合をC子が内的に手に入れたというパラドックスがあればこそ、である。すなわち、C子は、エディプス三角のどの一辺も排除することのない「第三のポジション」*(Britton, R., 1989)* を保持できるようになったし、「見えないエディプス・コンプレックス」*(O'Shaughnessy, E., 1989)* を直視しても耐えられるようになっていた。それによってC子の思考機能は連結し、停止していた知識本能 *epistemophilia* は発達への動きを取り戻し、C子の「知ること」は拡大した。そして同時に、知ることの彼岸である「答えのない答え」という、万能感の果ての世界の存在にも耐えられるようになっていったのである。(2)

C子が筆者との別れに際して二つの色紙を託したことはこころに残る。そこにことばを残してほしいというC子の要求は、私たちの治療関係において、ことばが、原初的な愛情欲求の代わりに、関係を連結する機能として、その役割を果たしていった治療過程をよく物語っている。不在の乳房は「象徴化されたミルク」によって補われたのである。(3)

おわりに

本章で提示したのは、〈抑うつポジション〉での〈早期エディプス・コンプレックス〉のワーク・スルーの課題を背負った症例であった。そこでの課題をまとめて見た。今日の精神分析臨床において、抑うつポジションでの病理が難渋するケースは珍しくない。それに対して、早期エディプス・コンプレックスの視点を導入することで、新たな視界が切り拓かれることを示せたなら、筆者の目的は適えられたと言えよう。

(1) 本論の要旨を二〇〇二年日本精神分析学会で口頭発表した際やその後に、フロアの古賀靖彦氏・木部則雄氏から貴重な意見を伺った。古賀氏からは、筆者の「寄生」解釈がC子にとって「怒り」という第三のベクトルとして機能し、その結果三者関係に移行できたのは、それまでのセラピストの営みが二者関係の文脈でのコンテイナー機能を発揮していたがためであるという意見をいただいた。木部氏からは、「寄生」ということばは寄生植物としての松茸や茸類を連想させるように、そもそもファリックなイメージを喚起させる。本来ここでセラピストがC子との関係を解釈するとすれば、「侵入」ということばに力点を置いた解釈の方が事態を正確に言い表しているが、それをあえてセラピストが「寄生」ということばを中心に据えたのは、「寄生」ということばに伴うファリックなイメージや父親機能によって、セラピストがC子の侵入を押し止めたかったからではないか。したがって、これ以後の治療関係が二者関係的な一体化しようとするものから、お互いの間に距離がとれた三者関係的なものへと変わったのは、寄生ということばやそれを使うセラピストの態度に含まれた「父親機能」が発揮されたがためである。すなわち、ここでセラピストの機能は母性と父性に分化し、C子との間にエディプス三角が成立したためである、という直観にあふれた連想を頂いた。どちらのご意見も、ここでの治療関係の変化を考えるうえで示唆に富むものである。

（2）同学会の席上、松木邦裕氏からは、エディプス王がスフィンクスの謎を解いて全知への道を辿り始めたことが逆に悲劇の運命を決定づけたこと、したがってC子が「答えのない答え」の段階に留まり、母親の全てを知ることができなかったことこそが逆に彼女を救ったのではないか、という主旨の意見を頂いた。

（3）この二つの色紙に関しても、同学会の席上などで貴重な御意見をいくつも頂いた。まず松木邦裕氏からは、二つの色紙がセラピストと他の誰かとのカップルを表しており、したがってC子は排除されているような悲しみをそれによって体験していることを言いたかったのではないか、と御指摘いただいた。また木部則雄氏からは、二つの色紙は、出会いと別れを象徴しており、そのアンビバレンツをC子はこの局面で体験しているし、またそれをペアにしておくことで永遠に続く出会いと別れの繰り返しをこころに内包し、セラピストとの関係を永遠なものにしておきたいという願望をも表現しているのではないか、という連想を頂いた。他にも、フロアの女性からは、その二つは本当の母親と第二の母親（セラピスト）が表現されているのではないか、という御意見も頂戴した。色紙がなぜ二つだったのかは、このように謎に富むものである。これも「答えのない答え」と言えるだろうが、筆者にはやはり、C子にとっての乳房とミルクが、治療関係のなかでの原初的な愛情希求という具象的レベルから、色紙（乳房）とそれに意味を与えることば（ミルク）というように、象徴化されたものへと変容していった、一つの到達点を表しているように思われた。

あと知恵

本章は二〇〇三年『精神分析研究』47-4が初出であり、それに加筆訂正したものである。筆者が臨床の現場から大学へと職を移したタイミングで執筆された。筆者の人生上のターニング・ポイント（別れと旅立ち）にあたり、しかも臨床的にも「不在の乳房」（別れ）が象徴化されるというビオンならではの概念が実体験された、という思い入れ深い臨床論文となった。不在を象徴（「ことばとしてのミルク」）を介して認識していくことの〝意義〟と〝悲しみ〟を、このケースは身を持って教えてくれた。現在の筆者の臨床的到達点を、この小論は示してくれている。

その後、「不在の乳房」のテーマは、筆者の最も関心の深い問題となり、『ビオン研究』（愛知県立大学紀要に執筆中）として引き継がれた。ビオンは「対象が不在でなければ何も問題はない」と、不在の認識論を、彼の精神分析の一つの核心テーマに持ってきた。北山修氏の表現を借りれば「憂鬱な知識」のビオンらしく、彼にとって不在は、抑うつ的な象徴化として落着するところなのであろう。

ビオン的な「抑うつの時代」は、いつのまにか「薄皮の自己愛の時代」に移り変わってきたように思われる。したがってこの現代日本において不在は、ますますおさまりどころが悪くなっているようにも思われる。「悲しみ」は「惨めさ」として、排除の対象となりやすい。それが今の筆者の今日的臨床実感であり、いずれ執筆の動機がもたらされるであろう「薄皮の自己愛の象徴化」のテーマとなろう。

あとがき

言うべきことは、もはや果たされたと思う。あとは個人的な感慨への言及に留まることをお許し願いたい。

筆者の臨床の師である松木邦裕は「人生は償いだ」と言った。その覚悟の深さに圧倒される。筆者は、そこまで達した人間ではない。筆者に今のところ一番しっくりくるのは「人生は〝哀しみ〟である」という謂い回しだ。ただし、哀しみは、単に悲しいことを意味しない。楽しいことの裏にも、哀しみはひっついている。あるいは、人生に絶望したときには見えなくなっているものかもしれない。人生の味わいは、哀しみを隠し味として、その深みを増すこともできるのだ。その哀しみが、機能不全に陥ったこころの状態から、十全に綾なすドラマとして立ち現れるまでを、本書を通じて、その一端でも読みとっていただければ、筆者の目的は達することができたといえよう。

筆者の臨床は、言うまでもないが、いまだ発展途上にある。これから向かう先について、自分を鼓舞する意味でも、現在の考えについて少し触れさせていただきたい。

ひとつは、ビオンの考えをさらに咀嚼し、臨床に生かしたい、ということである。本文中にも折に触れ、別のところでも著してきたが〔渡辺雄三他編『臨床心理学にとっての精神科臨床』人文書院〕、「痛み」を肝にしたビオンの治療論は、「不在の認識」を核に展開し、(勝手な解釈かもしれないが) 日本の「もののあはれ論」にも通底するような情緒の行方を追っている。ビオンが東洋的だといわれるゆえんもそこにあるように思われるのだが、ビオンのこの治療論を、日本の心理臨床の世界にもっと敷衍させたいという想いが筆者にはある。そうすれば、「不安」「攻撃性」に照準を絞った心理療法から、「痛み」という抑うつの〝痕跡〟に眼差しが注がれた臨床実践への変化がもたらされることだろう。その帰着するところの臨床的な差は、存外大きい、と筆者には思われる。

さらに、ビオンの臨床的射程は「痛み」の領野に留まらない。筆者は、現在『愛知県立大学紀要』にビオン研究を連載している。「不在の乳房」を、精神分析の臨床の域のみならず、人生そのものまるごと機軸に据えたビオン的生き方は、私たちの感性や直観を大きく揺さぶり、日常の彼岸に誘ってくれることだろう。ビオン自身に内在する「不在の乳房」のなぞに接近しようとする、筆者の〝野望〟でもある。これも大変魅力を感じる仕事である。

ふたつ目は、筆者の今置かれた現実からの要請でもあり、使命感に近いものも感じているところである。筆者は現在、文学部の社会福祉学科に所属し、福祉専攻の学生の教育・指導に携わっている。筆者は対象関係論の叡智を、心理臨床や精神分析の領域ばかりでなく、福祉・教育・保育などの関連分野にも生かしていきたい、と考えている。イギリスでは、ケースワーカーにもクライン派の素養があり、その下地をもとに、対人援助の仕事に携わっている。対象関係論の洞見は、とりわけ転移、治療関係、援助関係を理解し扱ううえでとても役に立つことは論を待たない。筆者は、日本の精神分析も、関連分野・応用分野にもっと根を広げていって然るべきではないか、と考えている。今後そのような方向で貢献できることもあるのではないか、と思うのだ。そのひとつの取り組みとして最近、『メラニー・クライン――その生涯と精神分析臨床』〔J・スィーガル著、誠信書房〕を翻訳した。この本は、多発性硬化症や慢性疾患のカウンセリングを行っている、イギリスのケースワーカー的なカウンセラーが著わしたクライン派に関する解説書である。

五十歳の節目に感じる今後の課題として、こころに銘記しておきたい事々である。

******　　******　　******

二十数年前大学を卒業し、名古屋大学医学部精神医学教室に研究生としてお世話になったその当時、心理療法、とりわけ病院心理臨床の世界は、まさに揺籃期にあり、現場で働く先輩も数少ないのが実情であった。ただ、現場がそのような発展途上的な時代であったからこそ、教室に存在した心理グループの研究会は、土川隆史先生をリーダーとして、熱気や憤懣入り乱れたカオスの坩堝となり、研究会は時間内に収まらず、〝番外〟としてガード下の酒場論議になだれ込むほど熱くもなった。さらに、当教室には、精神科医を中心に集まった精神療法グループもあり、こちらは、心理グループよりよほど洗練されていたが、近しく学ばせていただくことができた。八十年代という時代のなせる業だったのだろう。伊藤克彦先生、成田善弘先生、水野信義先生など、精神療法グループも錚々たるメンバーが一同に介し、立場の違う者どうしが真剣に論争を交わしていた。それぞれの学派や立場が分立してしまっている今日の臨床状況では、考えられない贅沢な話であった。

もともとジャズや文学に入れ込んでいた文科系の筆者には、これらの研究会は、人間のこころについて真剣に考え、理解する場として、まさに胸躍るものがあった。ことばを換えれば、スキゾイド的で周囲との違和をずっと感じつづけてきた、青臭い青年であった筆者に、ようやく居場所を与えられた気がしたのである。その後、ここを出発点として二十年余り、筆者の居場所は精神科臨床に居を構えることが出来た。その意味で、本書は、病院臨床のなかで育ててもらったことへの御恩返しの気持も込められている。申すまでもないが、これらの出会いに恵まれなければ、今の筆者はない。

本書は、二〇〇五年二月に筆者の母校である東京都立大学〔当時・以下同〕人文科学研究科に提出した博士論文『心理臨床における対象関係論的精神分析の臨床的意義』に加筆訂正したものである。筆者が二〇〇二年に病院臨床の一線から退き、大学教員としての道を歩みだしたことが、直接の執筆動機としてもたらされた。臨床論文が大学アカデミズムのなかに受け入れられるのかどうか、筆者としては、とても心もとない心境にあったが、主査を引き受けていただいた永井撤先生、心理臨床や精神分析の大先輩である馬場禮子先生、副査を担当していただいた下川昭夫先生、ならびに東京都立大学人文科学研究科の先生方やスタッフの皆さんの公平かつ好意的なサポートによって、学部卒の筆者にありがたくも博士号の学位をいただく栄誉に浴することができた。馬場禮子先生がいみじくもおっしゃられたように、臨床論文が博士号の授与の対象となるとは、かつての審査の歴史のなかでは考えられなかった出来事であり、それだけに東京都立大学の英断に深く感謝申し上げたい。

なお、博士論文の元となる各論文の初出は以下の通りである。

序　章――「総説：イギリス対象関係論――その歴史的展望と臨床的意義」『愛知県立大学文学部論集』第53号〔二〇〇五年〕。
第Ⅰ章――同。
第Ⅱ章――同。ただし「ひとつのトピック――早期エディプス・コンプレックス論の変遷」に関しては、「早期エディプス・コンプレックス論とその変遷」松木邦裕編『現代のエスプリ別冊：オールアバウト「メラニー・クライン」』至文堂〔二〇〇四年〕。
第Ⅲ章――「陽性転移について」『精神分析研究』38巻第1号〔一九九四年〕。
第Ⅳ章――「共感の二種――『融合としての共感』と『分離としての共感』」『心理臨床学研究』22巻第1号〔二〇〇四年〕。
第一章――「不安神経症に関する精神力動的一考察――軽躁的防衛の観点から」『心理臨床学研究』10巻第2号〔一九九二年〕。
第二章――「スキゾイドにおける不安と無意識的ファンタジーについて」『心理臨床学研究』13巻第1号〔一九九五年〕。
第三章――「摂食障害者における特異な心の様態とパーソナリティ構造について――心の成熟とは何か」『愛知県立大学社会福祉研究』第4巻〔二〇〇二年〕。

第四章――「摂食障害における食と排泄の病理――無意識的ファンタジーとしての『食＝悪いおっぱい』という観点から」『精神分析研究』40巻第2号〔一九九六年〕。
第五章――「ドラマタイゼーションとしての心的外傷」『精神分析研究』43巻第1号〔一九九九年〕。
第六章――「心的外傷の背後に潜む倒錯的内的対象関係」『精神分析研究』45巻第4号〔二〇〇一年〕。
第七章――「虐待、いじめの精神分析――世代間連鎖概念の再考」『愛知県立大学文学部論集』第51号〔二〇〇三年〕。
第八章――「成人における早期エディプス・コンプレックスとその運命――『知ること』と『答えのない答え』」『精神分析研究』47巻第4号〔二〇〇三年〕。

******　　******　　******

多くの方々にお世話していただいた。これまで文中でお名前を挙げた方々以外にも、お礼を申し上げたい方々は数え切れないが、そのほんの一部に留まることをお許し願いたい。

教員に転身した後、筆者の臨床基盤を支えていただいた、こんどうメンタルクリニック近藤三男先生には、まずもって感謝申し上げたい。

筆者に臨床の手ほどきをしていただいた椙山女学園大学の岡田敦氏、彼ほど臨床に賭けた心理臨床家を筆者は知らない。愛知淑徳大学の米倉五郎氏にも公私にわたってお世話になった。他にも、名古屋大学精神医学教室出身のながせ心理相談室長・長瀬治之氏、さらには小久保勲氏、坂本勤示氏など、皆よき同志たちである。

また、クライン派の扉を開いていただいた磯田雄二郎先生、直観溢れる分析家の木部則雄先生にも感謝申し上げたい。さらに、大学教官への道を切り拓いていただいた、蛭川栄先生、中藤淳先生にも感謝申し上げたい。

なかでも、筆者の臨床家としての成長を真に後押ししてくれたのは、多くの患者さんからの〝知ること *knowing*〟であろう。彼ら、彼女らにこそ、本来一番感謝の意をお伝えしたいところである。

本書出版に御尽力くださり、編集者として敏腕かつ適切なアドバイザーであった、新曜社編集部の津田敏之氏にもお礼申し上げる。

最後になったが、亡き母、父、妻・真紀子、長女・美祈、長男・優樹、みな筆者のプライベートな基盤を支え持ってくれた。ここに記して感謝する。

二〇〇七年　八月

猛暑の夏、デクスター・ゴードンのブロウする「悲しき天使」を聴きながら

祖父江　典人

Winnicott, D.W. (1962) : 'A personal view of the Kleinian contribution' In : *ibid*.

Winnicott, D.W. (1965a) : *The Family and Individual Development*. Tavistock Publications. 『子どもと家庭』牛島定信監訳，誠信書房 (1984).

Winnicott, D.W. (1965b) : *The Maturational Process and the Facilitating Environment : Studies in the Theory of Emotional Development*. Hogarth Press.『情緒発達の精神分析理論』牛島定信訳，岩崎学術出版社 (1977).

Winnicott, D.W. (1971) : *Playing and Reality*. Tavistock Publications.『遊ぶことと現実』橋本雅雄訳，岩崎学術出版社 (1979).

Winnicott, D.W. & Khan, M.M.R. (1953) : 'Review of psychoanalytic studies of the personality by W.R.D. Fairbairn' *The International Journal of Psychoanalysis* 34, 329-333.

八島章太郎 (1988) :「広場恐怖」『臨床精神医学』17-2, 171-176.

矢崎直人 (2002) :「独立学派」『精神分析事典』小此木啓吾編集代表，岩崎学術出版社 (2002).

vol.2. Routledge.「総説」『メラニー・クライン・トゥデイ③』松木邦裕監訳，岩崎学術出版社 (2000).

Spillius, E.B. (1994) : 'Developments in Kleinian thought : overview and personal view' *Psychoanalytic Inquiry* 14, 324-364.

Steiner, J. (1993) : *Psychic Retreats : Pathological organizations in psychotic, neurotic and borderline patients*. Routledge.『こころの退避』衣笠隆幸監訳，岩崎学術出版社 (1997).

Steiner, J. (2000) : 'Containment, enactment and communication' *The International Journal of Psychoanalysis* 81, 245-255.

Stern, D.N. (1985) : *The Interpersonal World of the Infant : A view from psychoanalysis and developmental psychology*. Basic Books.『乳児の対人世界 : 理論編』『乳児の対人世界 : 臨床編』小此木啓吾・丸田俊彦監訳，岩崎学術出版社 (1989/1991).

Strachey, J. (1934) : 'The nature of the therapeutic action of psychoanalysis' *The International Journal of Psychoanalysis* 15, 127-159.「空想の性質と機能」『対象関係論の基礎』松木邦裕編・監訳，新曜社 (2003).

鈴木智美 (2004) :「クライン派におけるパーソナリティ論の展開——スタイナー」『現代のエスプリ別冊特集 : オールアバウト「メラニー・クライン」』松木邦裕編，至文堂 (2004).

舘直彦 (1992) :「虐待、マゾヒズム、そして自己愛」『精神分析研究』36-2, 127-137.

舘哲朗 (1992) :「自己の修復を助ける共感と解釈——解釈過程に関する自己心理学的立場からの理解」『精神分析研究』35-5, 60-70.

高橋哲郎 (2002) :「攻撃性とその臨床——概観」『精神分析研究』46-3, 267-272.

高橋徹 (1989) :『不安神経症』金原出版.

竹内龍雄他 (1984) :「不安神経症の発症状況について」『社会精神医学』7-1, 53-58.

鑪幹八郎・名島潤慈 (1991) :「事例研究法論」『臨床心理学の科学的基礎』河合隼雄・福島章・村瀬孝雄編，金子書房 (1991).

Tustin, F. (1994) : 'The perpetuation of an error' *The Journal of Child Psychotherapy* 20, 3-23. :「誤謬の永続化」『Imago vol.7-11 特集 : 自閉症』木部則雄訳，青土社 (1996).

Twemlow, S.W. (2002) :「社会的な問題に応用された精神分析的考え方——過去と将来へのビジョン」『精神分析研究』46-3, 250-265. 高橋哲郎監訳 (2002).

Winnicott, D.W. (1949) : 'Mind and its relation to the psyhe-soma' In : Winnicott, D.W. (1958) : *Through Paediatrics to Psychoanalysis*. Tavistock Publications.『ウィニコット臨床論文集Ⅱ』北山修監訳，岩崎学術出版社 (1990).

Winnicott, D.W. (1950-55) : 'Aggression in relation to emotional development' In : *ibid*.

Winnicott, D.W. (1952) : 'Psychoses and child care' In : *ibid*.

Winnicott, D.W. (1958) : Through Paediatrics to PsychoAnalysis. Tavistock Publications.『ウィニコット臨床論文集Ⅰ／Ⅱ』北山修監訳，岩崎学術出版社 (1989/1990).

Winnicott, D.W. (1960) : 'Ego distortion in terms of true and false self' In : Winnicott, D.W (1965) : *The Maturational Process and the Facilitating Enviroment*. Hogarth Press.『情緒発達の精神分析理論』牛島定信訳，岩崎学術出版社 (1977).

『季刊精神療法』17-4, 36-41. 金剛出版.
下坂幸三 (1961) :「青春期やせ症 (神経性無食欲症) の精神医学的研究」『アノレクシア・ネルヴォーザ論考』下坂幸三著，金剛出版 (1988).
下坂幸三 (1963) :「神経性無食欲症の精神医学的諸問題」同上.
下坂幸三 (1978) :「不安神経症の特徴と短期精神療法」『臨床精神医学』7-4, 411-420.
祖父江典人 (1987)「村上春樹の世界——スキゾイド機制の観点から」『日本病跡学雑誌』3-3, 27-36.
祖父江典人 (1992)「不安神経症に関する精神力動的一考察——軽躁的防衛の観点から」『心理臨床学研究』10-2, 16-27.
祖父江典人 (1994)「陽性転移について」『精神分析研究』38-1, 22-32.
祖父江典人 (1995)「スキゾイドにおける不安と無意識的ファンタジーについて」『心理臨床学研究』13-1, 1-12.
祖父江典人 (1996) :「摂食障害における食と排泄の病理——無意識的ファンタジーとしての『食＝悪いおっぱい』という観点から」『精神分析研究』40-2, 67-75.
祖父江典人 (1999) :「ドラマタイゼーションとしての心的外傷」『精神分析研究』43-1, 31-38.
祖父江典人 (2001a) :「心的外傷の背後に潜む倒錯的内的対象関係」『精神分析研究』45-4, 371-379.
祖父江典人 (2001b) :「摂食障害のこころの世界」『学校現場に役立つ臨床心理学』菅佐和子・木之下隆夫編，日本評論社 (2001).
祖父江典人 (2002) :「摂食障害者における特異な心の様態とパーソナリティ構造について——心の成熟とは何か」『愛知県立大学社会福祉研究』4, 41-50.
祖父江典人 (2003a) :「虐待、いじめの精神分析——世代間連鎖概念の再考」『愛知県立大学文学部論集』51, 85-116. 社会福祉学科編.
祖父江典人 (2003b) :「Wilfred R. Bion 研究 (I) ——『不在の乳房』の原体験」『社会福祉研究』5, 19-28.
祖父江典人 (2003c) :「成人における早期エディプス・コンプレックスとその運命——『知ること』と『答えのない答え』」『精神分析研究』47-4, 486-494.
祖父江典人 (2004a) :「Wilfred R. Bion 研究 (II) ——『原始心的マトリックス』から『体制乳房』へ」『愛知県立大学文学部論集』52, 29-44. 社会福祉学科編.
祖父江典人 (2004b) :「共感の2種——『融合としての共感』と『分離としての共感』」『心理臨床学研究』22-1, 1-11.
祖父江典人 (2004c) :「早期エディプス・コンプレックス論とその変遷」『現代のエスプリ別冊：オールアバウト「メラニー・クライン」』112-122. 松木邦裕編，至文堂.
祖父江典人 (2004d) :「Wilfred R. Bion 研究 (III) ——『体制乳房』との創造的インターコースから『不在の乳房』の結晶化」『愛知県立大学社会福祉研究』6, 15-28.
祖父江典人 (2005) :「病院臨床における主治医と心理セラピストの関係を分析する」『臨床心理学』5-5, 613-620.
Spillius, E.B. (1988) : 'Part one introduction' Spillius, E.B. (ed.) (1988) : *Melanie Klein Today*

patient' In : Spillius, E B. (ed.) (1988) : *Melanie Klein Today vol.1*. Routledge.「精神病状態の精神病理への寄与」『メラニー・クライン・トゥデイ①』松木邦裕監訳，岩崎学術出版社(1993).

Rosenfeld, H. (1971b) : 'A clinical approach to the psychoanalytical theory of the life and death instincts : an investigation into the aggressive aspects of narcissism' *The International Journal of Psychoanalysis* 59, 215-221.「生と死の本能についての精神分析理論への臨床からの接近」『メラニー・クライン・トゥデイ②』松木邦裕監訳，岩崎学術出版社(1993).

Rosenfeld, H. (1978) : 'Notes on the psychopathology and psychoanalytic treatment of some borderline patients' *The International Journal of Psycho-Analysis* 59, 215-221.

Rosenfeld, H. (1983) : 'Primitive object relations and mechanisms' *The International Journal of Psycho-Analysis* 64, 261-267.

Salzman, L. (1982) : 'Obsessions and agoraphobia' In : Chambless, D.L. & Goldstein, A.J. (ed.) (1982) : *Agoraphobia*. John Wiley & Sons.

Scharff, D.E. & Birtles, E.F. (ed.) (1994) : *From Instinct to Self : Selected Papers of W.R.D. Fairbairn* vol.I : Clinical and Theoretical Papers. Jason Aronson.

Scharff, D.E. & Birtles, E.F. (1997) : 'From instinct to self : the evolution and implications of W.R.D. Fairbairn's theory of object-relations' *The Internatonal Journal of Psychoanalysis* 78, 1085-1103.

Segal, H. (1957) : 'Notes on symbol formation' *The International Journal of Psychoanalysis* 38, 391-397.「象徴形成について」『クライン派の臨床』松木邦裕訳，岩崎学術出版社(1988).

Segal, H. (1964) : 'Phantasy and other mental processes' *The International Journal of Psycho-analysis* 45, 191-194.「空想とその他の心的過程」『クライン派の臨床』松木邦裕訳，岩崎学術出版社 (1988).

Segal, H. (1972) : 'A delusional system as a defence against the re-emergence of a catastrophic situation' *The International Journal of Psychoanalysis* 53, 393-401.

Segal, H. (1977) : 'Countertransference' *The International Journal of Psychoanalytic Psycho-therapy* 6, 31-37.「逆転移」『クライン派の臨床』松木邦裕訳，岩崎学術出版社(1988).

Segal, H. (1989) : 'Introduction' In : Britton, R. et al. (1989) : *The Oedipus Complex Today*. Karnac Books.

Segal, H. (1991) : *Dream, Phantasy and Art*. Routledge.『夢・幻想・芸術』新宮一成他訳，金剛出版 (1994).

Segal, H. (1993) : 'On the clinical usefulness of the concept of death instinct' *The International Journal of Psychoanalysis* 74, 55-61.

Segal, J. (2004) : *Melanie Klein*, second ed. Sage Publications.『メラニー・クライン――その生涯と精神分析臨床』祖父江典人訳，誠信書房 (2007).

渋沢田鶴子 (1991) :「欧米流精神療法と日本的観点――米国における経験との比較から」

共編，培風館 (2004).

西園昌久 (1978)：「不安神経症」『現代精神医学体系 6 A：神経症と心因反応 I』下坂幸三他編，中山書店.

Ogden, T.H. (1986)：The Matrix of the Mind. Jason Aronson.『こころのマトリックス』藤山直樹訳，岩崎学術出版社 (1996).

Ogden, T.H. (2002)：'A new reading of the origins of object-relations theory' *The International Journal of Psychoanalysis* 83, 767-782.

岡田敦 (1997)：「『転移劇』としての治療」『転移／逆転移——臨床の現場から』氏原寛・成田善弘編，人文書院 (1997).

岡田敦 (1999)「相手の中に自分を見いだすとき」『共感と解釈——続・臨床の現場から』成田善弘・氏原寛編，人文書院 (1999).

岡田敦 (2006)：「精神科臨床における臨床心理士」『臨床心理学』6-1, 7-13.

岡野憲一郎 (1995)：『外傷性精神障害』岩崎学術出版社.

小此木啓吾 (1973)：『フロイト——その自我の軌跡』NHK 出版.

小此木啓吾 (1979)：『対象喪失』中央公論社.

小此木啓吾 (1985)：『現代精神分析の基礎理論』弘文堂.

小此木啓吾 (1999)：「精神分析における心的外傷の意味とその位置づけ」『精神分析研究』43-3, 196-205.

O'Shaughnessy, E. (1981)：'A clinical study of a defensive organization' *The International Journal of Psycho-Analysis* 62, 359-369.

O'Shaughnessy, E. (1989)：'The invisible oedipus complex' In：Britton, R. et al. (1989)：*The Oedipus Complex Today*. Karnac Books.

Racker, H. (1968)：Transference and Countertransference. Hogarth Press.『転移と逆転移』坂口信貴訳，岩崎学術出版社 (1982).

Rayner, E. (1991)：*The Independent Mind in British Psychoanalysis*. Jason Aronson.

Riviere, J. (1936)：'A contribution to the analysis of the negative therapeutic reaction' *The International Journal of Psychoanalysis* 17, 304-320.「陰性治療反応の分析への寄与」『対象関係論の基礎』松木邦裕編・監訳，新曜社 (2003).

Rodman, F. (ed.) (1987)：*The Spontaneous Gesture：Selected Letters of D W. Winnicott*. Harvard University Press.

Rogers, C.R. (1942)：*Counseling and Psychotherapy*. Houghton Mifflin.

Rogers, C.R. (1951)：'A current view of client-centered therapy'「カウンセラーの態度とオリエンテーション」『ロージァズ全集 3：サイコセラピィ』友田不二男訳，岩崎学術出版社 (1966).

Rogers, C.R. (1957)：'The necessary and sufficient conditions of therapeutic personality change'「パースナリティ変化の必要にして十分な条件」『ロージァズ全集 4：サイコセラピィの過程』友田不二男訳，岩崎学術出版社 (1966).

Rosenfeld, H. (1971a)：'Contribution to the psychopathology of psychotic states：the importance of projective identification in the ego structure and the object relation of the psychotic

松木邦裕 (2002a)：「対象関係論」『精神分析事典』小此木啓吾編集代表，岩崎学術出版社 (2002).
松木邦裕 (2002b)：「逆転移——転移」2002年度小寺精神分析セミナー：講義.
松木邦裕 (2004)：「クライン分析の今日」『現代のエスプリ別冊特集：オールアバウト「メラニー・クライン」』松木邦裕編，至文堂 (2004).
松本邦裕・鈴木智美編 (2006)：『摂食障害の精神分析的アプローチ』金剛出版.
Mcgoldrick, M. & Gerson, R. (1985)：『ジェノグラムのはなし——家系図と家族療法』石川元・渋沢田鶴子訳，東京図書 (1988).
Meltzer, D. (1967)：*The Psycho-analytical Process*. Clunie Press.
Meltzer, D. (1968)：'Terror, persecution, dread：a dissection of paranoid anxieties' *The International Journal of Psychoanalysis* 49, 396-400.「恐怖、迫害、恐れ——妄想性不安の解析」『メラニー・クライン・トゥデイ②』松木邦裕監訳，岩崎学術出版社 (1993).
Meltzer, D. (1973)：*Sexual States of Mind*. Clunie Press.
Meltzer, D. (1975 a)：'Adhesive identification' In：Meltzer, D. (1994)：*Sincerity and Other Works*. Karnac Books.
Meltzer, D. (1975b)：'Dimensionality as a parameter of mental functioning：its relation to narcissistic organization' In：Meltzer, D. (1975)：*Explorations in Autism*. Clunie Press.
Meltzer, D. (1982)：'The conceptual distinction between projective identification (Klein) and container-contained (Bion)' *The Journal of Child Psychotherapy* 8, 185-202.
Meltzer, D. (1984)：*Dream-Life*. Clunie Press.
Meltzer, D. (1986)：*Studies in Extended Metapsychology*. Clunie Press.
Mitchell, J. (1986)：'Editor's introduction' In：Mitchell, J. (ed.) (1986)：*The Selected Melanie Klein*. Free Press.
Mitchell, S.A. (1981)：'The origin and nature of the "Object" in the theories of Klein and Fairbairn' *Contemporary Psychoanalysis* 17 (3), 374-398.
水野信義 (1981)：「精神科医から見た不安神経症」『心身医学』21, 493-498.
水野信義 (1991)：「不安神経症ケースの精神療法過程から——自己愛の側面に着目して」『精神科症例研究』名古屋大学医学部精神医学教室編，星和書店 (1991).
Money-Kyrle, R. (1956)：'Normal counter-transference and some of its deviations' *The International Journal of Psychoanalysis* 37, 360-366.
Money-Kyrle, R. (1969)：'On the fear of insanity' In：Money-Kyrle, R. (1978)：*The Collected Papers of Roger Money-Kyrle*. Clunie Press.
中村勇二郎 (1987)：「不安とうつの精神病理学——メランコリー親和型性格にみられる不安とうつ」『精神医学』29-2, 137-145.
成田善弘 (1993)：『精神療法の経験』金剛出版.
成田善弘 (1999 a)：『精神療法の技法論』金剛出版.
成田善弘 (1999b)：「共感と解釈——患者と治療者の共通体験の探索」『共感と解釈——続・臨床の現場から』成田善弘・氏原寛編，人文書院 (1999).
成田善弘 (2004)：「精神分析総論——歴史と展望」『心理臨床大事典　改訂版』氏原寛他

『ひき裂かれた自己』阪本健二他訳，みすず書房 (1971).

Lebovici, S. (1984) : 'Comments concerning the concept of fantasmatic interaction' In : Call, J D. et al. (ed.) (1984) : *Frontiers of Infant Psychiatry vol.2*. Basic Books.「幻想的相互作用」『Imago vol.7-11 特集：ヒトの意識の誕生』吉田豊訳，青土社 (1996).

Lebovici, S. (1988) :「幻想的な相互作用と世代間伝達」『精神分析研究』34-5, 285-292. 小此木啓吾訳 (1991).

Little, M.I. (1990) : *Psychotic Anxieties and Containment : A personal record of an analysis with Winnicott*. Jason Aronson.『精神病水準の不安と庇護：ウィニコットとの精神分析の記録』神田橋條治訳，岩崎学術出版社 (1992).

Lopez-Corvo, R.E. (2003) : *The Dictionary of the Work of W R. Bion*. Karnac Books.

Lussier, A. (reporter) (1972) : 'Panel on "aggression"' *The International Journal of Psycho-analysis* 53, 13-19.

Malcolm, R.R. (1987) : 'Melanie Klein : Achievements and problems (Reflections on Klein's conception of Object Relationship)' In : Langs, R. (ed.) (1987) : *The Yearbook of Psycho-analysis and Psychotherapy vol.2*. Gardner Press.

丸田俊彦 (2002) :「共感」『精神分析事典』小此木啓吾編集代表，岩崎学術出版社 (2002).

松木邦裕 (1988) :「抑うつの変遷と対象の内在化」『季刊精神療法』14-4, 378-384. 金剛出版.

松木邦裕 (1989a) :「摂食障害治療セッティングとしての閉鎖病棟の利用について――精神病性人格部分とその受け皿機能からの考察」『季刊精神療法』15-3, 257-265. 金剛出版.

松木邦裕 (1989b) :「逆転移について」『精神分析研究』33-3, 15-20.

松木邦裕 (1990) :「クライン派精神分析における人格病理、とりわけ、人格のなかの心的構造体についての研究の展開」『精神分析研究』34-2, 81-91.

松木邦裕 (1992) :「共感することと解釈」『精神分析研究』35-5, 458-466.

松木邦裕 (1993) :「摂食障害の自己愛対象関係」『Imago vol.4-10 特集：自閉症』青土社.

松木邦裕 (1994) :「クライン派精神分析に照らしてみた摂食障害の人格発達の病理とその治療――精神科病院での重症例の治療経験から」『精神療法』20-5, 431-437. 金剛出版.

松木邦裕 (1995) :「Projective Identification について――日本語として受け入れられていくために」『精神分析研究』39-1, 19-26.

松木邦裕 (1996) :『対象関係論を学ぶ』岩崎学術出版社.

松木邦裕 (1997) :『摂食障害の治療技法』金剛出版.

松木邦裕 (1998a) :『分析空間での出会い――逆転移から転移へ』人文書院.

松木邦裕 (1998b) :「精神分析的精神療法の最近の病態に対する適応」『臨床精神医学』27-8.

松木邦裕 (2000a) :「対象関係論から見た被虐待児の内的世界」第18回日本小児心身医学会・第13回日本心理医療諸学会連合大会：発表.

松木邦裕 (2000b) :『精神病というこころ』新曜社.

Klauber, J. and others (ed.) (1987) : *Illusion and Spontaneity in Psychoanalysis*. Free Association Books.

Klein, M. (1921) : 'The development of a child' In : Klein, M. (1975) : *The Writtings of Melanie Klein volume 1*. Hogarth Press.「子どもの心的発達」『子どもの心的発達：メラニー・クライン著作集 1』小此木啓吾他監修，誠信書房 (1983).

Klein, M. (1927) : 'Symposium on child-analysis' In : *ibid*.「児童分析に関するシンポジウム」『子どもの心的発達：メラニー・クライン著作集 1』小此木啓吾他監修，誠信書房 (1983).

Klein, M. (1928) : 'Early stages of the Oedipus conflict' In : *ibid*.「エディプス葛藤の早期段階」『子どもの心的発達：メラニー・クライン著作集 1』小此木啓吾他監修，誠信書房 (1983).

Klein, M. (1932) : The Psycho-Analysis of Children. *The Writtings of Melanie Klein volume 2*. Hogarth Press.『児童の精神分析：メラニー・クライン著作集 2』衣笠隆幸訳，誠信書房 (1997).

Klein, M. (1935) : 'A contribution to the psychogenesis of manic-depressive states' In : *ibid*.「躁うつ状態の心因論に関する寄与」『愛、罪そして償い：メラニー・クライン著作集 3』小此木啓吾他監修，誠信書房 (1983).

Klein, M. (1940) : 'Mourning and its relation to manic-depressive states' In : ibid.「喪とその躁うつ状態との関係」『メラニー・クライン著作集 3』小此木啓吾他監修，誠信書房 (1983).

Klein, M. (1945) : 'The Oedipus complex in the light of early anxieties' In : Klein, M. (1975) : *The Writtings of Melanie Klein volume 1*. Hogarth Press.「早期不安に照らしてみたエディプス・コンプレックス」『子どもの心的発達：メラニー・クライン著作集 1』小此木啓吾他監修，誠信書房 (1983).

Klein, M. (1946) : 'Notes on some schizoid mechanisms' In : Klein, M. (1975) : *The Writtings of Melanie Klein volume 3*. Hogarth Press.「分裂的機制についての覚書」『メラニー・クライン著作集 4』小此木啓吾他監修，誠信書房 (1985).

Klein, M. (1957) : 'Envy and gratitude' In : Klein, M. (1975) : *The Writtings of Melanie Klein volume 3*. Hogarth Press.「羨望と感謝」『メラニー・クライン著作集 5』小此木啓吾他監修，誠信書房 (1996).

Kohon, G. (1986) : 'Notes on the history of the psychoanalytic movement in Great Britain' In : Kohon, G. (ed.) (1986) : *The British School of Psychoanalysis :* The Independent Tradition. Free Association Books. :「英国における精神分析の歴史に関する覚え書」『英国独立学派の精神分析』西園昌久監訳，岩崎学術出版社 (1992).

Kohut, H. (1977) : *The Restoration of the Self*. International Universities Press.『自己の修復』本城秀次・笠原嘉監訳，みすず書房 (1995).

Kohut, H. (1984) : *How Does Analysis Cure?* The University of Chicago Press.

小松順一他 (1976) :「不安神経症の身体症状と成因・予後」『心身医学』16, 360-361.

Laing, R.D. (1965) : *The Divided Self : An Existential Study in Sanity and Madness*. Penguin.

Hopkins, L. (2000) : 'Masud Khan's application of Winnicott's "play" techniques to analytic consultation and treatment of adults' *Contemporary Psychoanalysis* 36, 639-663.

稲村博他 (1993) :「特集：幼児虐待」『Imago vol.4-6 特集：幼児虐待』青土社.

Isaacs, S. (1948) : 'The nature and function of phantasy' The International Journal of Psycho-analysis 29, 73-97.「空想の性質と機能」『対象関係論の基礎』松木邦裕編・監訳，新曜社 (2003).

磯田雄二郎 (1986) :「解釈における逆転移空想の利用」『精神分析研究』30-4, 18-20.

岩崎徹也 (1977) :「メラニー・クライン入門：解題」『メラニー・クライン入門』H. スィーガル著・岩崎徹也訳，岩崎学術出版社 (1977).

Jacobs, M. (1995) : *D.W. Winnicott*. Sage Publications.

Joseph, B. (1985) : 'Transference : the total situation' In : Joseph, B. (1989) : *Psychic Equilibrium and Psychic Change*. Routledge.

Joseph, B. (1987) : 'Projective identification : some clinical aspects' In : *ibid*.

角田豊 (1992) :「共感 empathy」『心理臨床大事典』氏原寛他編，培風館.

Kavaler-Adler, S. (2003) : *Mourning, Spirituality and Psychic Change*. Brunner-Routledge.

河合隼雄 (1986) :『心理療法論考』新曜社.

川谷大治 (2002) :「強迫と自己愛と暴力」『精神分析研究』46-3, 283-290.

Kernberg, O. (1976) : Object Relations Theory and Clinical Psychoanalysis. Jason Aronson.『対象関係論とその臨床』前田重治監訳，岩崎学術出版社 (1983).

Khan, M.M.R. (1974) : *The Privacy of the Self*. Karnac Books.

木部則雄 (2002) :「自閉症の対象関係――自閉症の精神分析的理解」『乳幼児医学・心理学研究』11 (1), 1-13.

木部則雄 (2003) :「『タスティン入門』解題」『タスティン入門』S. スペンスリー著・井原成男他訳，岩崎学術出版社.

菊地孝則 (1994) :「摂食障害における内的対象喪失と発達の病理――象徴形成における退行を中心として」『精神療法』20-5, 422-430. 金剛出版.

菊地孝則 (1995) :「摂食障害における活動性の抗進と躁的防衛――赤い靴コンプレックス」『精神分析研究』39-2, 71-82.

菊地孝則 (2002) :「攻撃性――二つの指向性」『精神分析研究』46-3, 273-282.

King, P. & Steiner, R. (ed.) (1991) : *The Freud-Klein Controversies 1941-45*. Routledge.

衣笠隆幸 (1992) :「『共感』――理解の基礎となるものと理解を妨げるもの」『精神分析研究』35-5, 479-489.

衣笠隆幸 (1994) :「成人患者の早期エディプス・コンプレックス」『精神分析研究』38-3, 157-165.

衣笠隆幸 (1997) :「訳者解題」『こころの退避』J. シュタイナー著・衣笠隆幸監訳，岩崎学術出版社 (1997).

北山修 (1985) :『錯覚と脱錯覚――ウィニコットの臨床感覚』岩崎学術出版社.

北山修 (2001) :『精神分析理論と臨床』誠信書房.

Klauber, J. (1987) : 'Implied and denied concepts in the theory of psychoanalytic therapy'

研究』38-5, 18-29. 小此木啓吾訳 (1994).

Godley, W. (2001) : 'Saving Masud Khan' *London Review of Books* 22 February, 3-7.

Gomez, L. (1997) : *An Introduction to Object Relations*. Free Association Books.

Grinberg, L. (1962) : 'On a specific aspect of countertransference due to the patient's projective identification' *The International Journal of Psychoanalysis* 43, 436-440.

Grinberg, L. (1990) : *The Goals of Psychoanalysis : Identification, Identity, and Supervision*. Karnac Books.

Grosskurth, P. (1986) : *Melanie Klein : Her world and her work*. Jason Aronson.

Grotstein, J.S. (1978) : 'Inner space ; Its dimensions and its coordinates' *The International Journal of Psycho-Analysis* 59, 55-61.

Grotstein, J.S. (1981) : 'Who is the dreamer who dreams the dream and who is the dreamer who understands it?' In : Grotstein, J.S. (ed.) (1981) : *Do I dare disturb the Universe?* Caesura Press.

Grotstein, J.S. (1994) : 'Notes on Fairbairn's metapsychology' In : Grotstein, J.S. & Rinsley, D. B. (ed.) (1994) : *Fairbairn and the Origins of Object Relations*. Free Association Books.

Grotstein, J.S. & Rinsley, D.B. (1994) : 'Editors' introduction' In : *ibid*.

Guntrip, H. (1971) : *Psychoanalytic Theory, Therapy, and the Self*. Basic Books.『対象関係論の展開』小此木啓吾・柏瀬宏隆訳，誠信書房 (1981).

Guntrip, H. (1975) : 'My experience of analysis with Fairbairn and Winnicott (How complete a result does psycho-analytic therapy achieve)' *The International Review of Psychoanalysis* 2, 145-156.

Heimann, P. (1950) : 'On counter-transference' In : Heimann, P. (1989) : *About Children and Children-No-Longer*. Routledge.

Heimann, P. (1960) : 'Counter-transference' In : *ibid*.

Heisenberg, W. (1956) :『現代物理学の自然像』尾崎辰之助訳，みすず書房 (1965).

Herman, J.L. et al. (1989) : 'Childhood trauma in borderline personality disorder' American Journal of Psychiatry 146, 490-495.「境界型人格障害における小児期の外傷」『Imago vol.5-8 特集：心の傷とは何か』渡邉良弘・秋山剛訳，青土社 (1994).

Hinshelwood, R.D. (1991) : *A Dictionary of Kleinian Thought*, second ed. Free Association Books.

Hinshelwood, R.D. (1994) : Clinical Klein. Free Association Books.『クリニカル・クライン』福本修他訳，誠信書房 (1999).

平井正三 (2004) :「自閉症への精神分析的アプローチの現在――アルヴァレズまで」『現代のエスプリ別冊特集：オールアバウト「メラニー・クライン」』松木邦裕編，至文堂.

平島奈津子 (1995) :「いじめをうむ深層心理」『Imago vol.6-2 特集：いじめの心理』青土社.

Hopkins, L. (1998) : 'D.W. Winnicott's analysis of Masud Khan : a preliminary study of failures of object usage' *Contemporary Psychoanalysis* 34, 5-47.

神経症』という特定症状群を神経衰弱から分離する理由について」『フロイト選集10』井村恒郎他訳，日本教文社 (1966).

Freud, S. (1899) : 'Screen memories' In : *Standard Edition vol.3*. Hogarth Press.「隠蔽記憶について」『フロイト著作集 6』小此木啓吾訳，人文書院 (1970).

Freud, S. (1907) : 'Delusions and dreams in Jensen's "Gradiva"' In : *Standard Edition vol.9*. Hogarth Press.「W イェンゼンの小説『グラディーヴァ』にみられる妄想と夢」『フロイト著作集 3』高橋義孝訳，人文書院 (1969).

Freud, S. (1911) : 'Psycho-analytic notes on an autobiographical account of a case of paranoia (dementia paranoides)' In : *Standard Edition vol.12*. Hogarth Press.「自伝的に記述されたパラノイア (妄想性痴呆) の一症例に関する精神分析的考察」『フロイト著作集 9』小此木啓吾訳，人文書院 (1983).

Freud, S. (1912) : 'The dynamics of transference' In : *Standard Edition vol.12*. Hogarth Press.「転移の力動性について」『フロイト著作集 9』小此木啓吾訳，人文書院 (1983).

Freud, S. (1914a) : 'On narcissism : An introduction' In : *Standard Edition vol.14*. Hogarth Press.「ナルシシズム入門」『フロイト著作集 5』懸田克躬他訳，人文書院 (1969).

Freud, S. (1914b) : 'Remembering, repeating and working-through' In : *Standard Edition vol.12*. Hogarth Press.「想起、反復、徹底操作」『フロイト著作集 6』人文書院，小此木啓吾訳 (1970).

Freud, S. (1915) : 'Observations on transference-love' In : *Standard Edition, vol.12*. Hogarth Press.「転移性恋愛について」『フロイト著作集 9』人文書院，小此木啓吾訳 (1983).

Freud, S. (1917a) : 'Mourning and melancholia' In : *Standard Edition vol.14*. Hogarth Press.「悲哀とメランコリー」『フロイト著作集 6』人文書院，井村恒郎他訳 (1970).

Freud, S. (1917b) : 'Introductory lectures on psycho-analysis' In : *Standard Edition vol.15, 16*. Hogarth Press.「精神分析入門」『フロイト著作集 6』人文書院，懸田克躬他訳 (1971).

Freud, S. (1921) : 'Group psychology and the analysis of the ego' In : *Standard Edition vol.18* Hogarth Press.「集団心理学と自我の分析」『フロイト著作集 6』人文書院，井村恒郎他訳 (1970).

Freud, S. (1923) : 'The ego and the id' In : *Standard Edition vol.19*. Hogarth Press.「自我とエス」『フロイト著作集 6』人文書院，井村恒郎他訳 (1970).

Freud, S. (1940) : 'An outline of psycho-analysis' In : *Standard Edition vol.23*. Hogarth Press.「精神分析学概説」『フロイト著作集 9』人文書院，小此木啓吾訳 (1983).

藤山直樹 (1999) :「共感——不可能な可能性」『共感と解釈——続・臨床の現場から』成田善弘・氏原寛編，人文書院 (1999).

藤山直樹 (2002) :「投影同一化(視)」『精神分析事典』小此木啓吾編集代表，岩崎学術出版社 (2002).

Ganzarain, R. (1989) : *Object Relations Group Psychotherapy : the group as an object, a tool, and a training base*. International University Press.『対象関係集団精神療法——対象・道具・訓練の基盤としてのグループ』高橋哲朗監訳，岩崎学術出版社 (1996).

Ganzarain, R. (1993) :「実際に行なわれた近親姦における外傷・葛藤・剥奪」『精神分析

(ed.) (1992) : *Clinical Lectures on Klein and Bion*. Routledge.『クラインとビオンの臨床講義』小此木啓吾監訳，岩崎学術出版社 (1996).

Deutsch, H. (1929) : 'The genesis of agoraphobia' *The International Journal of Psychoanalysis* 10, 51-69.

土居健郎 (1970)『「甘え」の構造』弘文堂.

土居健郎 (1992)『新訂：方法としての面接』医学書院.

Fairbairn, W.R.D. (1940) : 'Schizoid factors in the personality' In : Fairbairn, W.R.D. (1952) : *Psychoanalytic Studies of the Personality*. Tavistock Publications.『人格の対象関係論』山口康司訳，文化書房博文社 (1986).

Fairbairn, W.R.D. (1943) : 'The repression and return of bad objects (with special reference to the "war neuroses")' In : *ibid*.

Fairbairn, W.R.D. (1944) : 'Endopsychic structure considered in terms of object-relationships' In : *ibid*.

Fairbairn, W.R.D. (1946) : 'Object-relationships and dynamic structure' In : *ibid*.

Fairbairn, W.R.D. (1952) : *Psychoanalytic Studies of the Personality*. Tavistock Publications.『人格の対象関係論』山口康司訳，文化書房博文社 (1986).

Fairbairn, W.R.D. (1955) : 'Observations in defence of the object-relations theory of the personality' In : Scharff, D.E. & Birtles, E.F. (ed.) (1994) : *From Instinct to Self' : Selected Papers of W.R.D. Fairbairn* vol. I : Clinical and Theoretical Papers. Jason Aronson.

Fairbairn, W.R.D. (1958) : 'On the nature and aims of psychoanalytical treatment' In : *ibid*.

Feldman, M. (1989) : 'The Oedipus complex : manifestation in the inner world and the therapeutic situation' In : Britton, R. et al. (1989) : *The Oedipus Complex Today*. Karnac Books.

Feldman, M. (2000) : 'Some views on the manifestation of the death instinct in clinical work' *The International Journal of Psychoanalysis* 81, 53-65.

Foley, D. (1974) : *An Introduction to Family Therapy*. Grune & Stratton.『家族療法——初心者のために』藤縄昭他訳，創元社 (1984).

Fonagy, P., Steele, H. & Steele, M. (1991) : 'Maternal representations of attachment during pregnancy predict the organization of infant-mother attachment at one year of age' *Child Development* 62.

Fraiberg, S. et al. (1983) : 'Treatment modalities' In : Call, J D. et al. (ed.) (1983) : *Frontiers of Infant Psychiatry*. Basic Books.「治療様式」『乳幼児精神医学』小此木啓吾監訳，岩崎学術出版社 (1988).

Frances, A. & Dunn, P. (1975) : 'The attachment-autonomy conflict in agoraphobia' *The Internatonal Journal of Psychoanalysis* 56, 435-439.

Freud, A. (1936) :『自我と防衛機制』外林大作訳，誠信書房 (1958).

Freud, S. (1895a) : 'The psychotherapy of hysteria' In : *Standard Edition vol.2*. Hogarth Press.「ヒステリーの心理療法」『フロイト著作集 7』懸田克躬他訳，人文書院 (1974).

Freud, S. (1895b) : 'On the grounds for detaching a particular syndrome from Neurasthenia under the description "Anxiety Neurosis"' In : *Standard Edition vol.3*. Hogarth Press.「『不安

Thoughts. Jason Aronson.

Bion, W.R. (1957a) : 'Differentiation of the psychotic from the non-psychotic personalities' In : *ibid*.「精神病人格と非精神病人格の識別」『メラニー・クライン・トゥデイ①』松木邦裕監訳，岩崎学術出版社 (1993).

Bion, W.R. (1957b) : 'On arrogance' In : *ibid*.

Bion, W.R. (1959) : 'Attacks on Linking' In : *ibid*.「連結することへの攻撃」『メラニー・クライン・トゥデイ①』松木邦裕監訳，岩崎学術出版社 (1993).

Bion, W.R. (1962 a) : A Theory of Thinking. In : *ibid*.「思索についての理論」『メラニー・クライン・トゥデイ②』松木邦裕監訳，岩崎学術出版社 (1993).

Bion, W.R. (1962 b) : *Learning from Experience*. Reprinted (1984), Karnac Books.『精神分析の方法Ⅰ』福本修訳，法政大学出版局 (1999).

Bion, W.R. (1963) : *Elements of Psychoanalysis*. Reprinted (1984), Karnac Books. 同上.

Bion, W.R. (1967) : *Second Thoughts*. Jason Aronson.『再考：精神病の精神分析論』松木邦裕監訳，中川慎一郎訳，金剛出版 (2007).

Bion, W.R. (1994) : *Clinical Seminars and Other Works*. Karnac Books.『ビオンとの対話――そして、最後の四つの論文』祖父江典人訳，金剛出版 (1998).『ビオンの臨床セミナー』松木邦裕・祖父江典人訳，金剛出版 (2000).

Biran, H. (2003) : '"Attacks on linking" and "alpha function" as two opposite elements in the dynamics of organization' In : Lipgar, R.M. & Pines, M. (ed.) (2003) : *Building on Bion* : Branches. Jessica Kingsley Publishers.

Bléandonu, G. (1994) : *Wilfred Bion : His Life and Works 1897-1979*. Free Association Books.

Bowen, M. (1978) : *Family Therapy in Clinical Practice*. Jason Aronson.

Bowlby, J. (1973) : Attachment and Loss, Vol.2 *Separation : Anxiety and Anger*. Hogarth Press『母子関係の理論Ⅱ：分離不安』黒田実郎他訳，岩崎学術出版社 (1977).

Bowlby, R. (ed.) (2004) : *Fifty years of Attachment Theory*. Karnac Books.

Brenman, E. (1985) : 'Cruelty and narrow mindedness' *The International Journal of Psycho-Analysis* 66, 273-281.

Britton, R. (1989) : 'The missing link : parental sexuality in the Oedipus complex' In : Britton, R. et al. (1989) : *The Oedipus Complex Today*. Karnac Books.

Britton, R. (1992) : 'The Oedipus situation and the depressive position' In : Anderson, R. (ed.) (1992) : *Clinical Lectures on Klein and Bion*. Routledge.『クラインとビオンの臨床講義』小此木啓吾監訳，岩崎学術出版社 (1996).

Britton, R. (1998) : *Belief and Imagination*. Routledge.『信念と想像：精神分析のこころの探求』古賀靖彦訳，金剛出版 (2002).

Bruch, H. (1978) : *The Golden Cage*. Harvard University Press.『思春期やせ症の謎』岡部祥平他訳，星和書店 (1979).

Cramer, B.G. (1989)『ママと赤ちゃんの心理療法』小此木啓吾・福崎裕子訳，朝日新聞社 (1994).

Daniel, P. (1992) : 'Child analysis and the concept of unconscious phantasy' In : Anderson, R.

参考文献

Aguayo, J. (2002) : 'Reassessing the clinical affinity between Melanie Klein and D.W. Winnicott (1935-51) : Klein's unpublished "notes on baby" in historical context' *The International Journal of Psychoanalysis* 83, 1133-1152.

相田信男 (1995)「フェアベーンの考え方とその影響」『現代のエスプリ別冊：精神分析の現在』小此木啓吾他編，至文堂 (1995).

藍沢鎮雄他 (1985)「不安神経症者の性格特徴について」『精神医学』27-3, 287-293.

Alvalez, A. (1992) : *Live Company : Psychoanalytic Psychotherapy with Autistic, Borderline, Deprived and Abused Children*. Routledge.『心の再生を求めて』千原雅代・中川純子・平井正三訳，岩崎学術出版社 (2002).

Alvarez, A. & Reid, S. (1999) : 'Introduction : autism, personality and the family' In : Alvarez, A. & Reid, S. (ed.) (1999) : *Autism and Personality : findings from the Tavistock Autism Workshop*. Routledge.

American Psychiatric Association (2000)『DSM-IV-TR：精神障害の分類と診断の手引き』高橋三郎他訳，医学書院 (2002).

荒井稔 (1985)「不安神経症の精神病理について――執着気質者への同一化過程での破綻として」『臨床精神病理』6-2, 225-236.

Balint, M. (1952) : *Primary Love and Psychoanalytic Technique*. Hogarth Press.『一次愛と精神分析技法』中井久夫他訳，みすず書房 (1999).

Balint, M. (1957) : 'Criticism of Fairbairn's generalisation about object-relations' In : Scharff, D.E. & Birtles, E.F. (ed.) (1994) : *From Instinct to Self : Selected Papers of W.R.D. Fairbairn* vol. I : Clinical and Theoretical Papers. Jason Aronson.

Balint, M. (1968) : *The Basic Fault : Therapeutic aspects of regression*. Tavistock Publications『治療論からみた退行』中井久夫訳，金剛出版 (1978).

Bell, L.G. (1991)「アメリカの治療者、日本の治療者」『季刊精神療法』17-4, 42-46. 金剛出版.

Bick, E. (1968) : 'The experience of the skin in early object-relations' *The International Journal of Psychoanalysis* 49, 484-486.「早期対象関係における皮膚の体験」『メラニー・クライン・トゥデイ②』松木邦裕監訳，岩崎学術出版社 (1993).

Bion, W.R. (1953) : 'Notes on the Theory of Schizophrenia' In : Bion, W.R. (1967) : *Second*

タ 行

ナ 行

ハ 行

マ 行

ヤ 行

ラ 行

人名索引

下線は「節」等の題に項目語が含まれていることを示す．

や　行

ら　行

わ　行

ま　行

な　行

は　行

た　行

さ 行

事項索引

太字斜体は「章」題に，下線は「節」等の題に，項目語が含まれていることを示す．

あ 行

か 行

著者略歴

祖父江典人（そぶえ・のりひと）

1957年，生まれる。

東京都立大学人文学部卒業。

名古屋大学医学部精神医学教室研究生，国立療養所東尾張病院，厚生連安城更生病院を経て，現在，愛知県立大学文学部准教授，名古屋心理療法研究所所長。

博士（心理学）。専攻，臨床精神分析学。


著訳書に『心理療法の実践』〔共著，北樹出版，2004年〕，『オールアバウト「メラニー・クライン」現代のエスプリ別冊』〔共著，至文堂，2004年〕，『臨床心理学にとっての精神科臨床』〔共著，人文書院，2007年〕，ビオン『ビオンとの対話――そして、最後の四つの論文』〔金剛出版，1998年〕，ビオン『ビオンの臨床セミナー』〔共訳，金剛出版，2000年〕，スィーガル『メラニー・クライン――その生涯と精神分析臨床』〔誠信書房，2007年〕がある。

新曜社 **対象関係論**《たいしょうかんけいろん》**の実践**《じっせん》

心理療法に開かれた地平

初版第1刷発行　2008年5月30日

著　者　祖父江 典人 ©

発行者　塩　浦　暲

発行所　株式会社 新曜社
〒101-0051 東京都千代田区神田神保町2-10
電話(03)3264-4973(代)・FAX(03)3239-2958
e-mail info@shin-yo-sha.co.jp
URL http://www.shin-yo-sha.co.jp/

印刷　亜細亜印刷株式会社　Printed in Japan
製本　イマキ製本　ISBN978-4-7885-1107-1 C3011

新曜社《こころの深まり》好評ラインナップ

松木邦裕 著
摂食障害というこころ
創られた悲劇／築かれた閉塞
四六判248頁／2400円＋税

対象関係論の基礎
クライニアン・クラシックス
松木邦裕編・監訳
A 5判280頁／3800円＋税

無意識の思考
心的世界の基底と臨床の空間
マテ-ブランコ著／岡達治訳
A 5判408頁／5200円＋税

トラウマの内なる世界
セルフケア防衛のはたらきと臨床
カルシェッド著／豊田園子監訳
A 5判344頁／3800円＋税

松木邦裕 著
精神病というこころ
どのようにして起こり　いかに対応するか
四六判240頁／2400円＋税